보기만 해도 쏙쏙 이해되는

IT 용어 도감 277

취준생 · 신입사원 · IT 문외한 필독서

구사노 도시히코 지음 | 이지호 옮김

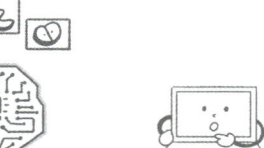

한스미디어

MIRU DAKE IT YOGO ZUKAN 278
Copyright © 2021 Toshihiko Kusano / Illustration: Mentarako
Korean translation copyright © 2022 Hans Media Inc.
Original Japanese language edition published by SB Creative Corp.
Korean translation rights arranged with SB Creative Corp.,
through Danny Hong Agency.

이 책의 한국어판 저작권은 대니홍 에이전시를 통한 저작권사와의 독점 계약으로 한즈미디어(주)에 있습니다.
저작권법에 의해 한국 내에서 보호를 받는 저작물이므로 무단전재와 복제를 금합니다.

보기만 해도 쏙쏙 이해되는
IT 용어 도감 277

1판 1쇄 인쇄 | 2022년 2월 16일
1판 1쇄 발행 | 2022년 2월 24일

지은이 구사노 도시히코
일러스트 멘타라코
옮긴이 이지호
펴낸이 김기옥

실용본부장 박재성
편집 실용1팀 박인애
영업 김선주
커뮤니케이션 플래너 서지운
지원 고광현, 김형식, 임민진

인쇄·제본 민언프린텍

펴낸곳 한스미디어(한즈미디어(주))
주소 121-839 서울시 마포구 양화로 11길 13(서교동, 강원빌딩 5층)
전화 02-707-0337 | **팩스** 02-707-0198 | **홈페이지** www.hansmedia.com
출판신고번호 제313-2003-227호 | **신고일자** 2003년 6월 25일

ISBN 979-11-6007-778-0 (13560)

책값은 뒤표지에 있습니다.
잘못 만들어진 책은 구입하신 서점에서 교환해 드립니다.

머리말

　오늘날 우리는 스마트폰을 비롯한 IT(Information Technology: 정보 기술) 기기에 둘러싸여 생활하고 있다. 텔레비전을 켜면 AI나 양자 컴퓨터 같은 '그게 대체 뭐야?'라는 생각이 드는 수많은 IT 용어가 튀어나온다. 그런 IT 용어의 정확한 의미에 대해 알아보려고 시도했다가 전문 서적은 너무 어렵고 인터넷에는 정보가 너무 많아서 결국 포기한 적도 있을 것이다. 이처럼 평소 궁금했던 IT 용어의 의미를 이해하기 쉽게 간단히 설명해 주는 곳이 의외로 드문 것이 현실이다.

　IT 용어 사용을 피할 수 없는 지금, 새롭게 사회에 진출한 사람이나 IT 업계 1년차 신입 사원 등 앞으로 IT의 세계에서 활약할 사람, 어려워 보여서 그동안 IT를 멀리했던 사람, IT에 관해 즐겁게 배우고 싶은 사람, 이미 IT의 세계에 몸담고 있지만 자신의 전문이 아닌 분야의 용어에 대해서도 알고 싶은 사람이라면 이 책에 주목하기 바란다. 이 책은 관심이 가는 주제별로 쉽게 찾아서 읽을 수 있도록 9개의 파트로 나눈 뒤 반드시 알아야 할 IT 용어를 선정해 그 의미를 쉽게 이해할 수 있도록 한 페이지에 하나씩 설명했다. 그리고 이해를 돕기 위해 일러스트를 통해 전체의 구도를 파악하고, 3가지 포인트를 통해 대략적으로 내용을 이해한 다음, 심화 해설을 읽고 더욱 깊이 이해할 수 있도록 구성했다.

　이 책의 또 다른 특징은 수록 용어의 폭이 넓다는 점이다. IT의 관점에서 우리의 사회·경제·생활과 관련한 순수 기술부터 마케팅에서 유래한 용어까지 현재를 살아가기 위해 반드시 알아 둬야 할 IT 용어를 망라해 정리했다. 따라서 다양한 IT 용어의 용례와 사용 맥락을 파악할 수 있는 현대 기술의 참고서로도 활용할 수 있을 것이다.

　이 책이 IT와 함께 현대를 살아가는 독자 여러분에게 많은 도움이 되기를 진심으로 기원한다.

이 책을 보는 방법

캐치프레이즈
해당 IT 용어를 한마디로 표현했다. 하나의 문장으로 의미를 이해하고 싶을 때 편리하다.

001

Artificial Intelligence

▶ 인간의 사고방식을 흉내 내는 컴퓨터

인공지능(AI)

POINT
- ▶ 인공지능의 실체는 컴퓨터 프로그램
- ▶ 정보를 입력함으로써 인공지능 스스로 판단력을 형성해 나간다
- ▶ 영상 인식이나 자율주행 등 특정 용도에 특화된 인공지능이 활용되고 있다

3 개의 POINT
해당 IT 용어에 관해 캐치프레이즈보다 조금 더 자세히 설명했다. 개요를 쉽고 빠르게 파악하고 싶을 때 편리하다.

해설
인간이 지닌 스스로 생각하는 능력을 컴퓨터로 실현하는 기술이다. 인공지능(AI)의 실체는 컴퓨터 프로그램이다. 보통의 프로그램은 주어진 지시와 정보만 처리하지만, AI 프로그램은 사람이 일일이 지시할 필요가 없는 자율성과 조건이 변화하더라도 처리할 수 있는 적응력을 갖추고 있다. 이런 특성 덕분에 사진에 찍힌 사람의 얼굴을 식별하는 등의 처리가 가능하다.

[TOPIC 1]
강인공지능, 약인공지능
인간처럼 다양한 문제를 다룰 수 있는 것은 강인공지능, 특정 영역의 문제만 다루는 것은 약인공지능이라고 부른다. 우리 주변에서 인공지능으로 소개되는 것들은 대다수가 바둑이라든가 채팅 등 특정 기능에 특화한 약인공지능이며, 이들을 특화형 인공지능이라고도 부른다.

[TOPIC 2]
인공지능의 사례
사진 속에서 고양이를 구분해 내는 영상 인식 기술은 인공지능을 유명하게 만들었다. 지금은 자율주행이나 보안, 원격의료 등을 넘어 더욱 폭넓은 분야에 응용되고 있다. 바둑 AI인 알파고, AI 애완로봇, 소설을 쓰는 AI 등 인간의 지능에 가까운 로봇이 현실화되고 있다.

관련 용어 ▶▶ 머신 러닝(기계 학습) → p.017, 딥 러닝(심층 학습) → p.018, 기술적 특이점 → p.019

016

관련 용어
해당 페이지에서 설명하는 IT 용어와 관련이 있는 용어다. 페이지도 표기되어 있어 빠르게 참조할 수 있다.

약어의 정식 명칭 또는 영문 표기

조금 어려워 보이는 약어도 정식 명칭을 알면 의외로 간단히 이해할 수 있다.

---

002 Machine Learning

컴퓨터가 공부하는 것
머신 러닝(기계 학습)

POINT
- 컴퓨터에 데이터를 줘서 학습시키는, 인공지능을 실현하는 기술 중 하나
- 답을 표시한 데이터를 인공지능에 줘서 학습시키는 방법은 지도 학습
- 인공지능이 답이 없는 데이터에서 답을 찾아내도록 학습시키는 방법은 비지도 학습

항목명

그 페이지에서 설명하는 IT 용어의 이름이다. 하나가 아니라 여러 개인 경우도 있다.

지도 학습 / 비지도 학습

일러스트

글이 아닌 일러스트를 통해 해당 IT 용어를 직감적으로 이해할 수 있다.

해설 인공지능을 실현하는 기술 중 하나로, '기계'인 컴퓨터가 사람처럼 '학습'하는 것을 의미한다. 머신 러닝(기계 학습)에는 사전에 답을 가르쳐 주는 지도 학습▶❶과 인공지능이 스스로 답을 찾아내게 하는 비지도 학습▶❷이 있다. 손 글씨를 자동 인식하는 기능이나 인터넷 쇼핑몰에서 구매 이력을 바탕으로 상품을 추천하는 기능 등에 머신 러닝이 사용되고 있다.

[TOPIC 1]
지도 학습
교사가 학생에게 지도하듯이 인간이 인공지능에게 정답을 지시하는 학습 방법이다. 가령 인공지능에게 고양이를 인식시키는 경우 고양이의 사진에 '이것은 고양이다'라는 라벨을 붙여서 학습시킨다. 지도 학습은 고양이가 사진에 어떤 모습으로 찍혔든 찾아내도록 할 때 등에 적합하다.

[TOPIC 2]
비지도 학습
고양이를 인식시키는 방법을 예로 들면, 인공지능에 대량의 고양이 사진을 주고 인공지능이 여기에서 유사한 정보를 추출해 스스로 고양이를 인식하게 만드는 학습 방법이다. 비지도 학습은 정해진 정답이 없는 상태에서 데이터의 특징을 발견하거나 데이터를 그룹화할 때 등에 적합하다.

관련 용어 ▶▶ 인공지능(AI) → p.016, 딥 러닝(심층 학습) → p.018

TOPIC 1, 2

해당 IT 용어에 관해 더 깊게 알고 싶을 때 읽으면 도움이 될 것이다.

해설

간결한 문장으로 IT 용어를 설명했다. 기본적인 의미를 파악하고 싶을 때 매우 편리하다.

Contents

권두 시트 'IT 용어 간단 Q&A' '약어 조견표'
머리말 003
이 책을 보는 방법 004

제 1 장 「현대」 015
현재를 이해하기 위한 IT 용어

001	인공지능(AI)	016
002	머신 러닝(기계 학습)	017
003	딥 러닝(심층 학습)	018
004	기술적 특이점	019
005	데이터 과학자	020
006	블록체인	021
007	NFT	022
008	가상 화폐(암호 화폐)	023
009	핀테크	024
010	전자결제	025
011	지속가능 발전 목표(SDGs)	026
012	5G	027
013	DX	028
014	CDO	029
015	RPA	030
016	공유경제	031
017	MOOCs	032
018	STEM 교육(STEAM 교육)	033
019	온라인 수업(원격 수업)	034
020	MaaS	035
021	자율주행	036
022	유튜버와 버추얼 유튜버	037
023	이스포츠	038
024	온라인 살롱	039

025	서브스크립션(구독)	040
026	GAFA	041
027	BAT	042
028	양자 컴퓨터	043
029	텔레워크	044
030	전자정부	045
column	최신 IT 용어를 쉽게 배우는 방법	046

제 2 장 「뉴스」
뉴스를 볼 때 필요한 IT 용어
047

031	VR(가상현실)	048
032	AR(증강현실)	049
033	MR(혼합현실)	050
034	ICT	051
035	그린 IT	052
036	승차 공유	053
037	LiDAR	054
038	드라이브 레코더(블랙박스)	055
039	GPS	056
040	QR 코드와 QR 코드 결제	057
041	크라우드펀딩	058
042	인터넷 뱅킹	059
043	아마존 고	060
044	소셜 렌딩	061
045	게임화	062
046	애그리테크(스마트 농업)	063
047	드론	064
048	HR 테크	065
049	헬스 테크(의료 테크)	066
050	에듀테크(EdTech)	067
051	어댑티브 러닝(적응 학습)	068
052	오픈 에듀케이션	069
053	정보 격차	070
054	프로젝션 맵핑	071
055	온디맨드	072

056	B2B, B2C, C2B, C2C	073
057	오픈 이노베이션	074
058	CIO	075
059	SCM	076
060	BPR과 BPM	077

제 3 장 「기본」
컴퓨터에 대해 이해하기 위한 기본 용어

061	CPU	080
062	클럭과 코어	081
063	중앙집중처리와 분산처리	082
064	무어의 법칙	083
065	입력과 출력	084
066	캐시	085
067	스택과 큐	086
068	버퍼와 스풀	087
069	리소스	088
070	프로세스	089
071	태스크	090
072	BIOS와 UEFI	091
073	OS와 애플리케이션 소프트웨어	092
074	안드로이드와 iOS	093
075	파일과 디렉터리	094
076	레지스트리	095
077	백업	096
078	기억장치	097
079	RAM과 ROM	098
080	HDD와 SSD	099
081	RAID	100
082	NAS	101
083	USB	102
084	SD 카드	103
085	픽셀	104
086	RGB	105
087	HDMI	106
088	LCD와 OLED	107

제 4 장 「실무」
실무에 도움이 되는 IT 용어

109

089	비트와 바이트	110
090	2진수	111
091	10진수와 16진수	112
092	집합과 논리 연산	113
093	알고리즘	114
094	라이브러리	115
095	컴파일러와 인터프리터	116
096	명령 프롬프트	117
097	펌웨어	118
098	오픈소스 소프트웨어	119
099	프로그래밍 언어	120
100	스크립트	121
101	매크로	122
102	플러그인, 애드인, 애드온	123
103	API	124
104	객체 지향	125
105	버그와 디버그	126
106	데이터베이스	127
107	트랜잭션 데이터	128
108	오프쇼어	129
109	아웃소싱	130
110	테스트 자동화	131
111	깃과 깃허브	132
112	리포지터리	133
113	리팩토링	134
114	애자일(애자일 개발)	135
115	스크럼	136
116	데브옵스(DevOps)	137
117	로그	138
118	장애 허용(결함 감내)	139
119	가용성	140
120	PoC(개념 증명)	141
121	웨어러블 디바이스	142
122	3D 프린터	143
123	RFID	144

| 124 | 블루투스와 BLE | 145 |

제 5 장 「서비스」
인터넷의 서비스를 이해하기 위한 기본 용어

125	클라우드	148
126	서버의 가상화	149
127	온프레미스	150
128	온라인 저장소	151
129	데이터 센터	152
130	AWS	153
131	마이크로소프트 애저	154
132	SaaS, PaaS, IaaS, DaaS	155
133	에지 컴퓨팅	156
134	빅 데이터	157
135	사물 인터넷(IoT)	158
136	M2M	159
137	스마트 시티	160
138	스마트 스피커	161
139	네트워크 카메라와 웹 카메라	162
140	SNS	163
141	SMS와 MMS	164
142	그룹웨어	165
143	RSS	166
144	스트리밍	167
145	SIM 록과 SIM 프리	168
146	MVNO	169
147	테더링	170

제 6 장
경영과 전자상거래(EC)를 이해하기 위한 IT 용어

| 148 | 퍼실리티 매니지먼트 | 172 |
| 149 | 디자인 사고 | 173 |

150	PDCA	174
151	코퍼레이트 거버넌스	175
152	GDPR	176
153	키팅	177
154	클라이언트/서버 시스템(C/S 시스템)	178
155	오픈 시스템	179
156	신 클라이언트	180
157	원격 접속	181
158	데스크톱 가상화	182
159	데이터 웨어하우스	183
160	BI	184
161	데이터 마이닝	185
162	섀도 IT	186
163	전자상거래(EC)	187
164	CMS와 워드프레스	188
165	SEO	189
166	CTR	190
167	A/B 테스트	191
168	PV와 LPO와 CVR	192
169	UI와 UX	193
170	스토리보드(UX 디자인)	194
171	유니버설 디자인과 웹 접근성	195
172	크리에이티브 커먼즈(CC)	196
173	온드 미디어	197
174	옴니채널	198

제 장 「인터넷」
인터넷의 기술을 이해하기 위한 IT 용어
199

175	세션	200
176	베스트 에포트	201
177	어플라이언스	202
178	홈 라우터와 와이파이 라우터	203
179	허브와 스위치와 라우터	204
180	디폴트 게이트웨이(기본 게이트웨이)	205
181	무선 LAN과 와이파이(Wi-Fi)	206

번호	항목	페이지
182	WEP, WPA, WPA2, WPA3	207
183	WPS와 이지 커넥트	208
184	SSID	209
185	인터넷과 인트라넷	210
186	LAN과 WAN	211
187	CDN	212
188	트래픽	213
189	NFV(네트워크 가상화)	214
190	VLAN	215
191	프로토콜	216
192	TCP와 UDP	217
193	IP	218
194	IP 주소와 포트 번호와 MAC 주소	219
195	도메인명과 DNS	220
196	URL	221
197	IPv6	222
198	VoIP	223
199	SMTP와 POP와 IMAP	224
200	받는사람(To)과 참조(Cc)와 숨은참조(Bcc)	225
201	WWW와 HTTP와 HTTPS	226
202	HTML과 XML과 CSS	227
203	쿠키(HTTP 쿠키)	228
204	OGP(오픈 그래프 프로토콜)	229
205	P2P	230
206	크롤러	231
207	봇	232

제 8 장 「보안」
보안에 관한 IT 용어

233

번호	항목	페이지
208	보안 관리	234
209	DLP	235
210	2요소 인증과 2단계 인증	236
211	일회용 패스워드와 통합 인증	237
212	방화벽	238
213	DMZ(비무장지대)	239

214	SSL / TLS	240
215	대칭 열쇠 암호 방식과 공개 열쇠 암호 방식	241
216	인증국과 전자 증명서	242
217	보안 구멍	243
218	바이러스 대책	244
219	생체 인증	245
220	보안 진단 서비스	246
221	재해 복구	247
222	전자 서명	248
223	전자 인증	249
224	특권 ID 관리	250
225	해커와 화이트 해커	251
226	보안	252
227	사이버 공격	253
228	취약점	254
229	부정 접속	255
230	인시던트	256
231	IDS(침입 탐지 시스템), IPS(침입 차단 시스템)	257
232	사이버 복원력	258
233	크래킹과 소셜 엔지니어링	259
234	맬웨어	260
235	RAT(원격 조작 도구)	261
236	피싱	262
237	스팸 메일	263
238	DoS 공격과 DDoS 공격	264
239	크로스 사이트 스크립팅	265
240	인젝션 공격	266
241	징검다리 공격과 트로이 목마	267
242	제로 데이 공격	268
243	표적형 공격(비즈니스 이메일 사기)	269
244	리스트형 공격	270
245	원클릭 사기	271
246	사이트 블로킹	272
247	랜섬웨어	273
248	리버스 엔지니어링	274

제 장 「기업과 인물」
IT를 뒷받침해 온 기업과 인물

249	구글	276
250	아마존	277
251	애플	278
252	페이스북(Meta)	279
253	테슬라	280
254	마이크로소프트	281
255	우버	282
256	알리바바(阿里巴巴集団)	283
257	바이두(百度)	284
258	텐센트(腾讯)	285
259	엔비디아	286
260	IBM	287
261	오라클	288
262	인텔	289
263	빌 게이츠	290
264	스티브 잡스	291
265	제프 베조스	292
266	마크 저커버그	293
267	세르게이 브린	294
268	래리 페이지	295
269	존 폰 노이만	296
270	앨런 튜링	297
271	고든 무어	298
272	앨런 케이	299
273	팀 버너스리	300
274	빈톤 서프	301
275	일론 머스크	302
276	잭 도시	303
277	리누스 토르발스	304

맺음말 305
색인 306

제 1 장

현대

현재를 이해하기 위한
IT 용어

001

Artificial Intelligence

인간의 사고방식을 흉내 내는 컴퓨터

인공지능(AI)

POINT
- ▶ 인공지능의 실체는 컴퓨터 프로그램
- ▶ 정보를 입력함으로써 인공지능 스스로 판단력을 형성해 나간다
- ▶ 영상 인식이나 자율주행 등 특정 용도에 특화한 인공지능이 활용되고 있다

해설 인간이 지닌 스스로 생각하는 능력을 컴퓨터로 실현하는 기술이다. 인공지능(AI)의 실체는 컴퓨터 프로그램이다. 보통의 프로그램은 주어진 지시와 정보만 처리하지만, AI 프로그램은 사람이 일일이 지시할 필요가 없는 자율성과 조건이 변화하더라도 처리할 수 있는 적응력을 갖추고 있다. 이런 특성 덕분에 사진에 찍힌 사람의 얼굴을 식별하는 등의 처리가 가능하다.

[TOPIC 1]
강인공지능, 약인공지능
인간처럼 다양한 문제를 다룰 수 있는 것은 강인공지능, 특정 영역의 문제만 다루는 것은 약인공지능이라고 부른다. 우리 주변에서 인공지능으로 소개되는 것들은 대다수가 바둑이라든가 채팅 등 특정 기능에 특화한 약인공지능이며, 이들을 특화형 인공지능이라고도 부른다.

[TOPIC 2]
인공지능의 사례
사진 속에서 고양이를 구분해 내는 영상 인식 기술은 인공지능을 유명하게 만들었다. 지금은 자율주행이나 보안, 원격의료 등을 넘어 더욱 폭넓은 분야에 응용되고 있다. 바둑 AI인 알파고, AI 애완로봇, 소설을 쓰는 AI 등 인간의 지능에 가까운 로봇이 현실화되고 있다.

관련 용어 ▶▶ 머신 러닝(기계 학습) → p.017, 딥 러닝(심층 학습) → p.018, 기술적 특이점 → p.019

Machine Learning

컴퓨터가 공부하는 것
머신 러닝 (기계 학습)

POINT
- ▶ 컴퓨터에 데이터를 줘서 학습시키는, 인공지능을 실현하는 기술 중 하나
- ▶ 답을 표시한 데이터를 인공지능에 줘서 학습시키는 방법은 지도 학습
- ▶ 인공지능이 답이 없는 데이터에서 답을 찾아내도록 학습시키는 방법은 비지도 학습

해설

인공지능을 실현하는 기술 중 하나로, '기계'인 컴퓨터가 사람처럼 '학습'하는 것을 의미한다. 머신 러닝(기계 학습)에는 사전에 답을 가르쳐 주는 지도 학습(▶**1**)과 인공지능이 스스로 답을 찾아내게 하는 비지도 학습(▶**2**)이 있다. 손 글씨를 자동 인식하는 기능이나 인터넷 쇼핑몰에서 구매 이력을 바탕으로 상품을 추천하는 기능 등에 머신 러닝이 사용되고 있다.

[TOPIC **1**]
지도 학습
교사가 학생에게 지도하듯이 인간이 인공지능에게 정답을 지시하는 학습 방법이다. 가령 인공지능에게 고양이를 인식시키는 경우 고양이의 사진에 '이것은 고양이다'라는 라벨을 붙여서 학습시킨다. 지도 학습은 고양이가 사진에 어떤 모습으로 찍혔든 찾아내도록 할 때 등에 적합하다.

[TOPIC **2**]
비지도 학습
고양이를 인식시키는 방법을 예로 들면, 인공지능에 대량의 고양이 사진을 주고 인공지능이 여기에서 유사한 정보를 추출해 스스로 고양이를 인식하게 만드는 학습 방법이다. 비지도 학습은 정해진 정답이 없는 상태에서 데이터의 특징을 발견하거나 데이터를 그룹화할 때 등에 적합하다.

관련 용어 ▶▶ 인공지능(AI) → p.016, 딥 러닝(심층 학습) → p.018

Deep Learning

무엇을 학습할지 컴퓨터가 스스로 생각한다

딥 러닝 (심층 학습)

POINT
- ▶ 머신 러닝의 수법 중 하나로, 특히 비지도 학습에 적합하다
- ▶ 뇌를 모델로 삼은 인공 신경망(뉴럴 네트워크)을 응용한 것
- ▶ 인공 신경망의 층이 깊기(많기) 때문에 딥(Deep)이라고 부른다

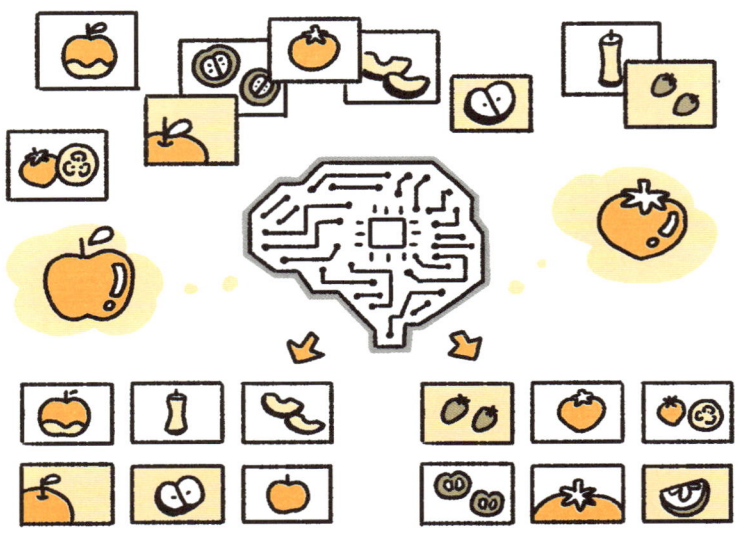

 딥 러닝은 머신 러닝의 수법 중 하나다. 특히 학습해야 할 특징을 컴퓨터가 스스로 찾아내는 비지도 학습에 적합하다. 학습해야 할 특징은 영상 인식을 예로 들면 색·형태·모양 등을 가리킨다. 빨간 사과와 빨간 토마토처럼 분명히 다르지만 단순히 색(빨간색)이나 형태(구형)만으로는 구별이 불가능한 차이를 인식할 수 있다.

[TOPIC 1]
인공 신경망(뉴럴 네트워크)
사람의 뇌 속에는 대량의 신경세포(뉴런)가 있으며, 뉴런과 뉴런 사이에서 펄스 형태의 전기신호를 통해 정보가 전달된다. 사람의 뇌를 컴퓨터로 구현하기 위해 이 정보 전달 방식을 수리 모델로 만든 것이 인공 신경망이다. 1950년대에 처음 만들어졌다.

[TOPIC 2]
학습할수록 영리해진다
딥 러닝에서는 반복적인 학습을 거치면서 특정한 정보의 연결성이 강해진다. 이는 사람의 뇌가 학습을 더 많이 할수록 문제를 더욱 잘 해결할 수 있게 되는 것과 같다. 가령 바둑의 AI는 대국을 거듭하면서 바둑알의 배치 변화를 많이 기억하게 되면서 더욱 강해진다.

관련 용어 ▶▶ 인공지능(AI) → p.016, 머신 러닝 → p.017

004

Technological Singularity

인공지능이 인류를 능가하는 순간
기술적 특이점

POINT
- ▶ 진화한 인공지능이 자신의 능력을 스스로 갱신할 수 있게 되는 날
- ▶ 컴퓨터와 소프트웨어가 인간의 능력을 능가했다는 의미
- ▶ 합리적인 판단만큼은 인간을 능가할 수 없다는 반론도 있다

제 1 장 현대

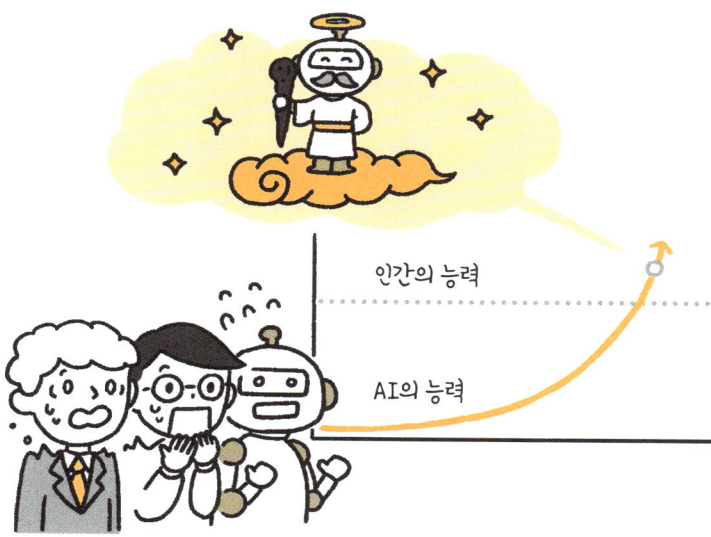

해설 인공지능이 인간의 지성을 능가하게 되는 특이점을 의미한다. 인공지능의 실체인 소프트웨어는 인간이 만들어낸 것인데, 기술적 특이점은 인공지능이 사람의 힘을 빌리지 않고 자신의 능력을 갱신해 나가는 순간을 뜻한다. 이 순간이 찾아오면 인류는 더 이상 창조할 것이 없어져서 사회에 대변혁이 일어날 수 있다. 한편 이는 인공지능을 과대평가한 주장이라는 반론도 존재한다.

[TOPIC 1]
2045년
비약적으로 진화해 온 IT 기술이 앞으로도 같은 속도로 진화한다면 2045년에는 수학적으로 무한대가 된다. 즉 어디까지 진화할지 예측이 불가능해진다는 주장이다. 이것이 2045년에 기술적 특이점이 도래한다는 생각으로 이어졌다.

[TOPIC 2]
멀티래리티
기술적 특이점은 인류와 기계 중 어느 한쪽이 지성의 주체가 되는 양자택일적인 발상이다. 반면에 지성의 한계는 개인에 따라 다르기 때문에 기계가 인간을 능가하는 상태에도 다양성(편차)이 존재한다는 발상도 있으며, 이것을 멀티래리티(Multilarity)라고 한다.

관련 용어 ▶▶ 인공지능(AI) → p.016

Data Scientist

005 데이터의 의미를 생각하는 사람
데이터 과학자

POINT
- ▶ 데이터에서 비즈니스 의사결정에 도움이 되는 정보를 찾아내는 직업
- ▶ 인공지능의 발전이 데이터의 새로운 가치와 이용법을 제시하고 있다
- ▶ 대량의 데이터 속에 숨어 있는 의미를 찾아내는 힘이 필요하다

해설 데이터를 기반으로 비즈니스의 의사결정권자를 지원하는 직업 혹은 직함이다. 품질관리 등의 분야에서는 예전부터 통계학(▶ 1)을 이용해 데이터 분석을 실시해 왔지만, 최근 들어 빅 데이터와 인공지능이 발전하면서 다양한 분야의 기업에서 데이터의 비즈니스적인 가치와 그 데이터의 활용에 대한 관심이 높아졌다. 이런 흐름 속에서 데이터 과학자가 주목받고 있다.

[TOPIC 1]
통계학
통계학은 데이터를 다룰 때 기초가 되는 학문이다. 우리가 흔히 들을 수 있는 평균값이나 표준점수는 전부 통계학 용어다. 데이터 과학자에게는 프로그래밍 같은 IT 기술뿐만 아니라 의미 있는 데이터를 수집해 해석하기 위한 통계학 지식도 요구된다.

[TOPIC 2]
데이터 과학자가 되려면
데이터 과학자에게는 프로그래밍이나 데이터베이스 등의 IT 지식, 통계학이나 수리 모델 등의 수학적 지식, 데이터를 시장 동향이나 소비자 동향 등과 연결시키는 비즈니스 감각, 그리고 수집한 정보를 종합적으로 활용할 수 있는 탐구심과 인내심이 요구된다.

관련 용어 ▶▶ 인공지능(AI) → p.016, 빅 데이터 → p.157

Block Chain

006

정보를 사슬처럼 연결해서 안전하게 공유한다

블록체인

POINT
- ▶ 정보의 덩어리(블록)를 사슬(체인)처럼 연결해서 관리하는 기술
- ▶ 정보의 위조나 부정 사용을 방지하는 다양한 기술이 담겨 있다
- ▶ 가상 화폐 등 안전한 정보관리가 필요한 서비스에 이용될 것으로 기대된다

제1장 현대

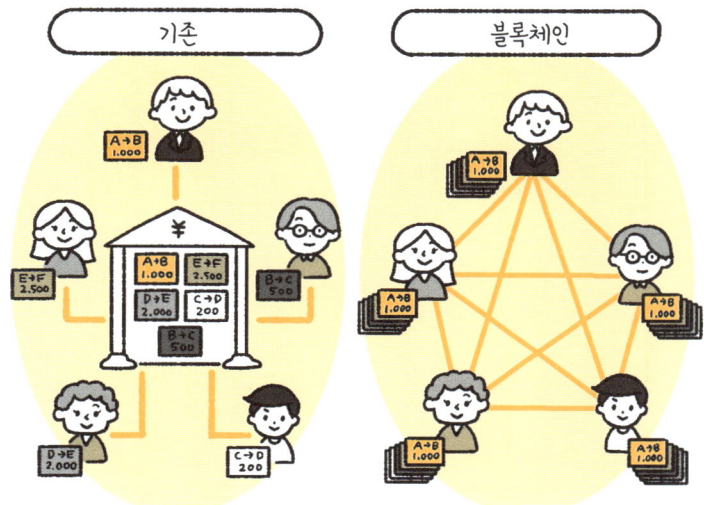

해설 은행에 맡긴 돈은 잔액이나 입출금 정보 등을 엄중히 관리할 필요가 있다. 이런 정보의 안전한 관리를 특정 조직이 아니라 네트워크상의 컴퓨터가 분산해서 담당하는 시스템을 블록체인이라고 한다. 본래 가상 화폐를 실현하는 기술로서 개발되었지만, 현재는 안전성이 높은 정보관리 방법으로 평가받으면서 금융 서비스 이외 분야에서도 이용이 검토되고 있다.

[TOPIC 1]

블록과 체인

예를 들어 가상 화폐의 경우, 과거 10분 동안의 거래 기록을 블록으로 만들고 10분 단위로 이전의 정보에 연결(체인)시킨다. 이때, 바로 이전 블록의 정보로부터 해시 값(정보의 수정을 막는 특수한 값)을 계산해 다음에 연결할 블록에 심는다.

[TOPIC 2]

채굴

해시 값을 계산할 때는 매번 다른 임시값(Number Used Once: 논스)이 사용되는데, 특정 조건을 충족한 임시값을 찾아내려면 대량의 계산 작업이 필요하다. 가상 화폐에서는 이것을 채굴(마이닝)이라고 부르며, 이 계산 작업이 정보의 안전성을 담보한다.

관련 용어 ▶▶ 가상 화폐(암호 화폐) → p.023

Non-Fungible Token

디지털 아트의 원작임을 증명하는 디지털 서명
NFT

POINT
- 디지털 아트 작품의 '진품'임을 작가가 증명하는 기술
- 디지털이라면 무엇이든 NFT로 그것이 원작임을 증명할 수 있다
- 가상 화폐가 사용하는 블록체인 기술의 변경 불가성이라는 특징을 이용한다

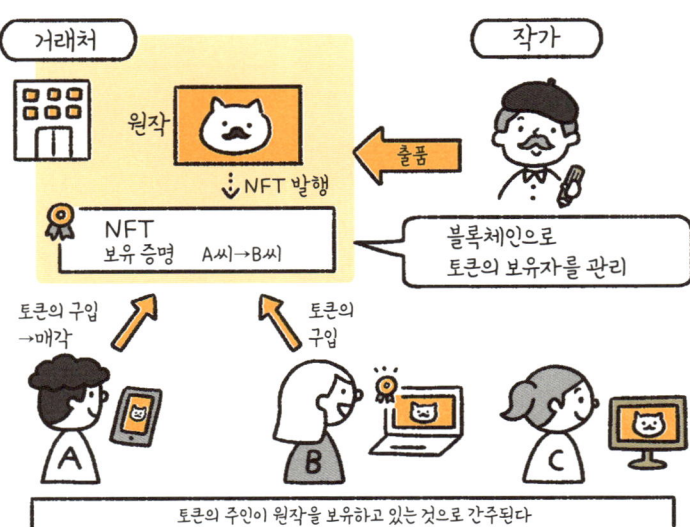

 NFT를 우리말로 번역하면 '대체 불가능 토큰'이다. 여기에서 대체 불가능이란 유화(油畵)의 원화처럼 대체품이 존재하지 않는다는 뜻이다. 한편 완벽하게 복제가 가능한 디지털 아트의 경우는 원작과 복제품에 차이가 전혀 없는데, 그래서 작가가 NFT를 이용한 디지털 서명을 작품과 연결시킴으로써 원작임을 증명한다. NFL(프로 미식축구 리그) 공식 사이트의 사진 판매나 예술 작품의 경매 등에 이용되고 있다.

[TOPIC 1]
NFT의 거래
그림, 사진, 음악, 음성 등 모든 디지털 데이터가 NFT의 대상이다. NFT 작품은 주로 디지털 시장에서 가상 화폐로 거래된다. 주된 거래자는 수집가들이지만, 이익을 목적으로 한 전매나 돈세탁 같은 문제도 발생하고 있다.

[TOPIC 2]
블록체인의 일종
NFT는 가상 화폐인 이더리움이 사용하는 블록체인 기술의 변경 불가성이라는 특징을 이용한다. 작가는 작품을 판매할 때 디지털 서명 역할을 하는 NFT를 생성해 작품과 연결시킨 다음 NFT의 보유권을 매매한다. 즉 작품 자체가 NFT인 것은 아니다.

관련 용어 ▶▶ 블록체인 → p.021, 가상 화폐 → p.023

Virtual currency (Cryptocurrency)

인터넷의 세계에서만 거래할 수 있는 돈

가상 화폐(암호 화폐)

POINT
- ▶ 디지털 정보로만 존재하는 화폐
- ▶ 국가나 중앙은행이 발행한 법정 화폐가 아니다
- ▶ 재산적 가치가 크게 변동할 가능성이 있다

해설 컴퓨터 속의 디지털 정보로만 존재하는 암호화된 화폐다. 공적으로는 암호 자산(▶1)이라고 불린다. 가상 화폐는 정부가 가치를 보증하는 지폐나 주화 등의 실물 화폐도, 통화의 발행량이나 유통량을 관리하는 중앙은행도 존재하지 않는다. 가상 화폐의 가치는 그것을 사고파는 사람들의 수요와 공급에 따라 변동하며, 변동량도 크기 때문에 투기의 대상이 되기도 한다.

[TOPIC 1]
암호 자산
가상 화폐는 거래정보의 안전한 공유를 위해 암호 이론을 사용하기 때문에 암호 화폐로도 불린다. 또한 각국의 중앙은행이 발행하는 '화폐'가 아니기 때문에 자산으로 취급되어 세계적으로는 암호 자산으로 불린다. 한국은행이나 일본의 금융청도 암호 자산이라는 표현을 사용하고 있다.

[TOPIC 2]
가상 화폐의 종류
관리자가 없는 가상 화폐는 한국의 원이나 미국의 달러 등 정부가 가치를 담보하는 법정 화폐와 달리 누구나 발행할 수 있다. 가상 화폐의 종류는 비트코인, 이더리움, 리플, 라이트코인, 모네로 등 2,300종류가 넘으며, 지금도 계속 증가하고 있다.

관련 용어 ▶▶ 블록체인 → p.021

009

FinTech (Finance + Technology)

IT 기술이 낳은 혁신적인 금융 서비스
핀테크

POINT
- ▶ 금융(Finance)과 기술(Technology)을 조합한 조어(造語)
- ▶ IT 기술이 낳은, 과거에는 없었던 금융 서비스라는 의미로 사용될 때가 많다
- ▶ 금융기관뿐만 아니라 다수의 IT 기업이 핀테크에 뛰어들고 있다

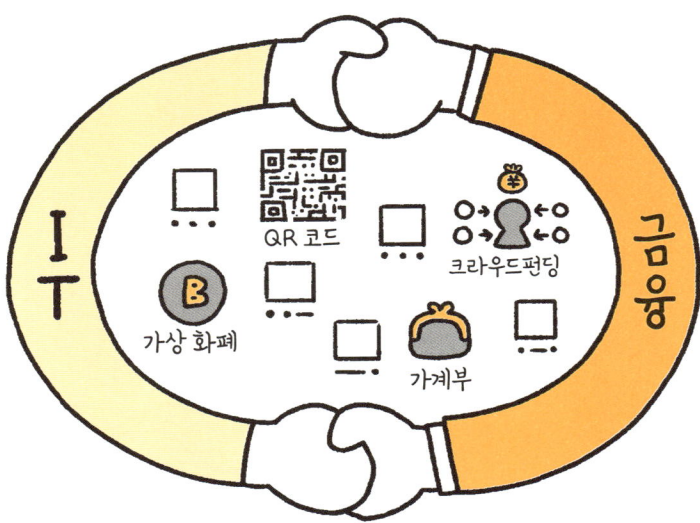

해설

가상 화폐, 크라우드펀딩, 소셜 렌딩, 로보어드바이저 등 IT 기술을 활용한 폭넓은 금융 서비스를 의미한다. 핀테크에는 IT 기술을 통해 기존 금융업의 틀을 부수는 역할(▶1)이 기대되고 있다. 금융기관뿐만 아니라 IT 대기업부터 IT 벤처까지도 핀테크 분야에 적극적으로 뛰어들고 있다.

[TOPIC 1]
IT의 역할
사람이 사람에게 제공하던 기존의 금융 서비스를 인터넷과 컴퓨터를 이용한 IT 기술로 대체함으로써 대폭적인 효율화를 실현했다. 또한 가상 화폐나 전자결제 등의 새로운 금융 서비스를 탄생시키는 역할도 하고 있다.

[TOPIC 2]
핀테크에 필요한 기술
핀테크를 추진하기 위해 금융기관이 보유한 정보에 접근하는 구조(API)의 개방화가 실제로 구현되는 사례가 늘고 있다. 개방화를 통해 온라인 송금이나 가계부 애플리케이션과의 계좌 연동 등 편리성 향상을 기대할 수도 있지만, 견고한 보안 대책도 요구된다.

관련 용어 ▶▶ 가상 화폐(암호 화폐) → p.023, 크라우드펀딩 → p.058, API → p.124, 소셜 렌딩 → p.061, 인터넷과 인트라넷 → p.210

010

Electronic Payment

결제는 디지털 정보다
전자결제

POINT
- ▶ 결제에 관한 모든 정보를 디지털 데이터로 주고받는다
- ▶ 결제 데이터를 포인트 적립 서비스나 판매 관리 등에 활용할 수 있다
- ▶ 이용자 정보나 결제 정보의 악용에는 주의가 필요하다

제1장 현대

해설 컴퓨터 시스템을 이용해 상품이나 서비스 대금을 전자적으로 결제하는 것을 말한다. 본래는 무현금 결제의 일종이지만 지금은 무현금과 같은 의미로 사용되며, 인터넷 상거래 사이트의 결제부터 실물 점포에서의 결제에 이르기까지 널리 이용되고 있다. 전자결제에는 신용카드, 교통카드 등의 전자 화폐, 모바일 결제나 QR 코드 결제 등 여러 종류가 있다.

[TOPIC 1]
전자결제의 장점
이용자에게는 현금을 들고 다닐 필요가 없고 결제가 간단하다는 이점이 있다. 또한 이용금액에 따른 각종 포인트 적립과 연동시킬 수 있다는 등의 이점도 있다. 한편 점포로서는 효율적인 관리가 가능하고 결제 정보를 판매관리나 고객관리에 활용할 수 있다는 등의 이점이 있다.

[TOPIC 2]
전자결제의 단점
이용자로서는 신용카드 정보나 결제 정보가 악용될 경우 거액의 피해를 입을 위험성이 있다. 또한 아직 현금만 받는 가게도 있다. 점포로서는 매출 대비 시스템 이용료 부담이 과도할 경우 손해를 볼 수 있다.

관련 용어 ▶▶ QR 코드와 QR 코드 결제 → p.057, 전자상거래(EC) → p.187

025

011

Sustainable Development Goals

세계가 존속하기 위한 처방전
지속가능 발전 목표(SDGs)

POINT
- 2015년 유엔 총회에서 채택된, 세계가 달성하기 위해 노력해야 할 17개 목표
- 인간의 생존, 지구 환경, 사회, 경제에 관한 목표들이 있다
- 정부·기업·개인 등 각 층위에서 달성을 위한 노력이 요구되고 있다

17개 목표

해설

인류와 세계의 지속적인 번영과 성장을 향해, 현재 세계가 안고 있는 과제를 해결하기 위해 달성해야 할 다면적인 발전 목표다. 2015년 유엔 총회에서 채택되었다. 지속가능 발전 목표에서 발전(Development)이란 과제에 대한 새로운 해결 방법을 찾아내는 것을 의미한다. 2016년부터 2030년까지 달성을 위해 노력해야 할 17개 목표(▶1)와 그 목표들을 세분화한 169개의 구체적 목표가 설정되어 있다.

[TOPIC 1]
국제 사회 전체의 17개 목표
크게 분류했을 때, 빈곤 대책·건강과 복지·위생·주거 환경 등 인간의 생존과 관련된 목표, 온난화 대책·에너지·지구 자원 등 지구 환경과 관련된 목표, 교육 확충·평등과 평화의 실현, 경제와 관련된 고용·생산과 소비·인프라 정비 등 사회와 관련된 목표가 있다.

[TOPIC 2]
사회 전체의 노력이 필요
지속가능 발전 목표는 정부·기업·개인이 각자의 층위에서 달성하기 위해 노력해야 한다. 온난화 대책을 예로 들면, 정부는 자동차가 배출하는 NOx(질소 산화물)를 규제하는 법을 정비하고, 기업은 규제를 지켜 자동차를 만들며, 개인은 좀 더 환경 성능이 우수한 자동차를 구입하는 식의 연계 플레이다.

관련 용어 ▶▶ 그린 IT → p.052

012

Fifth Generation Wireless

제5세대 이동통신
5G

POINT
- ▶ 제5세대라고 불리는 무선통신 기술
- ▶ 대용량 데이터를 단시간에 송수신할 수 있다
- ▶ 기존 4G의 주파수 대역을 사용하는 '유사 5G'도 있다

해설

휴대폰에 사용되는 무선 기술은 세대교체(▶1)가 진행되면서 진화해 왔는데, 5G는 그 다섯 번째 세대라는 의미다. 5G의 특징으로는 대용량 데이터를 단시간에 송수신할 수 있다, 실시간 정보를 적은 지연으로 송수신할 수 있다, KTX 등을 타고 고속으로 이동하는 도중에도 무선을 이용할 수 있다 등이 있다. 미래의 고속 무선통신 기술로 기대받고 있다.

[TOPIC 1]
세대교체

무선 기술에 세대 번호를 붙여서 부르게 된 것은 제3세대(3G)부터다. 현재 널리 사용되고 있는 LTE는 본래 거의 제4세대라는 의미이며 3.9G라고도 불렸다. 그러나 이후 4G로 승격했고, 그다음 기술이 5G가 되었다.

[TOPIC 2]
유사 5G

5G는 새로운 주파수 대역의 전파를 사용해서 고속 통신을 실현하는데, 기존의 4G 전파에 비해 날아가는 거리가 짧은 탓에 더 많은 기지국이 필요하다. 그래서 4G의 주파수 대역을 5G용으로 전용하는 '유사 5G'라고 부르는 혼합 방식을 채용하는 흐름도 있다.

관련 용어 ▶▶ 없음

013

Digital Transformation

디지털을 통한 경영 변혁

DX

POINT
- 디지털 트랜스포메이션(Digital Transformation)의 약어(Trans를 X라고 줄였다)
- IT를 활용해서 비즈니스 모델과 기업 문화를 변혁해 경쟁력을 높인다
- 일본에서는 IT화를 방해하던 기업 스스로의 변혁이라는 의미로도 사용된다

해설

일본의 경제산업성이 발행한 'DX 추진 가이드라인'의 정의를 요약하면, DX란 IT를 활용해서 비즈니스 모델과 기업 문화를 변혁해 경쟁상의 우위를 확립하는 것이다(▶1). 본래 DX는 디지털화의 진전이 사회 전체나 우리의 생활을 발전시킨다는 의미였다(▶2). 기업에서는 기업 스스로가 디지털 정보를 보다 더 적극적으로 활용하면서 비즈니스를 추진한다는 의미로 사용된다.

[TOPIC 1]
DX의 성공 사례인 우버

기존의 택시는 출발지와 도착지를 자유롭게 선택할 수 있는 이동 수단을 제공하는 서비스였다. 우버(Uber)는 디지털 기술을 이용해 운전자와 이용자를 연결시킴으로써 택시와 똑같은 서비스지만 전혀 다른 비즈니스를 만들어낸, DX의 대표적인 성공 사례다.

[TOPIC 2]
DX를 처음 주장한 인물

2004년 스웨덴의 에릭 스톨터만 교수가 〈IT와 GOOD LIFE〉라는 논문에서 처음 언급했다. 스톨터만 교수는 이 논문에서 "IT 기술이 우리의 생활을 온갖 측면에서 더욱 좋은 방향으로 변화시킬 것이다"라고 주장하며 그 개념을 디지털 트랜스포메이션이라고 명명했는데, 이것이 DX의 시작이다.

관련 용어 ▶▶ CDO → p.029, 우버 → p.282

014

Chief Digital Officer

내일의 비즈니스를 만드는 IT 부문 책임자
CDO

POINT
- ▶ 디지털 최고책임자(Chief Digital Officer)의 약어
- ▶ IT를 최대한으로 활용해 비즈니스의 성장을 실현하는 책임자
- ▶ CDO에게는 새로운 비즈니스 모델의 입안과 실행이 요구된다

제1장 현대

해설 디지털 최고책임자라는 직위의 명칭이다. CDO의 역할은 디지털 기술을 활용하는, 기업 활동 전반에 걸쳐 유연하면서 고객만족도를 향상시키는 새로운 비즈니스 모델을 입안하고 실행하는 것이다. IT를 최대한 활용해 비즈니스 성장을 실현하는 책임자로서 최신 디지털 기술에 정통해야 한다. 다시 말하면 내일의 비즈니스를 만드는 IT 부문의 책임자라 할 수 있다.

[TOPIC 1]
CDO의 업무
모바일이나 웹 등 온갖 IT 기술을 시야에 두고 회사 차원에서 디지털 기술의 활용을 추진하는 업무를 담당한다. 디지털의 D를 직위명에 넣음으로써 기업 경영층이 사원들에게 디지털화의 중요성을 강조하는 직책이라 할 수 있다.

[TOPIC 2]
DX와 CDO
CDO는 DX 책임자로도 불리는데, CDO라는 직위를 두고 있는 기업은 사실 그다지 많지 않다. DX 업무를 CIO나 다른 간부가 담당하는 사례도 있지만, 반대로 DX 업무를 제대로 정의하지 못한 탓에 그렇게 되었다는 의견도 있다.

관련 용어 ▶▶ DX → p.028., CIO → p.075

015

Robotic Process Automation

사원 대신 일하는 눈에 보이지 않는 로봇

RPA

POINT
- ▶ 소프트웨어를 이용한 업무처리의 자동화
- ▶ RPA 전용 툴로 업무 순서를 프로그래밍한다
- ▶ Robotic이라고는 해도 인간형 로봇을 사용하지는 않는다

해설 소프트웨어를 이용한 업무처리 자동화를 의미한다. 최근에는 시판되는 회계 소프트웨어를 이용해 회계 처리를 하는 것이 당연해졌지만, 데이터 입력이나 결과를 이용하기 위한 변환 작업 등에는 그 기업 고유의 절차나 사람의 수작업이 필요한 경우도 있다. RPA는 그런 작업 모두를 포함한 처리 전체를 RPA의 독자적인 프로그래밍(▶1)을 통해 소프트웨어화함으로써 자동화한다.

[TOPIC 1]
RPA의 프로그래밍
일반적으로 프로그래밍은 영문과 숫자로 표기되지만, RPA에는 다양한 처리를 나타내는 부품(도형)을 조합해서 업무 절차를 표현하는 시각적인 프로그래밍이 보급되어 있다. 부품을 나열함으로써 직관적으로 프로그래밍할 수 있다는 장점이 있다.

[TOPIC 2]
왜 'Robotic'인가?
RPA의 R은 Robotic('로봇 같은'이라는 의미)의 머리글자인데, 컴퓨터 내부에서 업무처리를 하는 소프트웨어를 로봇으로 간주해 이렇게 부르게 되었다. 사람 대신 인간형 로봇이 책상에 앉아서 일하는 것은 아니다.

관련 용어 ▶▶ 없음

016

Sharing Economy

인터넷을 이용해 누구한테나 빌리고 빌려준다

공유경제

POINT
- ▶ 개인 또는 조직이 소유한 물건이나 기술 등을 다른 사람에게 사고팔거나 빌리고 빌려준다
- ▶ 인터넷을 통해 광범위한 사람들과 다종다양한 물품을 공유할 수 있다
- ▶ 합승 서비스인 우버나 개인 간 거래를 중개하는 이베이 등이 유명하다

제 1 장 현대

해설
개인 또는 조직이 소유한 물건이나 기술 등 유형무형의 자산을 인터넷을 통해 사고팔거나 빌리고 빌려줌으로써 타인과 공동 이용하는 것을 말한다. 합승 서비스인 우버나 개인 간 거래를 중개하는 이베이 등이 대표적인 사례다. 공유 대상은 방·물건·자동차·기술·자금 등이며(▶1), 각 분야의 사업자가 파는 이와 사는 이, 빌리는 이와 빌려주는 이를 연결시켜 준다.

[TOPIC 1]
물건 이외의 공유
물건 공유 이외에도 기술, 시간, 공간 등의 공유로 확대되고 있다. 또한 합승(승차 공유)은 자동차의 공유인 동시에 운전을 하지 못하는 사람에게는 운전 기술의 공유이며, 방문 조리는 조리 기술과 조리 시간의 공유라고도 볼 수 있다.

[TOPIC 2]
대여와의 차이
물건을 공동으로 이용한다는 점에서는 대여도 공유경제의 일종이다. 그러나 대여는 빌려주는 업자와 빌리는 사용자로 관계가 고정되는 데 비해, 공유경제에서는 개인이나 조직이 빌려주는 이와 빌리는 이의 역할을 함께한다.

관련 용어 ▶▶ 승차 공유 → p.053, 우버 → p.282

017

Massive Open Online Courses

인터넷을 통해서 받는 공개 시민 강좌

MOOCs

POINT
- ▶ 온라인으로 실시하는 학교나 기업의 공개수업
- ▶ 온라인 학습과 온라인 수업을 섞은 형태
- ▶ 강의를 듣기 위해서는 MOOCs 웹 사이트에서 사전 등록을 해야 한다

해설

대규모 공개 온라인 강의를 말한다. 일반적으로 인터넷의 쌍방향 통신을 이용해 인터랙티브 형식으로 실시된다. 먼저 대학교나 기업이 MOOCs 웹 사이트에 개강할 강의를 게시하고, 수강자는 자신이 받고 싶은 강의를 온라인에서 등록한 다음 MOOCs의 사이트에서 강의를 시청한다. 초기의 MOOCs는 텔레비전을 이용해서 강의하는 방송대학교 같은 단방향 강의 형식이었다.

[TOPIC 1]
MOOCs 웹 사이트의 역할

MOOCs 웹 사이트의 역할은 강의를 개설하고 싶은 사람과 강의를 받고 싶은 사람을 중개하는 것이다. 강의의 등록, 수강자의 모집과 등록, 강의나 시험의 발신, 수강자들이 활동하는 게시판 운영 같은 기능이 있다. 개강 전에 강의 내용을 심사해 교육의 질을 담보하는 역할도 한다.

[TOPIC 2]
MOOCs의 수업

강사는 보통 대학 교수나 전문가이며, 1~2개월 정도의 기간에 매주 5~10편 정도의 강의를 시청하는 형식이다. 시청은 물론 예습이나 과제 제출도 해야 한다. 기준 성적을 충족하면 수료증을 받을 수 있으며, 대학의 학점으로 인정받거나 기술 증명이 되는 강의도 있다.

관련 용어 ▶▶ 오픈 에듀케이션 → p.069, 온라인 수업 → p.034

018 STEM 교육 (STEAM 교육)

Science, Technology, Engineering, (Arts) and Mathematics

POINT
- 과학·기술·공학·수학+예술을 중시한 교육
- 크리티컬 싱킹 같은 해결력·창조성이 요구된다
- 컴퓨터 교육을 융합한 STEM의 확장판도 검토되고 있다

해설

STEM은 과학(Science)·기술(Technology)·공학(Engineering)·수학(Mathematics)을 중시한 교육을 의미한다. STEAM은 여기에 예술(Art)을 추가한다(▶1). STEM이 중시하는 것은 수리 과목의 기초, 이들 분야를 종합한 문제해결력과 창조력, 팀워크와 개인의 사고력 육성 등이다. 학년에 따라 레고로 로봇 만들기부터 지구 온난화 해결책 등 폭넓은 과제가 준비되어 있으며, 학생들은 프로젝트 형식으로 과제에 몰두한다.

[TOPIC 1]
STEAM에서 예술의 의미
여기에서의 예술은 역사·사회·지리·문학·음악·디자인 등의 폭넓은 '교양'을 의미한다. 예술과 STEM을 조합한 교육은 창조력 육성이나 전반적인 학력 향상 등 더욱 고도화된 의사결정능력을 육성하는 효과가 있다고 한다.

[TOPIC 2]
STEM+컴퓨팅
STEM의 본질은 문제해결능력의 육성이지 컴퓨터 교육이 아니지만, IT와 연관성이 강한 것도 사실이다. STEM을 처음 시작한 미국국립과학재단(NSF)은 이 두 가지를 융합한 STEM+컴퓨팅 교육 프로그램을 검토하고 있다.

관련 용어 ▶▶ 없음

019

Online Teaching and Learning

집에서 수업을 받는다
온라인 수업(원격 수업)

POINT
- ▶ 인터넷을 이용한 통신형 수업
- ▶ 교사와 학생 전원이 각기 다른 장소에 있으면서 수업을 진행할 수 있다
- ▶ 코로나 바이러스로 인해 휴교가 계속되면서 온라인 수업이 급하게 시작되었다

해설 교사와 학생들이 각기 다른 장소에서 쌍방향 통신을 통해 수업에 참가하는 것을 말한다. 복수의 학급을 통신으로 연결하는 등 더욱 폭넓은 의미로도 사용한다(▶1). 교사와 학생이 같은 장소에 있을 필요가 없어서 여러 가지 이유로 통학을 하지 못하는 학생도 수업을 받을 수 있다. 외국에 있는 교사의 수업을 받거나 외국의 학급과 합동 수업을 할 수도 있다.

[TOPIC 1]
다양한 수업 형태
교사와 학생이 각기 다른 장소에서 수업하는 형태 이외에도 교사와 학생이 함께 있는 학급을 복수 연결해서 수업하는 합동 수업형, 먼 곳에 있는 전문가가 수업을 지원하는 교사 지원형, 특정 교과의 교원이 부족한 다른 학교를 원격으로 가르치는 교과·과목 충실형 등이 있다.

[TOPIC 2]
신종 코로나 바이러스와 온라인 수업
신종 코로나 바이러스로 인한 일제 휴교로 온라인 수업이 갑자기 시작되었다. 교육부에서는 코로나 상황과 현장 특성에 따른 탄력적 대응으로 ▲ 정상교육활동 ▲ 전체 등교 및 교과-비교과활동 제한 ▲ 밀집도 조정을 통한 일부 등교·일부 원격수업 ▲ 전면 원격수업 등 4가지로 나누고, 지역과 학교에서 정하도록 하고 있다.

관련 용어 ▶▶ 에듀테크(EdTech) → p.067, 인터넷과 인트라넷 → p.210

020

Mobility as a Service

출발해서 도착하기까지의 이동 자체가 서비스

MaaS

POINT
- ▶ 목적지까지의 이동 자체를 서비스로 생각하는 발상
- ▶ IT를 활용해 모든 교통수단을 심리스(Seamless: 지역 간 경계가 없는 맵 방식)로 연결한다
- ▶ 스마트폰 애플리케이션으로 목적지까지의 이동 수단을 검색·결제할 수 있게 할 계획

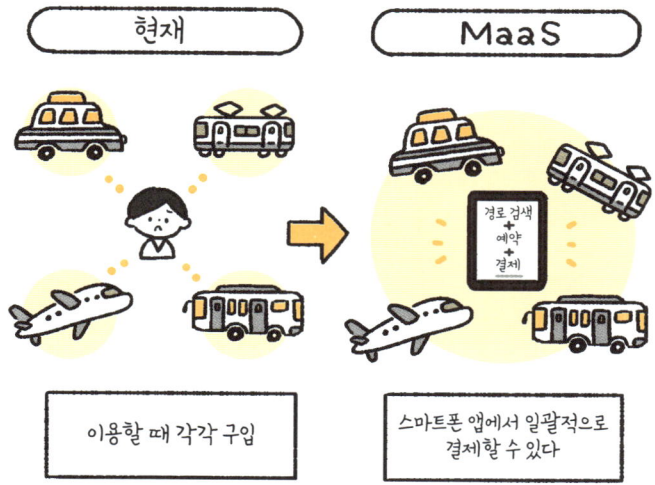

해설

MaaS는 목적지까지의 이동 자체를 서비스로 생각하는 발상이다. 예를 들어 집을 출발해 택시, 지하철, 비행기, 버스의 순서로 갈아타면서 목적지에 갈 경우, 보통은 티켓을 각각 구입하지만 MaaS에서는 집에서 목적지까지의 이동 전체를 하나의 서비스로 연결해 이용자에게 제공한다. 스마트폰 앱으로 각각의 이동 수단을 일괄 예약할 수 있는 서비스가 계획되고 있다.

[TOPIC 1]
사전 확정 운임

MaaS로 이동 서비스를 구입할 경우 예약할 때 각 이동 수단의 운임이 확정될 필요가 있는데, 일본에서는 2021년 가을부터 택시에 도입할 예정이다. 비행기처럼 혼잡도에 따라 운임이 달라지는 티켓(가변 가격제)을 어떻게 할지는 아직 과제로 남아 있다.

[TOPIC 2]
온디맨드와 서브스크립션(정액제)

가령 서울에서 부산까지 1회 이동하는 서비스를 구입하는 유형은 온디맨드형이다. 한편 월정액 10만 원에 시내의 버스와 지하철+렌터카 200킬로미터를 이용할 수 있는 식의 정기권과 비슷한 유형은 서브스크립션형이라고 부른다.

관련 용어 ▶▶ 승차 공유 → p.053, 공유경제 → p.031, 우버 → p.282

021

Autonomous Driving

컴퓨터가 자동차를 운전한다
자율주행

POINT
- ▶ 인간을 대신한 컴퓨터가 자동차를 운전한다
- ▶ 레벨0부터 레벨5까지 자동화의 단계가 정의되어 있다
- ▶ 현재는 운전자의 운전을 컴퓨터가 지원하는 레벨2가 주류다

자동 긴급 제동

완전 자율주행

해설

컴퓨터가 인간을 대신해 상황을 판단하고 자동차를 운전하는 것을 말한다. 자율주행에는 자동 긴급 제동 같은 운전 지원부터 모든 운전 조작을 컴퓨터가 실시하는 완전 자율주행까지 5단계의 레벨이 있으며, 숫자가 커질수록 자율주행의 실현 난도가 상승한다. 일본에서는 2021년 11월 이후에 발표되는 신형 자동차부터 레벨1에 해당하는 자동 긴급 제동 기능의 탑재가 의무화된다.

[TOPIC 1]
레벨4와 레벨5
레벨4는 고도 자율주행, 레벨5는 완전 자율주행이라고 부른다. 양쪽 모두 자율주행 중에는 컴퓨터가 모든 것을 제어하지만, 레벨4는 한정된 도로에서만 자율 주행이 가능하고 레벨5는 모든 도로에서 자율주행이 가능하다는 차이점이 있다.

[TOPIC 2]
인간과 자율주행 자동차의 혼재와 과제
인간의 행동이나 운전에는 예측 불가능한 측면이 있기 때문에 보행자나 인간이 운전하는 자동차가 있는 환경에서는 컴퓨터가 예상치 못한 상황에 제대로 대응하지 못할 가능성도 있다. 그 대책으로 자율주행 자동차 전용차선 같은 인프라 정비도 논의되고 있다.

관련 용어 ▶▶ 없음

022

인터넷에서 자신의 방송을 하는 사람

유튜버와 버추얼 유튜버

YouTuber / Virtual YouTuber

POINT
- ▶ 동영상 공유 사이트인 유튜브에 자신이 만든 동영상을 지속적으로 업로드하는 사람
- ▶ 유튜버는 본인이 직접 동영상에 출연한다
- ▶ 버추얼 유튜버는 2D나 3D 캐릭터가 동영상의 주연을 맡는다

해설 양쪽 모두 인터넷 동영상 공유 사이트인 유튜브에 자신이 제작한 동영상을 지속적으로 업로드하는 사람을 뜻한다. 유튜버와 버추얼 유튜버의 차이는 유튜버의 경우 자신이 직접 동영상에 출연하는 데 비해 버추얼 유튜버는 아바타라고 부르는 2D 또는 3D 캐릭터가 등장한다는 점이다. 줄여서 버튜버 혹은 브이튜버라고도 부른다.

[TOPIC 1]
유튜버의 장르
유튜버나 버추얼 유튜버는 업로드하는 영상의 장르를 특정해 인기를 높인다. 예를 들면 '○○해 봤다!' 같은 도전 계열, 제품의 사용법 등을 알려주는 리뷰 계열, 조리 방법을 소개하는 요리 계열, 어린아이가 장난감을 아이의 시선에서 소개하는 키즈 계열 등이 있다.

[TOPIC 2]
직업으로서의 유튜버
텔레비전 방송은 시청자를 대상으로 한 광고 수입으로 운영된다. 유튜버도 텔레비전 방송과 마찬가지로 자신이 업로드한 동영상에 광고를 끼워 넣음으로써 동영상의 재생횟수에 비례해 광고 수입을 얻는다. 수익을 목적으로 한 직업 유튜버가 늘고 있다.

관련 용어 ▶▶ 없음

Electronic Sports

023

상대와 스포츠처럼 겨루는 비디오게임
e스포츠

POINT
- ▶ 대전형 비디오게임을 스포츠 경기에 비유한 명칭
- ▶ 고액의 상금을 건 대회가 개최되어 많은 관중을 모으고 있다
- ▶ 장래에는 올림픽 종목으로 채택될 가능성도 높아지고 있다

 대전형 비디오게임을 스포츠 경기에 비유한 명칭이다. 슈팅 게임이나 AOS 등이 대표적인 e스포츠다(▶1). e스포츠와 가정용 게임의 차이는 관중과 상금의 유무다. 컴퓨터의 비약적인 고성능화와 통신 네트워크의 대용량화가 가정용 게임에서 관중에게 보여주는 스포츠로의 성장을 실현했다.

[TOPIC 1]
e스포츠의 종류
슈팅, AOS, 대전 격투나 카 레이싱, 농구나 축구 등의 실제 스포츠를 재현한 게임 등이 있다. 슈팅에는 자신이 직접 사격하는 1인칭의 FPS(First Person Shooting)와 주인공(제3자)을 조작해서 사격하는 3인칭의 TPS(Third Person Shooting)가 있다.

[TOPIC 2]
올림픽에 참가
세계 e스포츠 인구 증가와 세계 대회 등의 실적을 배경으로 e스포츠도 올림픽 참가를 노리고 있다. 2021년에는 국제 올림픽 위원회(IOC)가 사상 첫 올림픽 버추얼 시리즈를 개최하는 등, 그 가능성이 보이고 있다.

관련 용어 ▶▶ 없음

024

Online Salon

인터넷 속의 회원제 커뮤니티
온라인 살롱

POINT
- 웹이나 SNS에서 유료 회원제로 운영되는 폐쇄적인 온라인 커뮤니티
- 저명인사나 특정 분야의 전문가 등이 주최한다
- 폐쇄적인 커뮤니티라는 것에는 긍정적인 측면과 부정적인 측면이 있다

해설 웹이나 SNS를 이용한 폐쇄적인 회원제 온라인 커뮤니티를 의미한다. 저명인사나 특정 분야의 전문가 등이 주최하며, 팬 교류회형·지식 제공형·인맥 형성형 등의 내용으로 운용된다. 주최자나 온라인 살롱이 구해 온 일을 회원들이 프로젝트 개념으로 공동 해결하기도 한다. 이로 인해 회비나 탈퇴 처리 등 돈과 관련된 트러블도 증가하고 있다.

[TOPIC 1]
폐쇄성의 장점과 단점
같은 흥미를 공유하는 사람들이 모이는 유료 SNS이기에 트롤링이나 분란의 리스크가 낮고 자유로운 의견 교환이 가능하다는 것이 장점이다. 그러나 제삼자의 감시가 없는 탓에 발생하는 허술한 운영 관리나 여성 회원에 대한 성희롱, 주최자가 회원을 잡무 처리에 이용하는 문제 등의 단점도 지적되고 있다.

[TOPIC 2]
온라인 커뮤니티
온라인 커뮤니티는 인터넷상의 가상 사회로, 같은 흥미나 취미를 가진 사람들이 모여서 토론이나 공동 작업 등을 진행한다. 저명인사가 주로 주최하는 온라인 살롱과 달리 일반인이 주최·운영한다.

관련 용어 ▶▶ SNS → p.163

Subscription

025

물건이나 서비스의 이용권을 산다
서브스크립션(구독)

POINT
- ▶ 제품이나 서비스를 직접 구입하지 않고 정액제로 이용하는 구입 방법
- ▶ 영화·음악·게임 등을 월정액을 내고 무제한 이용하는 서비스가 전형적인 예다
- ▶ 가구나 옷의 대여 등 다양한 대상으로 확대되고 있다

해설

제품이나 서비스 등의 이용 기간에 따라 사용료를 내는 구입 방법이다. 예전부터 정기권·휴대폰·신문 구독료 등의 월정액제 서비스가 존재했지만, 제공되는 제품이나 서비스가 한정적이었다. 현재는 어도비(Adobe)의 크리에이터 대상 소프트웨어나 넷플릭스 같은 웹 서비스부터 가전제품이나 식품 등에 이르기까지 그 대상이 확대되고 있다.

[TOPIC 1]
사업자 측면의 이점과 단점

사업자 입장에서는 지속적인 매출을 기대할 수 있고 분할 지급의 형태여서 신규 고객을 모집하기가 용이하다는 이점이 있다. 한편 사용자 수가 적은 사업 초기에는 이익을 기대할 수 없으며, 사용자가 떠나지 않도록 서비스의 내용을 지속적으로 업데이트할 필요가 있다.

[TOPIC 2]
이용자 측면의 이점과 단점

제품이나 서비스를 손에 넣기 위한 초기 투자비가 구입할 때보다 저렴하다는 것이 이점이다. 그래서 시험 삼아 사용해 보고 싶은 수요와도 합치한다. 반면 장기간 이용할 경우에는 결국 구입하는 편이 더 싸고, 아무리 돈을 내더라도 자신의 것이 되지 못한다는 점 등은 단점이라고 할 수 있다.

관련 용어 ▶▶ 없음

026 Google, Apple, Facebook, Amazon

세계의 정보를 지배하고 있는 4기사
GAFA

POINT
- ▶ 구글(Google), 애플(Apple), 페이스북(Facebook), 아마존(Amazon)의 머리글자
- ▶ 전 세계의 사용자가 이 4개 기업의 서비스를 생활 기반으로서 이용하고 있다
- ▶ 사용자의 개인정보가 지나치게 집중되어 있다는 점을 경계하는 목소리도 있다

 플랫포머라고 불리는 구글(Google), 애플(Apple), 페이스북(Facebook), 아마존(Amazon)의 머리글자를 따서 지은 조어다. 모두 웹 서비스와 소프트웨어로 세계를 석권하고 있는 초거대 다국적 IT 기업이다. 이 기업들이 우리의 생활에 끼치는 영향력(▶1)이 너무나도 거대하기 때문에 뉴욕대학교의 스콧 갤러웨이 교수는 '요한 묵시록'에 등장하는 인류에게 재앙을 가져오는 4기사에 비유해 이 네 기업을 현대의 4기사라고 표현했다.

[TOPIC 1]
GAFA의 영향력
① 구글을 이용하지 않고 전 세계의 사이트 검색하기, ② 아이폰 이외의 스마트폰에서 브랜드파워를 느끼기, ③ 페이스북이 아닌 세계 규모의 커뮤니티에 참가하기, ④ 아마존이 아닌 곳에서 전 세계의 상품 구입하기. 하나같이 어려운 과제로 느껴질 만큼 GAFA의 영향력은 막강하다.

[TOPIC 2]
플랫폼
GAFA는 처음에 웹 서비스, 컴퓨터 제조, 전자상거래 회사로 시작했다. 그러나 기업이 성장함에 따라 거대한 자산과 막대한 정보량을 보유하게 되었고, 현재는 생활의 기반이 되는 서비스를 제공하는 일명 플랫포머로 발전했다.

관련 용어 ▶▶ 아마존 → p.277, 구글 → p.276, 페이스북 → p.279, 애플 → p.278, BAT → p.042

027

Baidu, Alibaba, Tencent

중국의 3대 IT 거인
BAT

POINT
- ▶ 바이두(Baidu), 알리바바(Alibaba), 텐센트(Tencent)의 머리글자
- ▶ 중국 외 기업의 IT 서비스 제한과 14억이라는 거대 내수 시장을 통해 급성장
- ▶ BAT와 GAFA는 세계의 디지털 패권을 놓고 전쟁을 벌이고 있다

해설
GAFA에 대항하는 중국의 거대 IT 기업들의 머리글자를 따서 지은 조어다. 각각의 핵심 사업은 바이두는 검색엔진, 알리바바는 전자상거래(EC), 텐센트는 SNS다. 세 기업 모두 1998~2000년에 창업한 신흥 기업인데, 시가총액이 가장 작은 바이두조차도 기업 규모가 소니의 1.5배에 이른다. 전 세계의 유망한 IT 벤처를 사들이며 금융·엔터테인먼트 등 사업 다각화를 추진하고 있다.

[TOPIC 1]
성장의 배경

중국에서는 국가 정책으로 외국계 IT 기업의 서비스를 제한하고 있기 때문에 중국 국내에서는 구글 검색을 사용할 수 없다. 이와 같은 해외 플랫포머 제한 정책과 중국이 보유한 14억 명이라는 거대 내수 시장이 상승효과를 일으키면서 중국발 기업이 순식간에 거대해졌다.

[TOPIC 2]
BAT 대 GAFA

BAT와 GAFA는 세계의 디지털 패권을 놓고 전쟁을 벌이고 있다. 이 전쟁의 향방에 관해서는 ① 후발 주자인 BAT가 선행자 이익을 빼앗을 만큼 성장해서 우위에 설 것이다, ② BAT가 중국 정부의 통제를 받는 한 GAFA가 우위에 설 것이라는 2가지 견해가 있다.

관련 용어 ▶▶ 바이두(百度) → p.284, 알리바바(阿里巴巴集團) → p.283, 텐센트(騰訊) → p.285, GAFA → p.041

028

Quantum Computer

차원이 다른 속도로 계산하는 컴퓨터
양자 컴퓨터

POINT
- ▶ 양자 이론을 사용한 완전히 새로운 컴퓨터
- ▶ 기본의 비트(0/1)보다 많은 정보를 갖는 양자 비트를 사용한다
- ▶ 양자 컴퓨터는 암호 해독 같은 조합 문제에 강하다

제 1 장 현대

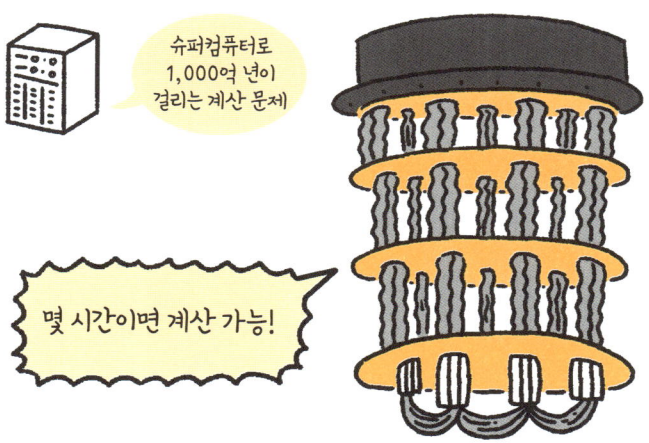

해설 양자 비트와 양자 계산을 이용하는 컴퓨터다. 통상적인 컴퓨터가 다루는 비트는 0 아니면 1 중 하나의 값을 갖는다. 한편 양자 비트는 0과 1 양쪽을 효율적으로 동시에 갖는 성질이 있어서 한 번에 4종류의 정보를 다룰 수 있다(▶1). 이 특징은 암호 해독(▶2)처럼 조합을 조사해 해답을 구하는 문제에 강하기 때문에 슈퍼컴퓨터보다 훨씬 빠르게 문제를 풀 수 있다.

[TOPIC 1]
양자 비트와 양자 계산
양자 비트의 경우, '양자 중첩'을 통해 00, 01, 10, 11의 모든 조합이 일정 확률로 동시에 존재한다. 양자 알고리즘으로 그 확률을 조작해 한 번의 계산으로 복수의 양자 조합 중에서 정답인 항을 이끌어내는 것이 양자 계산이다.

[TOPIC 2]
암호 해독이 특기
가령 암호화된 패스워드는 이론적으로 해독이 가능하지만 소인수 분해라는 방대한 조합 계산이 필요한 탓에 현재의 컴퓨터로는 해독하는 데 터무니없는 긴 시간이 필요하다. 그러나 양자 컴퓨터를 사용하면 현실적인 시간에 해독할 수 있을 것으로 여겨지고 있다.

관련 용어 ▶▶ 비트와 바이트 → p.110

029 텔레워크

Telework

어디에 있든 출근 중

POINT
- ▶ 회사가 아닌 다른 장소에서 근무하는 것
- ▶ 고속 인터넷의 보급으로 텔레워크가 가능해졌다
- ▶ 유연한 방식으로 일할 수 있지만, 장시간 노동이나 정보 유출 리스크가 과제

해설

'텔레(Tele)'는 멀리 떨어진 장소라는 의미이며, 텔레워크는 회사로부터 떨어진 장소에서 근무하는 것을 뜻한다. 재택근무도 텔레워크의 일종이다. 통신 기술의 진보와 다양한 커뮤니케이션 도구가 등장하면서 회사와 멀리 떨어진 장소에서도 커뮤니케이션이 용이해진 상황과 정부의 정책 변화를 배경으로 텔레워크가 추진되고 있다. 앞으로는 시간과 장소에 구애받지 않고 유연한 방식으로 일할 수 있을 것이라 기대되고 있다.

[TOPIC 1]
텔레워크의 장소

집에서 하는 재택근무가 일반적이지만, 회사 이외의 장소라면 어디든 텔레워크의 장소가 될 수 있다. 카페나 공유 오피스, 극단적으로는 이동 중인 고속열차 안도 텔레워크의 장소가 될 수 있다.

[TOPIC 2]
텔레워크의 단점

텔레워크는 유연한 근무 방식이라는 장점이 있는 반면, 만성적인 장시간 노동이 리스크로 지적되고 있다. 또 기밀정보를 회사 외부에서 취급하는 상황을 피할 수 없기 때문에 우발적인 실수를 포함한 정보 유출 리스크에도 대처해야 한다.

관련 용어 ▶▶ 원격 접속 → p.181

030

Electronic Government (e-Government)

인터넷 속에 있는 관공서
전자정부

POINT
- ▶ 인터넷을 통해 정부나 관공서에 신청 또는 신고를 한다
- ▶ 인터넷 속에 전자적인 정부가 있다고 비유하는 표현
- ▶ 정부24는 대한민국 정부가 운영하는 전자정부 서비스의 명칭

제1장 현대

해설 국민이나 기업이 관공서에 가서 신청하거나 신고해야 했던 서류 등을 인터넷상에서 신청하는 것을 말한다. 관공서나 각종 공적 기관에 접수하는 신청서를 종이가 아니라 정부가 운영하는 웹 사이트에서 전자적으로 제출하는 것, 정부가 발행·공표하는 정보를 웹 사이트상에서 열람하고 그 자료를 데이터로 다운로드하는 것 등이 전자정부의 대표적인 예다.

[TOPIC 1]
거주지와 관공서의 연결 변화

과거에는 주민등록표를 열람하려면 본인이 거주하는 지역의 관공서에 가야 했다. 그러나 주민등록표 데이터가 전자화되고 기술적으로 어디에서나 접속이 가능해지면서 거주지와 관공서를 연결하는 장소라는 개념이 사라지고 가상적인 관계가 되었다.

[TOPIC 2]
정부24

대한민국 정부가 제공하는 전자정부 서비스의 명칭이다. 중앙 행정기관과 지방 자치단체, 공공기관 등이 인터넷을 사용해 국민에게 정보를 공개·발신하고 각 기관에서 진행하던 온라인 신청과 민원 창구 서비스를 제공하고 있다.

관련 용어 ▶▶ 인터넷과 인트라넷 → p.210

최신 IT 용어를 쉽게 배우는 방법

끊임없이 탄생하는 새로운 IT 용어들을 시류에 뒤처지지 않게 계속 배우는 일은 상당히 힘들다. 최신 IT 용어들을 쉽게 파악하기 위한 방법을 다음에 소개한다.

1 새로운 용어는 무조건 알고 싶다

IT 분야 뉴스를 열심히 읽을 것을 권한다. 비교적 간단한 방법은 경제신문 등의 웹 사이트에 가입하면 보내주는 메일링 뉴스의 제목에 주목하는 것이다. 메일 제목에는 최소 문자수로 독자의 주목을 끌기 위해 새로운 용어가 자주 등장한다. 그중에서 특히 자주 나오는 용어가 있다면 그것을 최근 트렌드라고 생각해도 무방하다.

2 뉴스에서 들은 용어에 대해 알고 싶다

대부분의 용어는 인터넷에 검색해 보면 쉽게 설명해 주는 글을 찾을 수 있다. 이때 주의할 점은 누가 어떤 목적으로 쓴 글인지 생각하면서 읽는 것이다. 특정 제품을 소개하는 기업 사이트의 글이나 개인 블로그에 광고와 함께 올라온 글에는 그 제품의 강점에만 초점을 맞춘 편중된 의견인 경우가 많기 때문에 다양한 출처의 정보를 살피면서 그 의미를 파악한다.

3 설명을 들어도 이해가 안 되는 용어를 제대로 이해하고 싶다

복잡한 개념이나 구조를 이해하기 위해서는 전반적인 내용을 제대로 설명한 글을 읽는 것이 좋다. 더 많은 정보를 종합해 머릿속에서 정리하거나 IT 관련 시험의 문제 해설 또는 해설 사이트 등을 이용하는 것도 효과적이다. 물론 이 책도 그런 다면적인 정보 중 하나이기 때문에 큰 도움이 될 것이다.

제 2 장

뉴스

뉴스를 볼 때 필요한
IT 용어

031

Virtual Reality

컴퓨터가 만들어내는 상상의 세계
VR(가상현실)

POINT
- ▶ 컴퓨터그래픽으로 만들어지는 현장감 넘치는 가상 세계
- ▶ 머리에 쓰는 장치를 장착하고 체험하는 VR이 현재의 주류
- ▶ 시각·청각 등 오감에 작용해 현실 세계 같은 몰입감을 준다

해설

VR은 세밀한 컴퓨터그래픽으로 만든 가상 세계를 가리킨다. 상상 속의 세계뿐만 아니라 현실의 특정한 장소나 시간을 재현한 것도 VR이다. 현재는 헤드 마운티드 디스플레이(▶1)를 사용해 시각과 청각에 작용하는 VR이 주류다. 특수한 장치를 이용해 바람과 비 같은 피부 감각에 작용하거나 발밑을 기울임으로써 평행 감각에 작용하는 등 더욱 현장감을 높인 VR도 있다.

[TOPIC 1]
헤드 마운티드 디스플레이

헤드 마운티드 디스플레이(HMD)는 두 눈을 완전히 덮는 대형 안경처럼 생긴 장치다. HMD의 안쪽에는 스크린이 있어서 입체 영향을 비추며, 이와 동시에 서라운드 스피커를 통한 음향 효과로 현장감을 높여 현실로 착각할 정도의 몰입감을 전한다.

[TOPIC 2]
VR의 활용과 이점

가상 세계가 무대인 게임이나 여행 등의 엔터테인먼트, 훈련을 위한 재해의 추체험, 의료 트레이닝이나 교육 등 다양한 분야에서 활용될 것이 예상되고 있다. 실제와 같은 감각을 체험시킴으로써 높은 훈련 효과가 기대된다.

관련 용어 ▶▶ AR(증강현실) → p.049, MR(혼합현실) → p.050

Augmented Reality

현실의 영상에 정보를 추가한 증강 세계

AR(증강현실)

POINT
- ▶ 현실의 풍경에 컴퓨터그래픽을 덧입힌다
- ▶ 의류의 가상 시착(試着) 같은 서비스에 활용되고 있다
- ▶ 실시간 영상을 통해 현장 작업을 지원하는 식으로 사용할 수도 있다

해설 AR은 현실의 영상에 새로운 정보를 추가해 현실 세계를 증강하는 것이다. 포켓몬GO는 AR의 일례로, 현실의 풍경을 배경으로 포켓몬의 캐릭터를 겹쳐 보여줘 현실을 증강함으로써 피카츄가 사는 세계를 만들어냈다. VR이 전부 컴퓨터가 만들어낸 가상의 세계인 데 비해 AR은 현실에 컴퓨터로 만든 가상현실을 추가한다는 점이 다르다.

[TOPIC 1]
비즈니스에 활용
활용 사례로는 실제 건설 예정지에 건축물의 영상을 덧붙이거나, 실내에 배치한 가구 이미지를 확인하거나, 실제 경치에 도로 안내를 표시하는 등의 정보 부가형 서비스가 있다. 또한 전자상거래 사이트에서는 의류의 가상 시착(試着) 서비스 등에 AR 이용을 추진하고 있다.

[TOPIC 2]
위치 맞추기
AR에서는 현실 영상의 적절한 위치에 가상현실의 정보를 채우기 위해 위치 맞추기가 필요하다. 위치 맞추기는 크게 GPS의 위치 정보에 맞춰 영상 정보를 추가하는 방식과 촬영한 영상 안의 특정한 위치(얼굴 등)를 판별해서 영상 정보를 추가하는 방식이 있다.

관련 용어 ▶▶ VR(가상현실) → p.048, MR(혼합현실) → p.050

Mixed Reality

033

현실과 가상이 혼합된 세계
MR(혼합현실)

POINT
- ▶ 현실의 풍경에 컴퓨터그래픽을 겹친다는 점은 AR과 같다
- ▶ MR은 컴퓨터그래픽을 조작할 수 있다는 점이 AR과 다르다
- ▶ 여러 명이 같은 혼합현실을 공유할 수도 있다

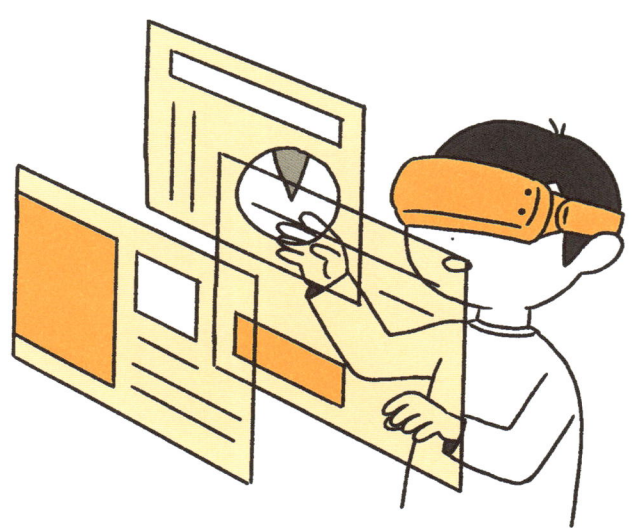

해설   MR은 실제로 존재하는 물건이나 공간의 영상과 컴퓨터가 만들어낸 물건 또는 공간의 영상이 연속적으로 공존하는 것이다. MR에서의 공존이란 현실의 물체와 가상의 물체를 같은 층위에서 인식할 수 있는 것이다. 가령 헤드 마운티드 디스플레이 속의 영상에 현실의 조명 스위치와 가상의 조명 스위치가 있을 때, 두 스위치 모두 손가락으로 조작하면 조명을 켜고 끌 수 있는 식이다.

[TOPIC 1]

MR의 활용
예를 들어 의료 현장에서는 환자의 환부를 촬영한 대량의 CT 영상을 회전시켜 다양한 방향에서 관찰할 수 있는 입체 영상을 합성해 복수의 의사가 그 영상을 공유하면서 수술 시뮬레이션을 하는 등의 시도가 진행되고 있다.

[TOPIC 2]

SR(Substitutional Reality)
'R'이 붙는 용어로 SR도 있는데, 이것은 대체현실이라는 의미다. 이를테면 헤드 마운티드 디스플레이로 거리 풍경을 보고 있을 때 그 영상을 같은 장소의 과거 또는 미래의 영상으로 바꿔서 현실과 가상이 구별되지 않게 하는 것이다. 심리 요법 등에 응용하는 방안이 고려되고 있다.

관련 용어 ▶▶ VR(가상현실) → p.048, AR(증강현실) → p.049

034

Information and Communication Technology

IT와 네트워크를 융합한 정보 통신 기술

ICT

POINT
- ▶ 인터넷을 중심으로 하는 정보 통신 기술·서비스를 가리키는 말
- ▶ 웹이나 이메일, 전자상거래를 비롯한 폭넓은 기술·서비스가 ICT에 해당한다
- ▶ IT와 거의 같은 의미로, 통신의 역할을 강조하고 싶을 때 사용한다

해설 ICT란 사람과 사람, 사람과 서비스를 통신으로 연결하는 기술의 총칭이다. ICT의 예로는 이메일이나 SNS, 전자상거래, 검색 등 웹을 이용한 서비스, 원격의료, 온라인 수업 등 폭넓은 기술과 서비스가 해당한다. 거의 같은 의미의 용어로 IT(▶1)가 있는데, ICT는 IT를 기반으로 통신의 역할을 강조한 용어다.

[TOPIC 1]
IT와 ICT의 차이점
IT(Information Technology: 정보 기술)는 굳이 따지자면 컴퓨터나 소프트웨어 등 컴퓨터 기술 자체를 가리킨다. 한편 ICT는 인터넷을 중심으로 한 정보통신 기술과 그 이용·활용을 총칭한다는 점이 다르다.

[TOPIC 2]
당분간은 IT와 ICT가 공존
IT와 ICT라는 용어에 관해, 세계적으로는 ICT로 통일하는 방향으로 나아가고 있다.

관련 용어 ▶▶ SNS → p.163, 전자상거래(EC) → p.187, 온라인 수업 → p.034, 인터넷과 인트라넷 → p.210, 헬스 테크(의료 테크) → p.066

035

Green IT

환경을 생각하는 IT화
그린 IT

POINT
- ▶ IT 기술을 활용한, 저전력화 등의 환경 대책
- ▶ IT 기기 자체의 저에너지화와 IT 기기를 이용한 저전력화 양쪽을 포함한다
- ▶ 이산화탄소 배출 절감을 위해 국제적인 노력이 진행되고 있다

 해설

IT 기술을 활용한 저전력화 등의 환경 대책을 가리킨다. 일본의 국립환경연구소는 'IT 기기 등의 그린화와 IT 기기를 통한 그린화의 양 측면에서 에너지 소비 절감과 지구 온난화 대책을 실현하려 하는 것'이라고 정의했다. 그린 IT의 사례로는 에너지 이용 효율 개선을 통한 오피스 빌딩의 저에너지화나 텔레워크 등 생활 행동의 변화를 통한 에너지 소비 억제 등이 있다.

[TOPIC 1]
그린 IT를 위한 제도
에너지 절약 성능이 가장 뛰어난 제품을 기준으로 그 제품과 같은 수준의 에너지 효율을 달성하도록 의무화하는 톱 러너 제도, 에너지 효율이 높은 제품에 라벨을 붙이는 라벨링 제도, 온실가스 배출량을 표시하는 탄소 발자국 제도 등이 제도화되고 있다.

[TOPIC 2]
교토 의정서와 그린 IT
1997년에 교토에서 개최된 지구 온난화 방지 제3차 당사국 총회(COP3)의 의정서에서 달성 수치 목표가 설정되었다. 이때 이산화탄소 배출량 증가의 원인 중 다수가 IT 기기를 활용하는 산업이었기 때문에 그린 IT를 위한 노력이 중요해졌다.

관련 용어 ▶▶ 지속가능 발전 목표(SDGs) → p.026

036 승차 공유

Ride-share

다 함께 타면 저렴해진다

POINT
- ▶ 스마트폰 앱이나 웹 사이트에서 자동차에 동승할 승객을 모집하는 서비스
- ▶ 자가용 차량을 공유하는 우버 서비스가 유명
- ▶ 일본에서는 택시의 동승 서비스가 있다(자가용 차량의 공유는 위법)

해설

스마트폰 앱이나 웹 사이트를 이용해 자동차에 동승할 승객을 모집하는 서비스다. 미국의 우버(Uber)가 자가용 차량을 공유하는 서비스로 시작했다. 일본에서는 자가용 차량 이용에 관한 법 규제(▶1)가 있기 때문에, 최근에는 택시의 합승을 승차 공유라고 부르는 서비스가 제공되고 있다. 카풀 차선(▶2)을 이용하기 위해 자동차에 동승하는 것도 승차 공유다.

[TOPIC 1]
자가용 차량 이용에 관한 과제

일본에서는 자동차에 승객을 태우려면 택시 기사와 마찬가지로 제2종 면허를 취득해야 하고, 차량 자체도 택시로 등록해야 한다. 그런 까닭에 자가용 차량의 소유자가 운전하는 미국형 승차 공유는 위법 행위에 해당한다.

[TOPIC 2]
카풀 차선

카풀 차선은 복수의 인원을 태운 자동차만이 주행할 수 있는 차선이다. 외국에서는 같은 지역에 살고 가까운 거리의 회사에 다니는 사람들이 출퇴근할 때 자동차 한 대를 함께 이용하도록 유도함으로써 교통 정체를 완화할 목적으로 널리 보급되고 있다.

관련 용어 ▶▶ MaaS → p.035, 공유경제 → p.031, 우버 → p.282

037

Light Detection And Ranging (Light imaging, Detection, And Ranging)

레이저 광선으로 주위를 정밀하게 측정하는 기술
LiDAR

POINT
- ▶ 레이저 광선을 사용해 물체의 거리와 방향을 측정하는 기술
- ▶ 물체에 닿은 빛이 반사되어 돌아오기까지의 시간을 측정에 이용한다
- ▶ 자율주행 기술 중 하나로, 상세한 지도 정보를 이용한 데이터 해석이 필수

해설 LiDAR는 조사(照射)한 레이저 광선이 물체에 닿은 뒤 반사광 또는 산란광으로서 돌아오는 시간을 이용해 물체와의 거리와 방향을 측정하는 기술이다. 레이저 광선은 물체의 형태를 정밀하게 측정할 수 있기 때문에 주위의 정확한 정보가 필요한 자율주행의 필수적인 기술 중 하나가 되었다. 최신 아이폰에 탑재된 LiDAR 스캐너는 어두운 곳에서 피사체에 초점을 맞추는 기능이나 입체물의 스캔에 사용할 수 있다.

[TOPIC 1]
본격적인 자율주행을 위한 과제
LiDAR를 양산차에 탑재하려면 더욱 비용을 낮추고 크기와 무게를 줄일 필요가 있다. 또한 레이저 광선을 통한 측정 데이터의 해석에는 동적 지도라고 부르는 도로·지형·표식·규제 정보 등을 가진 지도 데이터가 필요하기 때문에 이 지도의 작성이 요구되고 있다.

[TOPIC 2]
LiDAR의 역사
LiDAR는 레이저 광선의 짧은 파장을 이용하면 미세한 측정이 가능하다는 특징을 활용해 구름이나 대기 속 오염 물질을 측정하는 기상학용 연구 기자재 기술로서 처음 이용되었다. 측정의 정확성은 아폴로 15호가 LiDAR를 월면 측정에 이용했을 만큼 높다.

관련 용어 ▶▶ 없음

038

Drive Recorder / Dashcam

운전 중의 상황을 실시간으로 기록하는 장치
드라이브 레코더 (블랙박스)

POINT
- ▶ 운전 중에 자동차의 전방이나 후방의 상황을 녹화하는 장치
- ▶ GPS를 탑재한 제품은 속도·위치·시간 등의 운행 데이터를 기록할 수 있다
- ▶ 상시 녹화하는 제품, 충격이나 사람·자동차의 움직임이 있을 때 녹화를 시작하는 제품이 있다

실시간으로 운행 데이터를 관리해, 운전 중에 졸거나 한눈을 팔면 이를 감지해 경고음을 낸다

운전 중에 한눈을 팔거나 급제동을 하면 동영상으로 남기 때문에 이를 운전사의 지도에 이용할 수 있다

해설

드라이브 레코더(블랙박스)는 운전 중에 자동차의 전방이나 후방의 상황을 녹화하는 장치다. 또한 GPS를 탑재한 제품은 속도·위치·시간 등의 운행 데이터를 기록하는 일종의 IoT(사물 인터넷) 장치로도 활용되고 있다. 드라이브 레코더가 수집한 운행 데이터를 인터넷을 통해 실시간 운행 지시에 활용하는 등, 업무용 차량의 운행 관리에도 이용되고 있다(▶ 1).

[TOPIC 1]
드라이브 레코더의 이용 확대

인터넷으로 연결된 차량에서 드라이브 레코더를 통해 실시간으로 운행 정보를 수집할 수 있게 됨에 따라 물류업에서의 배달 시간 견적이나 배차 관리, 렌터카의 반납 시간 관리, 자동차 보험 회사의 신속한 사고 대응 등이 실현되었다.

[TOPIC 2]
운전 교재

사업자가 영업용 차량 운전사원을 대상으로 한 연수 교재로서 주행 중에 수집한 운행 데이터나 주행 영상을 이용함으로써 사원이 자신의 운전 습관을 이해하고 개선하도록 유도하고 있다.

관련 용어 ▶▶ 사물 인터넷(IoT) → p.158, GPS → p.056

Global Positioning System

039

고도 2만 킬로미터에서 발신하는 전파로 위치를 측정한다

GPS

POINT
- ▶ 인공위성의 전파로 지상의 위치를 특정하는 시스템
- ▶ 미국을 비롯해, 현재 일본, EU, 러시아, 중국 등도 운용
- ▶ 이것들을 연계시킨 것이 범지구 위성 항법 시스템(GNSS)

해설 미국이 발사한, 고도 2만 킬로미터 상공을 도는 32기의 인공위성이 발신하는 전파를 이용해 지상의 위치를 특정하는 시스템(▶**1**)으로 범지구 위치 결정 시스템이라고도 부른다. 지상의 GPS 수신기로 수신한다. 현재는 일본, EU, 러시아, 중국 등 미국 이외의 국가들도 독자적인 위성 시스템을 운용하고 있으며, 이 시스템들을 연계시킨 것이 범지구 위성 항법 시스템이다. 한국은 한국형 위성 항법 시스템(KPS)(▶**2**) 개발사업을 추진하고 있다.

[TOPIC **1**]

위치 측정의 원리

인공위성은 내장된 원자시계의 시각과 위치 정보를 발신한다. 수신기는 이 발신 시각과 수신 시각의 시간 차이를 바탕으로 거리를 계산하고, 위성을 중심으로 하는 구(球)를 그린다. 복수의 위성을 사용해 복수의 구를 그린 다음, 지상에 있는 구의 접점을 자신의 위치로 삼는다.

[TOPIC **2**]

KPS

한국 정부는 2022년부터 2035년까지 총 3조 7,234억 원을 투입해 한국형 위성 항법 시스템에 필요한 위성·지상·사용자 시스템을 개발할 계획이다. KPS는 다수의 인공위성을 이용해 센티미터(㎝)급 초정밀 위치·항법·시각 정보를 제공하는 한국 독자 시스템으로, 자율주행자동차와 도심항공교통(UAM) 등 미래 신산업의 근간이 될 전망이다.

관련 용어 ▶▶ 드라이브 레코더 → p.055, 드론 → p.064

Quick Response code / QR code payments

040

도형이 된 바코드
QR 코드와 QR 코드 결제

POINT
- ▶ 기능적으로는 바코드와 같고, 도형에서 데이터를 읽어내 사용한다
- ▶ 일본의 덴소 웨이브가 개발해, 1994년에 발표했다
- ▶ QR 코드 결제는 스마트폰으로 QR 코드를 표시·스캔해서 결제한다

해설

QR 코드는 디지털화된 정보를 흑백 점의 나열(▶1)로 나타낸 도형이다. 도형의 세로 방향과 가로 방향에 정보를 담을 수 있어서 2차원 바코드라고도 부른다. 웹 사이트의 URL 정보를 QR 코드로 만드는 등 다양한 용도로 사용된다. QR 코드 결제는 QR 코드를 사용해서 대금을 지급하는 방법으로, 사용자 스캔과 점포 스캔(▶2)이라는 2가지 방법이 있다.

[TOPIC 1]
QR 코드의 도형이 지닌 의미

QR 코드는 복수의 바코드 정보를 한 번에 정확하게 읽어내기 위해 고안된 것이 시작이다. 네 귀퉁이 중 세 곳에 있는 정사각형은 위치 찾기 심벌이라고 부르며, 이 위치를 기준으로 삼아 내부에 있는 정보를 정확히 읽어낼 수 있다.

[TOPIC 2]
사용자 스캔과 점포 스캔

사용자 스캔의 경우, 지급 금액의 QR 코드를 점포가 제시하면 그것을 구매자가 스캔한다. 점포 스캔의 경우는 구매자가 자신의 단말기에 지급 금액의 QR 코드를 표시하면 점포가 그것을 스캔한다.

관련 용어 ▶▶ 전자결제 → p.025

Crowdfunding

041

인터넷을 이용해 투자자를 모집한다
크라우드펀딩

POINT
- ▶ 인터넷을 이용한 자금 모집
- ▶ 불특정 다수의 사람에게서 소액의 자금을 원조받을 수 있다
- ▶ 보상이 있는 구입형과 보상이 없는 기부형이 있다

 인터넷을 이용한 자금 모집 시스템으로, 실현하고 싶은 것이 있지만 자금이 부족해서 실현하지 못하고 있는 사람이나 기업이 그 생각을 프로젝트로 신청하면 이에 공감한 사람들이 임의의 금액을 자금으로 제공하는 방식이다. 크라우드펀딩의 대상에는 제한이 없어서, 제품 개발이나 이벤트 실현, 부흥 지원 등 많은 사람이 자금을 제공하고 싶다고 생각하는 내용이라면 무엇이든 상관없다.

[TOPIC 1]
물건에 대한 투자와 행위에 대한 지원

자금 제공의 대상이 물건인가 행위인가에 따라 크라우드펀딩의 의미가 약간 달라진다. 물건일 경우는 앞으로 발매될 신제품을 한 발 앞서서 구입하는 투자가 되고, 행위의 경우는 감사장 등 보답을 동반하지 않는 기부나 티켓 구입 등의 지원이 일반적이다.

[TOPIC 2]
펀딩의 목표 금액

프로젝트를 시작할 때 모집할 목표 지원금액을 설정한다. 그리고 목표 금액을 달성하면 프로젝트가 성립되면서 펀딩이 종료된다. 달성하지 못했을 때는 펀딩 실패로 처리하고 지원금을 환불하거나 환불하지 않고 활용하는 등 프로젝트에 따라 다르게 대응한다.

관련 용어 ▶▶ 핀테크 → p.024, 소셜 렌딩 → p.061, 인터넷과 인트라넷 → p.210

042

Internet Banking

스마트폰으로 돈을 이체할 수 있다
인터넷 뱅킹

POINT
- ▶ 스마트폰 앱이나 웹 사이트에서 은행 계좌의 잔액 조회와 이체가 가능하다
- ▶ 시간이나 장소에 구애받지 않고 거래를 할 수 있어 편리하다
- ▶ 자금의 이동에 관해서는 이중 인증으로 안전성을 높이고 있다

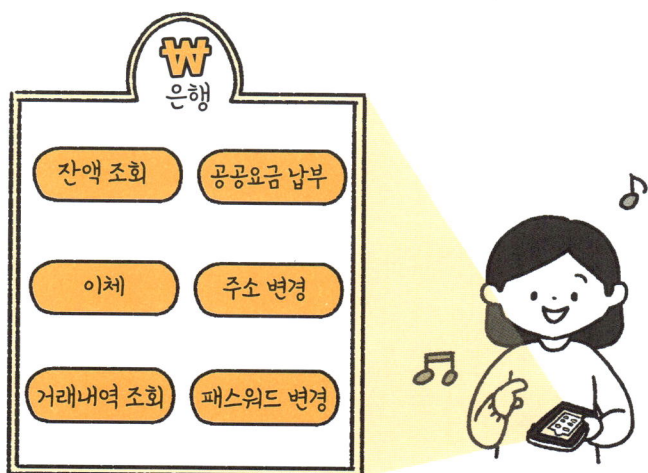

해설

스마트폰이나 컴퓨터에서 인터넷을 통해 은행 계좌의 잔액 조회나 이체를 하는 것을 말한다. 현금 인출이나 입금, 통장 정리 등 물리적인 거래가 필요한 서비스를 제외하면 창구나 ATM에 가지 않고 자신이 원하는 장소와 시간대에 거래할 수 있다. 이용자의 편리성과 금융기관의 효율화라는 장점 덕분에 인터넷 뱅킹 이용이 보편화되었다.

[TOPIC 1]
개인 인증
인터넷 뱅킹은 자신의 계정에 로그인을 해야 이용할 수 있다. 그리고 자금의 이동이 필요한 경우에는 2차 패스워드나 일회용 패스워드(▶2), 인증서 등을 사용한 이중 인증을 실시한다.

[TOPIC 2]
일회용 패스워드(OTP)
딱 한 번만 유효한 패스워드다. 금융기관에서 주는 소형 전용 장치나 스마트폰 전용 앱을 사용하며, 그곳에 표시되는 숫자(일반적으로 6자리 이상)를 거래 화면에 입력한다. 패스워드와 같은 역할을 하지만, 짧은 시간에 숫자가 갱신되기 때문에 악용하기가 어렵다.

관련 용어 ▶▶ 인터넷과 인트라넷 → p.210, 2요소 인증과 2단계 인증 → p.236, 일회용 패스워드와 통합 인증 → p.237

Amazon Go

043

점포를 나올 때 자동으로 결제가 완료되는 편의점
아마존 고

POINT
- 입구에서 QR 코드를 스캔한 다음, 원하는 상품을 집어서 그대로 점포에서 나온다
- 점포에 온 사람의 동선이나 꺼낸 상품, 되돌려 놓은 상품 등을 기록해 활용
- 아마존은 아마존 고 시스템 자체의 판매도 계획하고 있다

| 앱을 켜고 입구에서 스캔한다 | 상품을 고른다 | 점포를 나오면 앱에 결제 영수증이 도착한다 |

아마존이 운영하는, 점포의 계산대 기능을 자동화한 편의점이다. 점내에 고객 대응이나 상품 보충 담당 점원은 있지만 계산대는 없다. 아마존은 아마존 고의 목적을 무인화 점포를 만드는 것이 아니라 점원이 상주하는 계산대 업무를 없애고 그 인력을 다른 서비스에 돌리는 것이라고 설명한다. 2016년에 아마존 사원을 대상으로 영업을 개시했고, 2018년에 1호점을 개업한 뒤, 현재 미국에서 약 20개의 점포를 운영하고 있다.

[TOPIC 1]
결제 방식
스마트폰에 전용 앱을 설치한 다음, 입장할 때 표시된 QR 코드를 입구 단말기에 스캔한다. 점내에 진열된 상품을 집어 들면 그 상품이 앱의 장바구니에 들어가고, 그대로 가게에서 나오면 등록한 신용카드로 결제가 된다.

[TOPIC 2]
구매 행동의 데이터화
아마존 고 점내에는 내점객의 행동을 모니터링하는 영상 인식 AI와 다종다양한 센서, 스마트폰의 위치 정보를 통해 장소를 특정하는 가상의 경계선 등이 설치되어 있다. 내점객의 일련의 구매 행동을 데이터화해 기록·분석함으로써 매출 증가로 연결시키려는 목적이다.

관련 용어 ▶▶ 아마존 → p.277

Social lending

044

인터넷 안에서 돈을 빌리려 하는 이와 빌려주려 하는 이를 연결시킨다

소셜 렌딩

POINT
- ▶ 개인과 기업을 불문하고 돈을 빌리려 하는 이와 빌려주려 하는 이를 연결시키는 서비스
- ▶ 소셜 렌딩 사업자가 각국의 법령에 맞춰 서비스를 운용한다
- ▶ 은행보다 조건이 덜 까다롭고 빠르게 융자받을 수 있지만, 금리가 높다

 해설

인터넷상의 사업자를 통해 개인 또는 기업이 자금을 빌리고 빌려주는 서비스다. 일본에는 현재 20곳 정도의 소셜 렌딩 사업자가 존재하고 있으며, 개인 투자자로부터 모은 자금을 중소기업에 융자한 뒤 이자를 받아서 수수료를 제하고 투자자에게 환원한다. 융자처의 결정은 사업자에게 일임하기 때문에 투자자는 구체적인 융자처를 알지 못한다.

[TOPIC 1]
장점과 단점
융자받는 쪽에는 은행보다 조건이 덜 까다롭고 빠르게 융자받을 수 있다는 장점과 은행보다 금리가 높다는 단점이 있다. 또한 투자자 입장에서는 예금에 비해 높은 이율을 기대할 수 있다는 장점과 원금 손실이나 연체 등의 리스크가 높다는 단점이 있다.

[TOPIC 2]
시작은 P2P 대출
소셜 렌딩의 원형은 2005년에 영국에서 서비스를 시작한 P2P 대출인 Zopa로 알려져 있다. 돈을 빌려주려 하는 이가 인터넷에 등록된 돈을 빌리고 싶어 하는 이 중에서 신용도나 이자율 등의 조건이 마음에 드는 상대를 선택해 융자하는 시장형 서비스다.

관련 용어 ▶▶ 크라우드펀딩 → p.058, 인터넷과 인트라넷 → p.210

045 게임화

게임처럼 즐겁게 공부

POINT
- ▶ 애플리케이션이나 서비스에 게임의 요소를 도입해 사용자를 끌어들인다
- ▶ 고객의 구매 의욕을 높이는 마케팅 수법으로도 응용되고 있다
- ▶ 인재 개발이나 교육 등의 분야에서 의욕을 높이는 방법으로도 이용된다

해설 애플리케이션이나 서비스에 게임의 요소나 디자인을 도입한(▶1) 것이다. 사용자를 끌어들이기 위해 액션이나 점수 경쟁 등 다양한 장르의 게임 요소를 이용한다. 고객의 구매 의욕을 높이기 위해 게임화를 응용한 마케팅 수법도 주목받고 있다. 또한 의욕 향상이라는 관점에서 교육이나 헬스 케어 등의 분야로도 이용이 확대되고 있다.

[TOPIC 1]
롤플레잉 게임의 특징
롤플레잉 게임에는 이야기성·행동의 결과를 즉시 알 수 있는 즉시성·아이템 획득이나 주위의 칭찬 등의 성취감, 아바타를 통한 자기 성장의 가시화 같은 특징이 있다. 게임화도 이런 요소들을 담고 있다.

[TOPIC 2]
게이머 유형
사용자의 게이머 유형에 맞춘 게임을 제공하면 게임화 효과는 더욱 높아진다. 게이머 유형에는 달성이나 칭찬을 중시하는 성취형, 새로운 자극을 추구하는 모험형, 타인과의 교류를 중시하는 사교형 등이 있다.

관련 용어 ▶▶ 없음

046

Agritech (Agriculture + Technology)

IT를 활용해 농업의 수익성을 높인다

애그리테크 (스마트 농업)

POINT
- ▶ 농업(Agri)과 기술(Tech)을 연결시킨 조어
- ▶ IT 기술을 이용해 농업 생산의 효율화와 수익화를 실현한다
- ▶ 수치화된 노하우를 활용해 최고의 수확을 지향한다

드론으로 농약 살포 / 온실을 원격으로 모니터링 / 농산물을 전국의 소비자에게 판매한다

해설 IT 기술 활용을 통해 효율화·저전력화·생산성과 이익의 향상을 지향하는 농업이다. 드론을 이용한 농약 살포나 네트워크로 연결된 계측기를 활용한 농장의 기후 계측 시스템, 관리된 환경에서 재배하는 식물 공장 등이 있다. 또한 투자가 필요한 생산자와 투자를 통해 미래의 수확물을 구입하고 싶어 하는 소비자를 연결해 주는 사이트도 애그리테크의 일종이다.

[TOPIC 1]

애그리테크와 기계화의 차이점

단위 면적당 증산으로 연결시키느냐 그렇지 않으냐가 주된 차이점이다. 트랙터나 경운기를 이용한 기계화는 시간 단축과 노동력 경감이 목적인 데 비해, 애그리테크는 수치화한 농업 노하우를 활용해 최선의 농업 조건 재현과 단위 수확량 최대화를 지향한다.

[TOPIC 2]

과제

애그리테크에는 선행 투자가 필요하지만, 투자를 회수하려면 일정 수준의 생산량이 필요하다. 따라서 소규모 농가나 겸업 농가에는 허들이 높다. 또한 농가의 고령화가 진행되는 현재 상황에서는 보급을 위해 고령자가 어려움 없이 사용할 수 있는 시스템을 만드는 것도 중요하다.

관련 용어 ▶▶ 드론→p.064

047

Drone

자력으로 하늘을 나는 무인 항공기
드론

POINT
- ▶ 무인 헬리콥터나 무인 비행기의 총칭
- ▶ 컴퓨터와 GPS를 탑재해, 지정된 경로를 따라서 자율적으로 비행할 수도 있다
- ▶ 재해 보도나 사고 현장 조사 등에도 이용되고 있다

해설

무인 항공기의 일종이다. 복수의 프로펠러를 가진 헬리콥터형부터 날개가 있는 비행기형까지 수많은 종류가 있으며, 취미용·상업용·군용 등 용도도 다양하다. 무선 조종 비행기나 헬리콥터는 조종자의 시야에 의존하는 유시계 비행 방식인 데 비해, 드론은 탑재한 카메라를 통한 원격 조종이나 자율 비행이 가능하다는 점이 크게 다르다. 이용 방법에 따라 센서, 카메라, GPS, 지상과의 통신 장치 등을 갖춘다.

[TOPIC 1]

드론의 조종 방식

크게 나누면 ① 시야와 드론의 모니터를 이용해 지상에서 원격으로 조종하는 지상 제어 방식, ② 드론에 탑재된 컴퓨터가 역시 드론에 탑재된 센서·카메라·GPS의 정보를 사용해 비행 속도나 진로를 결정하고 기체를 제어하는 자율 제어 방식, 그리고 ③ 양자를 병용하는 방식이 있다.

[TOPIC 2]

드론 배송

드론을 앞으로의 배송 수단으로 기대하는 사람도 많다. 멀리 떨어진 인구 과소 지역이나 반대로 가까운 거리의 효율적인 배송에 효과가 있을 것이라 보고 있다. 수취인의 확인 방법, 운반할 수 있는 화물의 양, 추락했을 때의 문제 등 과제를 찾아내고 그 해결 방법을 모색하려는 노력이 진행되고 있다.

관련 용어 ▶▶ GPS → p.056

048

HR tech (Human Resources + Technology)

인사 업무를 돕는 IT 시스템
HR 테크

POINT
- ▶ 인사(HR)와 기술(Tech)을 연결시킨 조어
- ▶ AI나 빅 데이터 등의 IT 기술을 활용해 인사 업무를 효율화한다
- ▶ 인사 업무의 생산성 향상이 기대되는 반면, AI를 이용한 평가에 대한 과제도 있다

해설

HR 테크는 AI나 빅 데이터 등의 IT 기술을 활용한 인재 채용·인재 육성·인사 평가 시스템 또는 서비스를 의미한다. 인사(Human Resources: HR)와 기술(Tech)을 연결시킨 조어다. 구체적인 예로는 AI를 이용해 과거의 채용·불채용 데이터와 입사 지원서의 내용을 대조하고 점수화한 뒤 이를 사원 채용 시 서류 심사에 이용하는 시스템 등이 있다.

[TOPIC 1]
HR 테크의 과제
과거에 좋은 평가를 받았던 사람의 행동을 데이터화해 평가 기준으로 삼기 쉬운데, 그 평가 기준이 지금도 적절하다는 보장은 없다. 또한 AI가 데이터에 입각해 채용을 결정하는 시스템의 경우, 가령 남성 중심의 직장에서는 여성 지망자가 낮은 평가를 받는다는 사실이 알려져 있다. 이런 점들은 IT화를 진행할 때 고려해야 할 과제라고 할 수 있다.

[TOPIC 2]
HR 테크의 배경
저출산 고령화로 노동 인구가 감소하고 일하는 방식이 다양화됨에 따라 앞으로는 인재 확보가 더욱 어려워질 것으로 예상된다. 그런 상황 속에서 양질의 인재 획득과 육성, 사원 감소에 대응하는 인재 배치나 인사 평가에 활용할 수 있는 도구로서 HR 테크가 주목받고 있다.

관련 용어 ▶▶ 인공지능(AI) → p.016, 빅 데이터 → p.157

049

Healthtech (Health + Technology)

건강 유지나 질병 치료를 IT 기술로 지원한다

헬스 테크 (의료 테크)

POINT
- ▶ 건강(Health)과 기술(Tech)을 연결시킨 조어
- ▶ AI나 IoT 등의 IT 기술을 활용해 헬스 케어나 의료를 지원한다
- ▶ 보급에 대한 기대와 동시에, 입수한 개인 정보의 취급 문제 같은 과제도 있다

전자 복약 수첩 / AI 진단 / 원격 진료 / 웨어러블 디바이스

해설 IT를 활용해 질병의 예방이나 치료를 지원하는 제품 또는 서비스를 가리킨다. 개인을 대상으로 하는 헬스 테크의 예로는 맥박이나 수면 패턴을 측정하는 스마트워치가 있다. 또한 이런 웨어러블 디바이스와 AI를 조합해 실시간으로 몸 상태를 진단하는 건강관리도 헬스 테크의 일례다. 참고로, 의료에 관한 것은 따로 구별해서 의료 테크라고 부르기도 한다.

[TOPIC 1]
건강관리에 활용하는 예
건강관리 측면에서는 개인의 혈압이나 심박수 등의 생체 정보와 병력(病歷)을 연결시켜 전자적으로 건강 상태를 모니터링하거나 복약 관리를 실시하는 시스템이 있다. 초고령화 사회에서 의료의 질을 확보하면서도 의료비를 줄이기 위한 방책으로 활용이 기대되고 있다.

[TOPIC 2]
의료 지원에 활용하는 예
의료 지원 측면에서는 AI를 이용한 의료 영상 진단, 의사를 대신한 투약 판단 등 1차적인 진료를 실시하는 시스템, 의료용 장치나 기구를 네트워크에 연결해 환자의 상태를 실시간으로 수집하는 시스템, 검사·처방·진료를 통합하는 전자 진료기록카드 등이 있다.

관련 용어 ▶▶ 웨어러블 디바이스 → p.142, 인공지능(AI) → p.016, 사물 인터넷(IoT) → p.158

050

Education + Technology

IT를 사용해 다양한 방식의 교육을 실현한다
에듀테크(EdTech)

POINT
- 교육(Education)과 기술(Tech)을 연결시킨 조어
- IT를 활용한 교육이라고도 부르며, 폭넓은 교육 분야를 커버한다
- 미국의 교육공학회(AECT)가 에듀테크를 처음 주장했다

해설 IT와 인터넷을 사용해 교육 방법을 전자화하는 시도의 총칭이다. 교재의 전자화나 컴퓨터 또는 태블릿을 이용한 수업 등 교육 환경의 IT화, 인터넷을 이용한 온라인 수업(e러닝) 등 교육 방법의 IT화, 커리큘럼의 진척 상황 관리나 이수 기록 관리 등 교육 지원 업무의 IT화 등으로 분류된다. 공학 기술을 교육에 이용한다는 의미의 용어로서 제창되었다.

[TOPIC 1]
순식간에 보급된 온라인 교육
신종 코로나 바이러스 예방 대책으로 전 세계에서 학교 휴교와 온라인 수업이 적극적으로 실시되었다. 온라인 수업의 유효성은 확인되었지만, 한편으로 온라인 환경 유무에 따른 학생 간 격차나 온라인에 맞는 콘텐츠의 충실화 등이 과제로 남아 있다.

[TOPIC 2]
미래의 교실
일본의 경제산업성이 주도하는, 에듀테크를 활용한 '미래의 교실'이라는 사업이 있다. 미래의 교실은 에듀테크를 활용한 개별 최적화 학습으로서 기존의 지식 교육을 효율적으로 진행해 여유 시간을 만들고 그 시간을 생각하는 탐구형 교육에 사용하는 것이 목적이다.

관련 용어 ▶▶ 온라인 수업 → p.034, ICT → p.051, 어댑티브 러닝(적응 학습) → p.068

051

Adaptive Learning

IT를 활용한 학생별 커리큘럼
어댑티브 러닝 (적응 학습)

POINT
- AI나 IT를 이용해 학생 한 사람 한 사람의 이해도에 맞춘 학습 내용을 제공한다
- AI가 각종 데이터를 사용해 학생의 이해도를 판정
- 같은 수법을 사원 개개인의 능력 개발이나 육성에 응용할 수 있다

해설 AI나 IT 기술을 활용해 학생 한 사람 한 사람의 이해도에 맞춘 학습 내용을 제공하는 교육을 의미한다. 예를 들면 학습 분석(▶1)을 통해 학생의 이해도를 객관적으로 판단하고 그 결과에 맞춰 적절한 과제를 제공함으로써 효율적·효과적인 학습을 지향한다. 학생 개개인의 학습 능력에 맞춰서 개별적으로 지도하는 기존 교육 방식과 취지는 같지만, 실현을 위해 IT를 활용한다는 점이 다르다.

[TOPIC 1]
학습 분석
교육에 관한 빅 데이터를 분석하고 활용한다는 의미다. 기존에는 담임교사가 학생 개개인의 이해도를 판정했는데, AI는 이를 학생의 시험 결과나 학습 이력 등의 빅 데이터에 입각해 분석함으로써 더욱 객관적으로 약점과 그 원인을 판정한다.

[TOPIC 2]
사원 교육에 응용
어댑티브 러닝의 수법은 사원 개개인의 자질이나 성향을 분석해 인재 교육을 실시하는 탤런트 매니지먼트(개인별 직업 능력 개발)에 응용할 수 있다. 생산성이 높은 사원이나 이직자 그룹을 분석해, 사원의 육성이나 이직 방지에 활용한다.

관련 용어 ▶▶ 인공지능(AI) → p.016, 빅 데이터 → p.157

052

Open Education

누구에게나 열려 있는 고등 교육 수업
오픈 에듀케이션

POINT
- ▶ 온라인으로 실시하는 무료 고등 교육
- ▶ 개인뿐만 아니라 사회 전체의 지식을 높이는 데 공헌할 것으로 보인다
- ▶ 농업 기술의 보급을 위한 공개 시민 강좌가 원형

해설 온라인으로 실시하는 무료 교육으로 대학 등 고등 교육이 주요 내용이다. 오픈 에듀케이션을 통한 고등 교육의 보급과 평생 학습 기회 제공은 사회 전체의 지식 기반을 강화하는 데 공헌할 것이라 기대된다. 오픈 에듀케이션의 시초는 1960년대에 미국에서 인종 차별에 항의하는 연좌시위에 참가한 학생이 만든 대안적 학교운동으로 알려져 있다.

[TOPIC 1]
3개의 '오픈'
오픈 에듀케이션은 무상의 온라인 시스템을 사용하는 오픈 테크놀로지, 무상의 교육 내용을 사용하는 오픈 콘텐츠, 그리고 무상으로 지식이나 경험을 배울 수 있는 오픈 놀리지, 이렇게 3개의 오픈으로 구성된다.

[TOPIC 2]
오픈 에듀케이션의 교재
온라인으로 이용할 수 있는 오픈 에듀케이션의 교재는 오픈 에듀케이션 리소스(OER)라고 불린다. OER의 예로는 강의 비디오, 전자 교재나 소프트웨어, 게시판이나 참가자가 서로 의견을 교환하는 커뮤니티 사이트 등이 있다.

관련 용어 ▶▶ MOOCs → p.032, 온라인 수업 → p.034

053

Digital Divide

정보의 차이가 생활의 질을 좌우한다

정보 격차

POINT
- ▶ 정보를 가진 자와 갖지 못한 자 사이에 생겨나는 격차
- ▶ 정보의 양과 질의 차이가 개인, 세대, 지역, 국가 간 차이를 벌린다
- ▶ 컴퓨터를 다루지 못하는 것도 취업이나 업무에서 격차가 될 수 있다

해설 정보 또는 정보에 접속하기 위한 통신 기기를 가진 자와 갖지 못한 자 사이에 생기는 격차를 의미한다. 가령 고속열차의 마지막 한 자리를 영업시간이 아닌 시각에 예약하고 싶을 때, 인터넷을 사용할 수 있는(사용할 줄 아는) 사람은 사용하지 못하는(사용할 줄 모르는) 사람보다 먼저 예약할 수 있다. 이 격차는 개인이 이용할 수 있는 인터넷 환경의 차이부터 국가의 IT 인프라나 IT 교육의 차이에 이르는 복합적인 요인이 쌓여서 발생한다.

[TOPIC 1]
심각한 영향
얻을 수 있는 정보의 내용·양·정확성의 차이가 개인이나 세대 사이의 격차가 되고, 나아가 지역 또는 국가 사이의 격차로까지 확대되는 악순환을 일으킨다. 가령 긴급 상황에서는 정보를 얻는 수단으로서 인터넷을 이용할 수 있느냐 없느냐가 생사를 가를 가능성도 있다.

[TOPIC 2]
새로운 정보 격차
스마트폰 등의 휴대용 단말기가 보급되면서 컴퓨터를 사용하지 못하는 세대가 생겨나고 있다. 비즈니스에 필수적인 컴퓨터를 사용한 업무에 익숙하지 못한 것이 취업이나 담당 업무에 제약으로 작용함으로써 새로운 정보 격차가 될 수 있다고 지적되고 있다.

관련 용어 ▶▶ ICT → p.051

054

Projection Mapping

빌딩의 벽에 비추는 예술 또는 광고

프로젝션 맵핑

POINT
- ▶ 건물이나 조각 등에 영상을 비추는 것
- ▶ 건물(실제)과 영상(가상)을 융합시킨 재미있는 표현이 가능하다
- ▶ 이벤트의 공간 연출이나 광고 등의 용도로 사용되고 있다

해설

건물이나 조각 등에 영상을 비추는 것이다. 세계 각지에서 다수의 프로젝션 맵핑 이벤트가 실시되고 있다. 빛의 예술로도 불리며, 야간의 옥외 또는 어두운 실내에서 실시된다. 영상을 투사하는 건물이나 물건의 형상을 활용한 예술 표현으로 확산되었다. 현재는 광고 예술로서의 역할도 커졌다.

[TOPIC 1]
이용 형태

프로젝션 맵핑은 옥외 건축물을 사용하는 경우가 많으며, 불꽃놀이처럼 하루 또는 며칠간의 이벤트로 실시하는 것이 일반적이다. 테마파크의 쇼 연출이나 미술관 또는 극장 등 실내 전시의 경우 상설이나 기간 한정으로 실시된다.

[TOPIC 2]
다양한 빛의 연출

빛의 연출에는 건축이나 자연의 일부에 빛을 쏘아서 어둠 속에 부각시키는 라이트업이나 건물 자체를 빛으로 장식하는 일루미네이션이 있다. 양쪽 모두 건물 등을 빛으로 부각시키는 연출이며, 영상의 표현에 의미를 두는 프로젝션 맵핑과는 다르다.

관련 용어 ▶▶ 없음

055 온디맨드

On Demand

필요할 때 필요한 만큼 손에 넣는다

POINT
- '필요할 때 손에 넣는다'라는 성질의 서비스에 사용되는 말
- 보고 싶을 때 보고 싶은 동영상을 재생할 수 있는 유튜브가 대표적인 예
- 인터넷 동영상 서비스 이외의 온디맨드 서비스도 확대되고 있다

필요할 때 필요한 만큼 서비스를 받는다

해설

디맨드(Demand)는 '요구'라는 의미이며, 온디맨드(On Demand)는 '필요할 때 손에 넣는다'라는 의미로 사용된다. 정해진 날짜와 시각에 정해진 방송이 송출되는 텔레비전과 달리 시청자가 보고 싶은 동영상을 보고 싶을 때 재생할 수 있는 유튜브는 온디맨드 서비스라고 할 수 있다. 유튜브 같은 인터넷 동영상 서비스 이외에도 IaaS나 우버 등 온디맨드적인 발상을 도입한 서비스가 존재한다(▶1)(▶2).

[TOPIC 1]

IaaS

IaaS(Infrastructure as a Service)는 클라우드 내의 CPU나 메모리, 디스크 드라이브 같은 컴퓨터의 하드웨어 자원을 필요할 때 필요한 만큼 제공하는 서비스로, 역시 온디맨드 서비스의 일종이다.

[TOPIC 2]

우버

앱을 사용해 호출하면 근처에 있는 자동차를 배차해 주는 우버는 차종이나 운전자까지 선택할 수 있는, 사용자 한 사람 한 사람에게 최적화된 '필요한 때 손에 넣는 이동 수단'이라고 할 수 있다. 한편 운행 일정이 정해져 있는 지하철이나 버스는 기존의 텔레비전 방송에 해당한다.

관련 용어 ▶▶ SaaS, PaaS, IaaS, DaaS → p.155, 우버 → p.282

056

Business/Consumer to Business/Consumer

파는 사람과 사는 사람의 관계를 나타낸다

B2B, B2C, C2B, C2C

POINT
- ▶ 전자상거래(EC)에서 서비스의 제공원과 제공처의 관계를 나타낸다
- ▶ B는 기업, C는 개인, 숫자인 2는 영어의 'to'를 의미한다
- ▶ 최근에는 C2B나 C2C처럼 개인이 서비스 제공원이 되는 형태가 늘고 있다

해설

전부 전자상거래(EC)에서 서비스의 제공원과 제공처의 관계를 나타낸다. B(Business)는 기업, C(Consumer)는 개인, 숫자인 2는 영어의 'to'를 의미한다. 예를 들어 B2B는 가전제품 제조사가 양판점에 상품을 파는 서비스, B2C는 양판점에서 개인에게 상품을 파는 서비스다. 최근에는 IT의 보급으로 C2B나 C2C처럼 개인이 서비스의 제공원이 되는 새로운 형태(▶①)가 확산되고 있다.

[TOPIC 1]
C2C와 C2B
C2C는 경매 사이트나 벼룩시장 앱 등이다. 경매에서는 개인이 유통업자 또는 제조업자로서 물건이나 서비스를 판매한다. 한편 개인이 재활용품 상점에 상품을 판매하는 경우나 유료로 설문조사에 응답하는 것 등은 C2B에 해당한다.

[TOPIC 2]
거래 시스템의 유형
① 아마존: 출점자로부터 판매 수수료 등을 징수한다. ② 메르카리(중고품 거래 사이트): 개인 간 매매 거래가 성립하면 상품 대금 일부를 수수료로 징수한다. ③ 어필리에이트: 광고주가 개인 블로그 등에 광고를 붙이고 상품이 팔린 만큼 블로그 운영자와 플랫폼에 광고료를 지급한다.

관련 용어 ▶▶ 전자상거래(EC) → p.187

057

Open Innovation

모두의 힘을 모아서 새로운 것을 만들어내자
오픈 이노베이션

POINT
- ▶ 자사뿐만 아니라 외부의 조직이 보유한 지식·기술을 도입한 상품 개발
- ▶ 자급자족주의에서 벗어나 기업에 혁신(이노베이션)을 가져다주는 방식
- ▶ 다른 조직과 함께 성과를 올리기 위해서는 기업 측의 의식 개혁이 중요하다

해설
기업 내에서는 만들어질 수 없는, 외부의 대학이나 스타트업 기업 등이 보유한 기술·아이디어 등을 활용해 새로운 제품·시장을 만들어내는 것을 말한다. 반대로 기업에서는 활용하기 어려운 기술이나 아이디어를 외부에 제공하고 외부가 주체가 되어 그것을 활용하는 경우도 있다. 과자 패키지에 독자적인 디자인의 그림을 인쇄할 수 있는 모리나가 제과의 '과자 프린트' 같은 사례가 있다.

[TOPIC 1]
기업 측의 의식과 과제
많은 기업 경영자가 오픈 이노베이션의 필요성을 느끼고 있다. 그러나 자사의 약점에 대한 분석이 부족하고, 목표가 불명확하며, 단순한 외주나 실무 위탁으로 변질되는 등의 문제점이 오픈 이노베이션을 시도하는 과정에서 실제로 발견되고 있다. 이런 과제들을 해결하기 위해서는 기업 측의 의식 개혁이 필요할 것이다.

[TOPIC 2]
오픈 이노베이션의 시작
캘리포니아대학교 버클리 캠퍼스의 헨리 체스브로 교수가 2003년에 처음 제안했다. 체스브로 교수는 자신이 기업의 관리직으로 일했던 시절에 경험한, 기술 혁신에 대한 산업계와 대학의 커다란 의식 차이와 상호 간의 무관심에 대한 불만이 그 시작이었다고 이야기했다.

관련 용어 ▶▶ 없음

Chief Information Officer

058

기업 정보의 총책임자
CIO

POINT
- ▶ Chief Information Officer(정보 최고책임자)의 약어
- ▶ CIO는 기업의 IT 시스템 전체를 책임지는 사람
- ▶ CIO의 역할은 기존의 비즈니스를 뒷받침하는 IT를 관리·운용하는 것이다

해설 정보 최고책임자라는 직위의 이름이다. 기업의 IT 시스템 도입이 확대되면서 IT 담당 임원의 일반적인 직명이 되었다. CIO의 역할은 경영 전략에 따른 기업 내 매출·제조 데이터 관리, 각종 업무 시스템의 자동화와 IT화의 입안과 실행이다. 또한 정보 보안이나 운용 중인 시스템의 보수도 담당하는 경우가 대부분이다. 말하자면 지금의 비즈니스를 움직이는 IT 시스템 전체의 책임을 맡은 임원이다.

[TOPIC 1]
CIO와 CDO의 역할 분담
CIO와 CDO가 모두 있는 기업의 경우, CIO는 비즈니스를 뒷받침하는 수비적인 IT 책임자이고 CDO는 비즈니스를 창조하는 공격적인 IT 책임자라는 인식이 있다. 그러나 실제로는 기업마다 정의가 다르기 때문에 엄밀한 구분은 존재하지 않는다. 또한 CIO가 CDO를 겸임하는 경우도 있다.

[TOPIC 2]
이노베이션의 I
CIO는 혁신 최고책임자(Chief Innovation Officer)라는 직위명으로도 사용된다. 이 경우는 혁신적인 기술·상품·업무 프로세스를 만들어내는 책임자이며, CDO와도 역할이 중복된다. 또한 이때는 Information과 구별하기 위해 CINO라고 부르기도 한다.

관련 용어 ▶▶ CDO → p.029

059

Supply Chain Management

물건이나 서비스의 흐름을 실현한다
SCM

POINT
- 공급망 관리(Supply Chain Management)의 약어
- 재료의 매입부터 판매까지 제품과 관련된 일련의 흐름을 관리하는 것
- 일반적으로 공급망은 복수의 기업으로 구성된다

해설 기업이 자사의 제품이나 서비스와 관련된, 사내와 사외로 이어지는 일련의 흐름을 관리하는 것을 말한다. 가령 제조업의 경우, 원재료의 조달·생산 상황·공장의 재고량·물류 상황·판매량 등 제품 공급의 흐름 속에서 발생하는 정보를 수집해 최적의 상태가 되도록 조정한다. 정확도가 높은 SCM을 실현하려면 기업과 기업 사이에 데이터를 유통하는 협력 관계를 구축할 필요도 있다.

[TOPIC 1]
도요타의 '간판'
SCM이라는 개념을 쉽게 이해할 수 있는 사례로 도요타 생산 방식의 '간판'이 있다. 이는 각 공정에서 필요한 부품이나 재료를 적은 '간판'의 정보를 바탕으로 생산에 필요한 만큼의 부품을 조달·배송하도록 조정함으로써 생산을 효율화하는 방식이다.

[TOPIC 2]
과도한 SCM의 리스크
SCM으로 전체 효율화를 과도하게 지향하면 팔리지 않는 물건을 배제해 버리는 등 공급자의 사정을 지나치게 우선할 위험성이 있다. 또한 SCM의 조정이 너무 치밀하면 돌발적인 정전이나 사고가 발생했을 때 유연한 대응이 어려워지는 리스크도 존재한다.

관련 용어 ▶▶ 없음

060

Business Process Re-engineering / Business Process Management

업무 방식을 다시 한번 생각해 보자

BPR과 BPM

POINT
- ▶ BPR, BPM 모두 업무의 근본적인 개혁을 목표로 한 경영 활동을 나타내는 말
- ▶ BPR은 업무의 IT를 통한 근본적인 업무 개혁
- ▶ BPM은 BPR의 진화형으로, 업무 개혁을 지속적으로 실시하는 수법

 1990년대에 등장한 BPR은 IT화를 통한 업무 개혁으로, 기업의 목표를 명확히 하고 업무 내용·업무 흐름·조직의 근본적인 재구축을 실시한다. BPR은 한때 주목을 받았지만, 단발적인 업무 개혁으로 인식되어 열기가 사그라졌다. 그 뒤에 등장한 것이 BPM으로, 업무 프로세스의 가시화·재설계·실행·개선을 하나의 사이클로 삼아 지속적으로 개선을 실천하는 방법이다. 업무 개혁의 PDCA라고도 불린다.

[TOPIC 1]
BPR의 사례
포드 자동차는 대금 지급 부문의 인원 비용을 절감할 필요가 있었기 때문에 조달 프로세스 전체를 변화시켜 납품 시 자동으로 대금을 지급하는 시스템을 도입했다. 표면적인 인원 감축이 아니라 한 발 더 나아가 업무 자체를 개혁한 것으로 BPR의 사례에 해당한다.

[TOPIC 2]
BPM의 사례
BPM에서는 중장기적·지속적인 업무 개혁 활동의 책정과 정착을 실시한다. 스포츠 용품 제조사인 아디다스는 2년 동안 2~4주의 사이클로 돌리는 BPM을 23개의 업무 개선 프로젝트와 병행 실시함으로써 다수의 성과를 올렸다고 한다.

관련 용어 ▶▶ PDCA → p.174, BI → p.184

제 3 장

기본

컴퓨터에 대해 이해하기 위한
기본 용어

Central Processing Unit

061

컴퓨터의 두뇌
CPU

POINT
- ▶ 컴퓨터의 두뇌
- ▶ CPU는 소프트웨어의 지시에 따라 계산이나 처리를 수행한다
- ▶ 애플리케이션이 작동하는 전자 기기 속에는 반드시 들어 있다

해설 CPU는 '중앙처리장치'라고 불리는 컴퓨터의 두뇌로 가로세로 수 센티미터 크기의 전자 디바이스다. 스마트폰이나 카 내비게이션을 포함해 '소프트웨어'나 '애플리케이션'이 작동하는 전자 기기에는 반드시 들어 있다. CPU는 소프트웨어의 명령을 읽은 다음 그 지시에 따라 데이터의 입출력이나 계산 처리를 수행한다. 스마트폰을 사용하면서 CPU의 작동을 신경 쓰는 사람은 드물지만, CPU가 없다면 스마트폰은 단순한 상자일 뿐이다.

[TOPIC 1]

컴퓨터의 가장 중요한 부품
많은 컴퓨터의 제품 설명서에서 사양의 가장 위에 적혀 있는 것이 CPU의 제조사명·품명·클럭 속도 등의 성능 정보다. CPU 처리 성능은 컴퓨터의 성능으로 직결되며, 고성능 CPU를 사용한 컴퓨터일수록 가격도 비싸다.

[TOPIC 2]

GPU
CPU와 이름이 비슷한 GPU(Graphics Processing Unit)라는 그래픽 처리용 CPU가 있다. GPU는 병렬 계산용으로 설계되었기 때문에 영상 데이터에 포함된 대량의 화소 데이터를 동시에 처리하는 화상 처리 등에 강하다.

관련 용어 ▶▶ 클럭과 코어 → p.081

Clock / Core

062

컴퓨터를 움직이는 시계와 두뇌의 수
클럭과 코어

POINT
- 클럭은 컴퓨터를 정해진 속도로 움직이는 신호
- 코어는 CPU 속에 들어 있는 연산 처리부
- 클럭이 빠르고 코어가 많을수록 컴퓨터의 성능이 높아진다

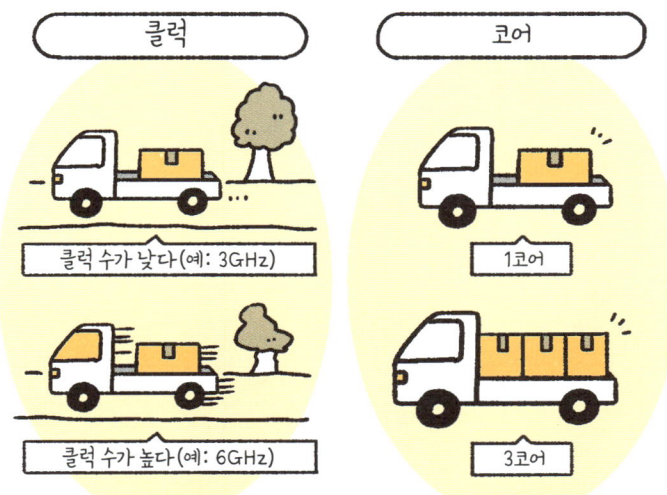

해설 클럭은 CPU를 움직이는 기준이 되는 타이밍 신호를 의미하며, 코어는 CPU 속에 있는 연산 회로를 가리킨다. 양쪽 모두 CPU 처리 성능과 관련이 있다. 컴퓨터의 모든 처리는 클럭에 동기화되어 수행되기 때문에, 클럭이 빠를수록 처리 성능이 향상된다(▶1). 한편 코어는 CPU 속 두뇌 수에 해당하며, 코어 수만큼 병행 처리할 수 있기 때문에 많을수록 성능이 향상된다.

[TOPIC 1]
클럭 고속화의 한계
클럭의 속도를 계속 높이면 CPU의 지나친 발열로 고온이 되면서 결국 작동하지 않게 된다. 지금까지 고속화에 맞춰 냉각 방식도 강화되어 왔지만, 이제 기존 냉각 방식으로는 이전처럼 고속화를 진행하기가 어려워지고 있다.

[TOPIC 2]
멀티코어의 장점
가령 워드·엑셀·파워포인트를 동시에 사용하면서 작업할 경우, 1코어일 때는 짧은 시간에 애플리케이션을 전환하면서 처리한다. 그러나 3코어일 때는 각 코어가 분담해서 특정 애플리케이션 처리에 전념할 수 있기 때문에 단순 계산으로 3배가 되지는 않더라도 처리 성능이 비약적으로 향상된다.

관련 용어 ▶▶ CPU → p.080, 무어의 법칙 → p.083

063

Centralized Processing / Distributed Processing

혼자서 일하는 컴퓨터와 여럿이 함께 일하는 컴퓨터
중앙집중처리와 분산처리

POINT
- ▶ 컴퓨터 시스템의 처리 형태
- ▶ 중앙집중처리는 컴퓨터 한 대가 전부 처리하기 때문에 데이터 관리가 용이하다
- ▶ 분산처리는 복수의 컴퓨터가 분산해서 처리하기 때문에 시간을 단축할 수 있다

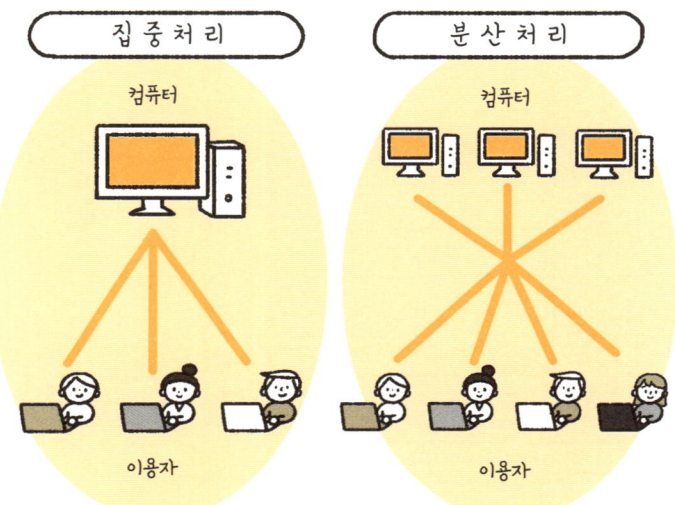

해설   중앙집중처리는 1대 또는 소수의 컴퓨터가 집중처리하는 형태이고, 분산처리는 다수의 컴퓨터가 협조해서 처리하는 형태다. 중앙집중처리의 경우는 처리 능력을 컴퓨터 1대의 성능에 의지해야 한다는 한계가 있기 때문에 복수의 컴퓨터로 전체의 처리 능력을 높이는 분산처리가 탄생했다. 다만 비용 문제도 있기 때문에 중앙집중처리를 완전히 대체하기보다 상황에 따라 알맞은 방식을 사용한다.

[TOPIC 1]
중앙집중처리의 장단점
데이터의 관리나 기밀 유지에 용이한 것이 장점이다. 단점은 처리 시간이 길어지고 컴퓨터가 다운되었을 때 미치는 영향이 크다는 점이다. 일반적으로 사무 처리 계열 데이터 관리 기능에는 중앙집중처리가 적합하다고 알려져 있다.

[TOPIC 2]
분산처리의 장단점
분산 방법에는 클라이언트/서버형의 분산과 복수의 대등한 서버를 이용한 분산 등이 있다. 양쪽 모두 처리 속도의 단축이 장점이다. 단점은 컴퓨터 대수의 증가로 인해 비용이 상승하고 보안 대책이나 운용 관리가 복잡해지는 것이다.

관련 용어 ▶▶ 클라이언트/서버 시스템(C/S 시스템) → p.178

Moore's Law

2년마다 2배가 된다는 성능 증가의 법칙
무어의 법칙

POINT
- ▶ 고밀도 집적 회로(LSI)의 트랜지스터 수가 2년마다 2배가 된다는 법칙
- ▶ 트랜지스터 수가 2배가 되면 성능은 2배, 가격은 절반이 된다
- ▶ 인텔의 창업자인 고든 무어가 처음 주장했다

현재 → 2년 후

해설 고밀도 집적 회로(LSI) 속에 든 트랜지스터 수가 2년마다 2배가 된다는 법칙을 말한다. LSI란 가로세로 수 밀리미터에서 수 센티미터 정도의 사각형 반도체 소자다. 1965년에 인텔의 고든 무어가 처음 주장했다. 어떤 해의 LSI 속에 들어 있는 트랜지스터 개수가 100개라면 2년 후에는 기술의 발전으로 같은 크기의 LSI 속에 트랜지스터가 200개 들어간다는 의미다.

[TOPIC 1]
복리 계산
무어의 법칙은 2년마다 2배로 늘어나는 복리식 계산이다. 처음이 100이라고 가정하면 2년마다 100→200→400→800→1,600으로 늘어난다. 단순히 말하면 같은 가격일 경우 2년마다 성능은 2배로, 같은 성능이라면 가격이 2년마다 1/2이 된다.

[TOPIC 2]
무어의 법칙의 한계
무어의 법칙이 계속되려면 고밀도 집적 회로(LSI) 속 배선의 폭을 한없이 좁게 만드는 초미세 가공 기술과 반도체 제조 기술의 혁신이 필요하다. 그러나 물리적으로 배선의 폭이 제로가 되는 것은 불가능하기 때문에 무어의 법칙도 한계에 부딪힐 날이 얼마 남지 않았다고 예측되고 있다.

관련 용어 ▶▶ 인텔 → p.289, 고든 무어 → p.298

Input / Output

컴퓨터의 입구와 출구
입력과 출력

POINT
- ▶ 입력은 데이터가 컴퓨터로 들어오는 방향
- ▶ 출력은 데이터가 컴퓨터에서 나가는 방향
- ▶ 하나의 단자에서 입력과 출력이 모두 가능한 것도 있다

해설

입력은 컴퓨터 외부 기기에서 컴퓨터에 주는, 컴퓨터에 처리시킬 데이터나 지시 등의 정보다. 출력은 반대로, 컴퓨터가 외부 기기에 송신하는 정보다. 양자를 합쳐서 입출력 또는 I/O(아이오)라고 부른다. 입력이나 출력을 행하는 기기가 입출력 장치(▶1)이며, 그런 외부 장치와 컴퓨터의 접속 장소가 입출력 인터페이스(▶2)다.

[TOPIC 1]
입출력 장치
입출력 장치에는 입력용·출력용·입출력 겸용이 있다. 마우스나 키보드는 컴퓨터를 조작하는 데이터 입력 장치, 모니터는 데이터를 표시하는 출력 장치, USB 메모리는 데이터를 읽고 쓰는 입출력 장치다.

[TOPIC 2]
입출력 인터페이스
입출력 인터페이스로 키보드 등을 연결하는 USB나 모니터용인 HDMI, LAN 케이블용 커넥터 등이 자주 사용된다. 인터페이스마다 형상이나 핀의 용도 할당, 통신 절차와 속도 등의 표준이 규정되어 있다.

관련 용어 ▶▶ USB → p.102, HDMI → p.106

066

Cache

데이터를 즉시 사용할 수 있는 CPU 속의 메모리
캐시

POINT
- ▶ CPU 속에 탑재되어 있는, 데이터를 즉시 사용할 수 있는 메모리
- ▶ CPU가 외부 메모리에서 데이터를 읽는 시간을 단축하기 위해 사용한다
- ▶ 웹 브라우저에도 이미 본 페이지를 저장하는 캐시가 있다

해설

CPU의 내부(▶1)에 탑재된 메모리의 명칭이다. CPU는 명령이나 데이터를 메모리에서 읽어서 처리하는데, 읽는 데는 일정한 시간이 걸린다. 캐시의 역할은 이 읽는 시간을 단축시키는 것이다. 사전에 필요한 데이터를 CPU 속에 미리 읽어 들여서 즉시 사용할 수 있도록 준비해 놓는다. 캐시에는 L1, L2라는 레벨이 있으며 숫자가 작을수록 빠르게 읽을 수 있다.

[TOPIC 1]

캐시의 장소

CPU 속 전자회로 중 일부를 메모리 부품으로 가공해 캐시로 사용한다. 캐시는 수회 분량의 처리에 필요한 데이터를 기록할 수 있으면 충분하기 때문에 비교적 크기가 작아도 문제없다. 그래서 CPU에 내장할 수 있는 것이다.

[TOPIC 2]

웹 브라우저의 캐시

웹 브라우저에도 캐시라는 용어가 있다. 브라우저가 즉시 사용할 수 있는 데이터라는 의미로, 이미 열람한 페이지의 데이터를 기억해 놓기 때문에 인터넷 통신 속도의 영향을 받지 않고 한 번 봤던 페이지를 빠르게 볼 수 있다.

관련 용어 ▶▶ CPU → p.080

Stack / Queue

일시적으로 데이터를 기억하고 꺼내는 방법
스택과 큐

POINT
- ▶ 데이터를 일시적으로 보존하는 방법
- ▶ 스택은 데이터를 쌓아 올리며, 위에 쌓인 것부터 순서대로 사용한다
- ▶ 큐는 데이터를 일렬로 나열하며, 일찍 나열한 것부터 순서대로 사용한다

해설 스택과 큐는 둘 다 일시적으로 데이터를 보존하고 꺼내는 방법의 명칭이다. 스택은 데이터가 입력된 순서대로 계속 쌓아 올리며, 사용할 때는 제일 위에 쌓인 데이터부터 순서대로 꺼낸다(▶**1**). 큐는 데이터가 입력된 순서대로 일렬로 늘어놓으며, 먼저 늘어놓은 데이터부터 순서대로 꺼낸다(▶**2**).

[TOPIC **1**]
스택의 동작
스택 동작은 후입선출(Last In First Out: LIFO)하는 특징이 있다. 워드로 문서를 작성하다 '되돌리기' 기능을 사용하면 직전에 실행한 입력이나 삭제를 이전 상태로 되돌린다. 즉 작업할 때마다 내용을 스택 위에 쌓고 되돌릴 때도 위에서부터 되돌리는 것이다.

[TOPIC **2**]
큐의 동작
큐 동작은 선입선출(First In First Out: FIFO)하는 특징이 있다. 계산대 앞에 줄을 섰을 때 행렬의 움직임을 생각하면 된다. 프린터로 인쇄할 때, CPU는 인쇄할 데이터를 일단 큐에 넣고, 프린터는 인쇄가 가능해지면 큐에서 데이터를 꺼낸다.

관련 용어 ▶▶ 버퍼와 스풀 → p.087

Buffer / Spool

데이터의 임시 보관소
버퍼와 스풀

POINT
- ▶ 데이터를 일시적으로 보존하는 기능
- ▶ 버퍼는 처리 중의 임시 보관소, 스풀은 속도 조정을 위한 보관소
- ▶ 버퍼는 스택과 큐를 상황에 맞춰 사용하며, 스풀은 큐를 사용한다

해설 둘 다 데이터를 일시적으로 보존하는 기능이지만, 사용 방식에 차이가 있다. 버퍼는 처리 중인 데이터를 일시적으로 보존한다(▶**1**). 유튜브 동영상이 재생 도중에 멈추지 않는 것은 재생할 데이터를 미리 버퍼에 담아 놓았기 때문이다. 스풀은 컴퓨터와 주변장치의 처리 속도 차이를 조정한다. 프린터 인쇄는 동작이 느리기 때문에 조정용으로 스풀을 사용한다(▶**2**).

[TOPIC **1**]
버퍼의 예
마우스나 키보드 등 입력 기기로부터 데이터를 읽어 들이는 입력 버퍼, 데이터를 외부 기기에 적는 출력 버퍼, CD/DVD 드라이브 등의 내부에 있는 드라이브 버퍼, 소프트웨어가 커맨드 제어에 사용하는 커맨드 버퍼 등이 있다.

[TOPIC **2**]
스풀의 동작
컴퓨터는 프린터보다 훨씬 처리 속도가 빠른데, 프린터의 응답을 기다리다 보면 그동안에는 아무것도 하지 못하게 된다. 그래서 컴퓨터는 스풀에 인쇄 데이터를 한데 묶어서 보냄으로써 인쇄 작업을 끝내고, 프린터는 자신의 속도에 맞춰 스풀 데이터를 인쇄한다.

관련 용어 ▶▶ 스택과 큐 → p.086, 입력과 출력 → p.084

Resource

069 컴퓨터 속의 자원
리소스

POINT
- ▶ 프로젝트 관리 대상이라든가 컴퓨터 자원 등 복수의 의미가 있다
- ▶ 소프트웨어의 리소스는 CPU나 메모리 등을 말한다
- ▶ 소프트웨어는 리소스를 확보하지 못하면 작동하지 않는다

해설 무언가를 실행할 때 필요한 자원을 가리킨다. IT와 관련해서는 다음 세 가지 의미가 있다. ① IT 프로젝트의 계획을 입안하거나 실행할 때의 사람·물건·돈을 지칭하는 경우, ② 컴퓨터 시스템이 이용할 수 있는 하드웨어와 소프트웨어의 총칭, ③ 소프트웨어가 작동할 때 사용하는 CPU나 메모리 등. 사용하는 맥락을 살피면 어떤 의미로 사용되었는지 알 수 있다.

[TOPIC 1]
소프트웨어의 리소스 확보
사람이라면 어떤 작업을 할 때 인원이나 도구가 부족하더라도 가능한 부분부터 착수하는 것처럼 유연하게 대응할 수 있다. 그러나 소프트웨어는 처리에 필요한 메모리나 통신의 리소스를 확보하지 못하면 처리를 중단하거나 에러 메시지를 출력하고 종료되기 때문에 리소스 확보가 중요하다.

[TOPIC 2]
리소스의 확보와 배타 제어
컴퓨터 내부에서는 복수의 소프트웨어가 동시에 작동하고 있다. 각각의 소프트웨어는 자신이 사용하고 있는 메모리 등의 리소스에 보이지 않는 플래그(깃발)를 꽂아 다른 소프트웨어와의 충돌을 피하는 배타 제어라고 부르는 조정을 실시한다.

관련 용어 ▶▶ CPU → p.080

070

CPU가 처리하는 일련의 작업
프로세스

POINT
- ▶ 프로그램의 실행 단위
- ▶ OS는 프로세스 관리 기능을 가지고 있으며, 리소스의 확보나 해제를 실시한다
- ▶ 같은 프로세스 내의 다른 처리를 병렬로 실행하는 것이 스레드다

프로세스 (매출 보고)

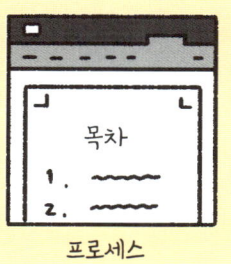
프로세스 (목차)

해설 프로그램의 실행 단위다. 예를 들어 워드는 복수의 문서를 동시에 열고 각각의 문서를 독립적으로 편집할 수 있는데, 이 문서 하나하나의 편집이 프로세스에 해당한다. OS에는 프로세스 관리 기능이 있어서, 애플리케이션이 작동할 때 프로세스의 생성과 필요한 메모리 등의 리소스 확보를 실시하고, 이어서 실행 상태를 관리하며, 프로그램이 종료할 때는 리소스 해제를 실시한다.

[TOPIC 1]
스레드
프로세스 속에는 하나의 프로세스 속에 있는 다른 처리를 병행해서 실행하기 위한 스레드라는 구조가 있다. 이를테면 워드로 매우 긴 문장을 작성하고 있을 때 문서를 저장하면서 문자 입력도 병행해서 할 수 있는 식이다.

[TOPIC 2]
먹통이 되면 데이터가 사라지는 이유
컴퓨터나 프로그램이 '먹통'이 돼서 정상적으로 종료하지 못했던 경험은 누구에게나 있을 것이다. 이런 상황이 되면 강제 종료밖에 할 수 없는데, 강제 종료를 하면 동시에 확보했던 메모리가 해제되기 때문에 작업 중이던 모든 데이터가 사라지는 것이다.

관련 용어 ▶▶ CPU → p.080, 리소스 → p.088, 태스크 → p.090

Task

OS의 시점에서 본 작업의 단위
태스크

POINT
- ▶ 컴퓨터 처리의 최소 작업 단위
- ▶ 멀티태스킹은 CPU가 복수의 작업을 짧게 번갈아 조금씩 병행 처리하는 것
- ▶ 실제로는 프로세스와 혼용되는 일이 많은, 그다지 엄밀하지 않은 용어다

해설 컴퓨터의 실행 단위 또는 최소 작업 단위를 의미한다. 예를 들어 키보드에 입력한 문자가 화면에 표시되기까지의 일련의 처리를 잡(Job)이라고 부를 때, 이 잡은 다시 '키보드의 신호를 취득한다.' · '키를 판별한다.' · '대응하는 문자 데이터를 준비한다.' · '화면에 표시한다.' 같은 복수의 단계로 분할된다. 그리고 이 단계를 더욱 세분화한 작업이 태스크다.

[TOPIC 1]
멀티태스킹
하나의 CPU가 복수의 작업을 병행해서 처리하는 것이다. 태스크 관리 기능이 각 작업의 CPU 이용 시간을 매우 짧게 배정하고 빠르게 전환시킴으로써 복수의 작업을 매우 짧은 간격으로 번갈아서 조금씩 처리하며, 이에 따라 전체적으로는 복수의 작업을 병행해서 실행하게 된다. 멀티 프로세싱으로 설명되는 경우도 있다.

[TOPIC 2]
윈도의 태스크 매니저
윈도에서는 프로세스를 태스크(작업)라고 부르며, 태스크 매니저(작업관리자)는 윈도상의 모든 프로세스의 CPU 사용량이나 메모리 사용량 등을 모니터링한다. 독자 여러분이 사용할 가능성이 있는 작업관리자의 기능에는 먹통이 된 애플리케이션의 강제 종료가 있다.

관련 용어 ▶▶ OS와 애플리케이션 소프트웨어 → p.092, CPU → p.080, 프로세스 → p.089

072

Basic Input Output System / Universal Extensible Firmware Interface

보이지 않는 곳에서 컴퓨터를 움직이는 소프트웨어
BIOS와 UEFI

POINT
- ▶ 컴퓨터의 하드웨어를 움직이는 전용 소프트웨어
- ▶ 컴퓨터를 켰을 때 화면에 제조사명이 표시되는 것은 BIOS가 시동 중이라는 의미
- ▶ UEFI는 기존 BIOS의 제약을 없앤 새로운 BIOS의 명칭

해설 컴퓨터의 CPU·키보드·모니터·하드 디스크 같은 하드웨어를 움직이는 전용 소프트웨어다. BIOS(바이오스)는 전원이 켜지는 동시에 작동하며, 앞의 하드웨어들을 사용할 수 있는 상태로 만든 다음에 OS를 작동시키는 역할을 한다. UEFI(▶1)는 이 BIOS의 기능 확장판이다. 둘 다 하드웨어를 직접 조작하기 때문에 기본적으로는 컴퓨터별로 준비된다.

[TOPIC 1]
UEFI
기존 BIOS에는 2테라바이트를 초과하는 용량의 하드 디스크를 다루지 못하는 등 기능상의 제약이 있었다. 그래서 이 문제를 개선하기 위해 새로운 BIOS 규격으로서 UEFI라는 이름의 사양이 추가되었다. 일반적으로 UEFI를 지원하는 BIOS를 UEFI라고 부르고 있다.

[TOPIC 2]
BIOS의 시동
컴퓨터의 전원을 켜면 화면에 제조사명이 표시되는 것을 본 적이 있을 것이다. 이때 컴퓨터 내부에서는 BIOS가 작동하고 있다. 그리고 제조사명이 표시되는 동안 제조사별로 정해 놓은 키(F10이나 F2, DEL 등)를 누르면 BIOS 설정 화면이 표시된다.

관련 용어 ▶▶ CPU → p.080, OS와 애플리케이션 소프트웨어 → p.092, HDD와 SSD → p.099

Operating System / Application Software

073 OS와 애플리케이션 소프트웨어

컴퓨터의 인프라 소프트웨어와 서비스 소프트웨어

POINT
- OS는 컴퓨터를 작동시키는 기본 소프트웨어
- 애플리케이션은 OS상에서 작동하는, 특정 작업을 위한 소프트웨어
- OS끼리는 기본적으로 호환성이 없으며 서로 독립적이다

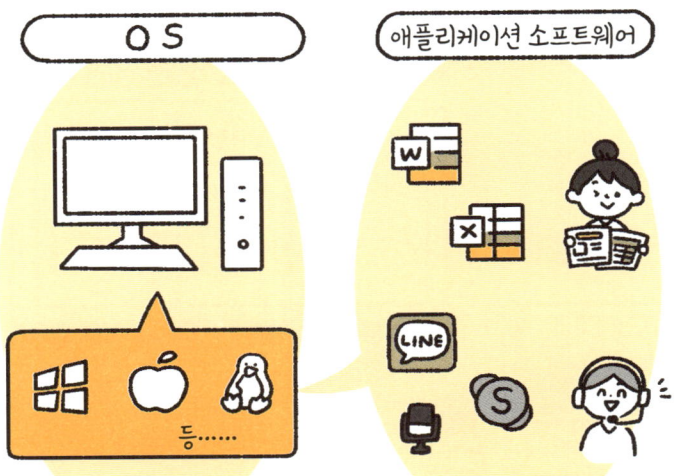

해설 OS는 컴퓨터나 스마트폰을 작동시키는 기본 소프트웨어. 애플리케이션 소프트웨어는 그 OS상에서 작동하는 워드나 엑셀, 이메일, 메신저처럼 특정 작업을 하는 소프트웨어다. 전기와 수도, 도로 같은 인프라가 OS, 그 인프라를 기반으로 활동하는 산업이나 비즈니스를 애플리케이션 소프트웨어라고 할 수 있다. OS는 컴퓨터 전체를 관리해 애플리케이션을 이용할 수 있게 한다.

[TOPIC 1]
대표적인 OS
현재 사용되고 있는 대표적인 OS로는 윈도가 대표적이다. 이외에도 iOS(macOS), 유닉스, 리눅스, 안드로이드 등이 있다. 유닉스를 바탕으로 만들어진 리눅스는 유닉스와 호환성이 있지만, 그 밖의 OS는 기원도 그 후의 발전 과정도 전부 독자적인 까닭에 호환성이 없다.

[TOPIC 2]
처음에는 한 몸이었다.
컴퓨터가 처음 탄생했을 무렵에는 OS와 애플리케이션이 한 몸이었다. 그러다 애플리케이션이 복잡해지자 모니터 프로그램이라고 부르는 컴퓨터 상태를 감시하는 소프트웨어가 탄생했고, 이것이 발전해서 복잡한 처리를 수행할 수 있는 OS가 되었다.

관련 용어 ▶▶ 안드로이드와 iOS → p.093

Android / iOS

스마트폰을 작동시키는 소프트웨어
안드로이드와 iOS

POINT
- ▶ 모바일 단말기용 OS(운영 체제)의 명칭
- ▶ 안드로이드는 구글이 개발했으며, 애플리케이션의 자유도가 강점
- ▶ iOS는 애플이 개발했으며, 애플리케이션의 통일감이 강점

해설 양쪽 모두 모바일 단말기용 OS(Operation System: 운영 체제)의 명칭이다. 안드로이드는 구글이 개발했으며, iOS는 애플이 개발했다. 사용자가 봤을 때 편의성 측면에서 양자 사이의 두드러진 차이는 없다. iOS의 애플리케이션(앱)은 애플에 정식등록이 필요하기 때문에 조작에 통일감이 있으며, 반대로 안드로이드는 사용자가 자유롭게 수정할 수 있는 범위가 넓다고 알려져 있다.

[TOPIC 1]
스마트폰의 문자 입력 방법
스마트폰에 특화된 문자 입력 방법에는 플릭(상하좌우로 움직여서 문자를 선택한다)이나 토글(여러 번 눌러서 문자를 선택한다)이라고 부르는 문자 선택 방식과 적은 입력 문자수로 사용자가 입력할 단어를 예측하는 단어 예측, 음성 입력 등이 있다.

[TOPIC 2]
시장 점유율
미국의 리서치 회사가 실시한 조사에 따르면, 2021년에 전 세계 모바일 OS 시장의 점유율은 안드로이드가 약 73퍼센트, iOS가 약 27퍼센트로 두 OS가 세계 시장을 거의 전부 차지하고 있다. 참고로, 일본은 iOS의 점유율이 약 69퍼센트에 이를 만큼 아이폰을 선호하는 경향이 있다.

관련 용어 ▶▶ OS와 애플리케이션 소프트웨어 → p.092, 애플 → p.278, 구글 → p.276

File / Directory

데이터를 집어넣는 서류와 그 서류를 보관하는 장소
파일과 디렉터리

POINT
- ▶ 파일은 컴퓨터가 데이터를 관리하는 최소 단위
- ▶ 디렉터리는 파일을 관리하는 정리함의 역할
- ▶ 파일의 종류는 끝에 붙는 알파벳(pdf라든가 xlsx 등)으로 구별할 수 있다

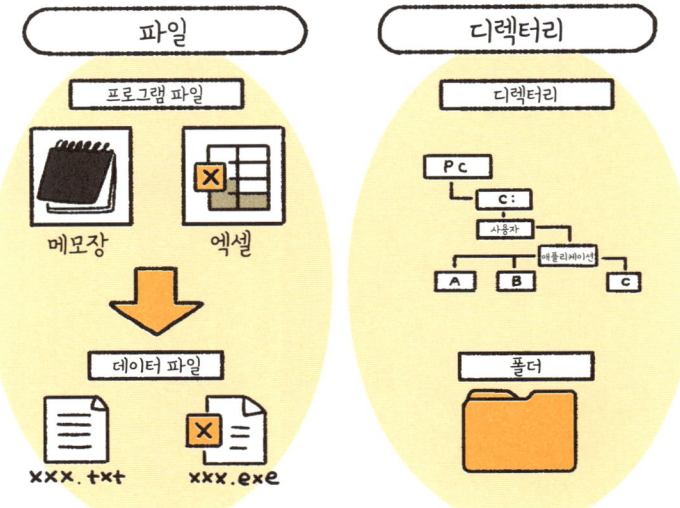

 파일은 컴퓨터가 데이터를 관리하기 위한 단위다. 디렉터리는 파일을 수납하는 장소로, 폴더라고도 부른다. 워드의 문서 파일처럼 한 덩어리의 데이터를 모은 단위를 파일이라고 한다. 디렉터리는 컴퓨터 내부에 파일을 두는 장소를 정리하거나 복수의 파일을 묶어서 관리할 때 사용한다.

[TOPIC 1]
파일의 종류
파일명 끝에는 '.exe'라든가 '.xlsx' 등 파일의 종류를 나타내는 정보가 있다. 이를 확장자라고 부른다. 파일의 종류를 크게 나누면 애플리케이션 등의 프로그램 파일과 애플리케이션이 이용하는 데이터 파일로 구분된다.

[TOPIC 2]
폴더와 디렉터리
기본적으로는 같은 것이다. 폴더는 윈도의 파일 탐색기처럼 파일의 보존 장소가 시각적으로 보이는 경우에 사용되며, 디렉터리는 윈도의 명령 프롬프트처럼 보존 장소를 문자로 다루는 경우에 사용된다.

관련 용어 ▶▶ 명령 프롬프트 → p.117

Registry

076

윈도가 올바르게 일하기 위해 필요한 파일
레지스트리

POINT
- ▶ 윈도가 관리하는 OS나 애플리케이션 등의 설정 정보 파일
- ▶ 로그인하는 사용자별로 애플리케이션의 설정 등을 바꿀 수 있다
- ▶ 레지스트리를 멋대로 고치면 컴퓨터가 작동하지 않게 될 수도 있다

 시스템 정보를 일괄 보존하는, 윈도 OS가 관리하는 데이터베이스다. 윈도나 애플리케이션, 하드웨어 정보 등을 레지스트리 속에 정리해서 관리한다. 윈도가 애플리케이션이나 하드웨어를 작동시킬 때 레지스트리 값을 사용하기 때문에 잘못 수정하면 정상적으로 작동하지 않게 될 수 있으며, 그래서 사용자의 눈에 보이지 않는 장소에 보존되어 있다.

[TOPIC 1]
레지스트리 편집 도구
레지스트리에 문제가 발생해 수동으로 수정해야 하는 상황을 대비해 레지스트리 편집기라는 편집 도구가 준비되어 있다. 이 도구로 레지스트리 값을 고칠 수 있지만, 내용을 정확히 이해하지 못한 상태에서 값을 변경하는 것은 매우 위험하다.

[TOPIC 2]
레지스트리의 장점과 단점
윈도에 로그인하는 사용자에 따라 같은 애플리케이션을 다른 설정으로 관리할 수 있기 때문에 복수의 사용자가 컴퓨터를 공유하더라도 각자의 환경에서 이용할 수 있는 것이 장점이다. 단점은 설정을 잘못 변경하면 컴퓨터가 작동하지 않게 될 위험성이 있다는 것이다.

관련 용어 ▶▶ 리포지터리 → p.133

077 백업

Backup

만일의 사태에 대비해 보관하는 예비 데이터

POINT
- ▶ 데이터가 사라졌을 때 복구하기 위한 예비 데이터
- ▶ 데이터 백업은 업무 데이터를 복사해서 보관하는 것
- ▶ 시스템 백업은 시스템 환경을 통째로 복제·보관하는 것

해설
컴퓨터 내부 데이터의 '예비 데이터'다. 백업을 사용하면 데이터가 파손되거나 소실되었을 때 잃어버린 데이터를 복원할 수 있다. 데이터 백업은 애플리케이션이 사용하는 문서 파일이나 동영상 파일 등을 보존하며, 시스템 백업은 OS와 애플리케이션을 포함한 컴퓨터 내부 시스템 환경을 통째로 보존한다. 최근에는 클라우드가 백업 장소로 이용되고 있다.

[TOPIC 1]
복원 지점과 자동 백업
윈도의 복원 지점은 자동 백업을 보조하는 시스템 백업이다. 자동 백업은 일주일 등의 간격이나 새로운 버전의 소프트웨어를 설치할 때, 임의의 일정 설정 등을 통해 자동으로 백업을 작성해 보존한다.

[TOPIC 2]
세이브(저장)와 백업의 차이
워드 등의 문서를 작성한 뒤에 보존하는 세이브와 백업은 각기 다른 기능이다. 세이브는 어떤 시점의 데이터를 파일에 적어 넣어서 내용을 갱신하는 것이며, 백업은 어떤 시점의 파일 데이터를 통째로 복사해 보관하는 것이다.

관련 용어 ▶▶ OS와 애플리케이션 소프트웨어 → p.092, RAID → p.100, 클라우드 → p.148

Storage Device

다양한 종류의 데이터 저장소
기억장치

POINT
- ▶ 데이터를 보존하는 장치나 부품의 총칭
- ▶ 컴퓨터에 내장해서 사용하는 것과 외부에서 장착해 사용하는 것이 있다
- ▶ 기억장치와 메모리의 차이점은 주로 외형이나 크기에 있다

해설 　데이터를 보존하는 전자 기기나 전자 부품의 총칭으로, 데이터를 보존하는 목적에 따라 형태·용도·방식·크기 등이 매우 다양하다. 대표적인 기억장치로는 컴퓨터 내부의 RAM(램)이나 ROM(롬), 컴퓨터에 내장하거나 외부에서 접속해 사용하는 HDD(하드디스크), 컴퓨터에 삽입해서 사용하는 USB 메모리나 SD 카드 등이 있다.

[TOPIC 1]
주기억장치와 보조기억장치
기억장치를 주기억장치와 보조기억장치로 구분할 때, 주기억장치(Main Memory)는 직접 CPU와 고속으로 데이터를 주고받을 수 있는 DRAM 등의 메모리를, 보조기억장치는 HDD나 CD-R처럼 전원을 꺼더라도 데이터가 사라지지 않는 대용량의 기억장치를 의미한다.

[TOPIC 2]
기억장치의 성능
기억장치의 성능을 이야기할 때는 데이터를 보존할 수 있는 양을 나타내는 기억 용량(메모리 용량)과 얼마나 빠르게 데이터를 읽고 쓸 수 있는지를 나타내는 접근 속도를 주로 사용한다. '100기가바이트'라든가 '1테라바이트' 등은 기억 용량을, '2,400Mhz' 등은 속도를 나타낸다.

관련 용어 ▶▶ RAM과 ROM → p.098, HDD와 SSD → p.099, USB → p.102

079

Random Access Memory / Read Only Memory

CPU에 없어서는 안 되는 메모리
RAM과 ROM

POINT
- ▶ CPU가 직접 접근하는 메모리 부품
- ▶ RAM은 데이터의 읽고 쓰기를, ROM은 데이터의 읽기를 할 수 있다
- ▶ ROM은 전원을 꺼도 데이터가 지워지지 않기 때문에 컴퓨터를 시동할 때 사용한다

해설

둘 다 CPU가 처리를 실행할 때 직접 접근하는 메모리 부품이다. 인간의 뇌의 단기 기억에 가까운 역할을 한다. RAM은 랜덤 액세스 메모리(Random Access Memory)의 약어로, 데이터를 읽고 쓸 수 있다. ROM은 리드 온리 메모리(Read Only Memory)의 약어로, 데이터를 읽을 수만 있다. 전원을 꺼도 데이터가 사라지지 않기 때문에 컴퓨터를 시동할 때 필수인 BIOS 등을 저장한다.

[TOPIC 1]
RAM의 종류
RAM에는 DRAM(Dynamic RAM)과 SRAM(Static RAM)이 있다. DRAM은 컴퓨터에 사용되는 RAM으로, 일정 시간마다 데이터를 다시 쓰는 '리프레시'가 필요하다. SRAM은 특수한 산업용으로 사용되는 RAM으로 리프레시가 필요 없다.

[TOPIC 2]
컴퓨터의 성능을 좌우한다
동작 중인 CPU는 쉬지 않고 메모리에 접근한다. 요컨대 CPU의 처리량을 늘리려면 메모리의 데이터를 읽고 쓰는 시간이 빨라야 하며, 따라서 메모리의 접근 속도는 시스템 전체 성능에 커다란 영향을 끼친다.

관련 용어 ▶▶ CPU → p.080, BIOS와 UEFI → p.091

Hard Disk Drive / Solid State Drive

대량의 데이터를 기억하는 장치
HDD와 SSD

POINT
- 대용량 기억장치
- HDD는 대용량이면서 저렴한 가격이 강점이지만, 중량이 있고 속도가 느린 것이 약점
- SSD는 무게가 가볍고 고속이지만 HDD에 비해 가격이 비싼 것이 약점

해설

둘 다 비교적 용량이 큰 기억장치의 명칭이다. RAM이나 ROM과 대비해 보조기억장치라고 부르기도 한다. HDD의 내부에는 자석의 성질을 지닌 자기 디스크라고 부르는 원반이 있어서 자기장 변화를 이용해 데이터의 0과 1을 기억한다. SSD는 HDD를 대체할 목적으로 등장했으며, 더욱 빠르고 조용한 것이 특징이다. 기판 위에 플래시 메모리(▶❷)를 여러 개 나열해서 만든다.

[TOPIC 1]
HDD와 SSD의 차이

HDD는 용량이 크고 기억 용량당 가격이 매우 저렴하다는 장점과, 무겁고 속도가 느리며 충격에 약하다는 단점이 있다. SSD는 가볍고 속도가 빠르며 충격에 강하다는 등의 장점이 있지만 용량이나 가격의 측면에서는 HDD에 미치지 못한다.

[TOPIC 2]
플래시 메모리

플래시 메모리는 고쳐 쓰기가 가능한 기억소자다. 전원을 끄더라도 적어 넣은 데이터가 사라지지 않는 것이 특징이다. 플래시 메모리는 SSD뿐만 아니라 USB 메모리나 SD 카드의 기억소자로도 사용되고 있다.

관련 용어 ▶▶ 기억장치→ p.097, RAM과 ROM→ p.098, NAS→ p.101

Redundant Array of Inexpensive/Independent Disks

081

복수의 디스크에 보존함으로써 데이터를 보호한다

RAID

POINT
- 복수의 디스크를 사용해 신뢰성을 높인 기억장치
- 디스크 하나가 고장 나더라도 파일의 완전 소실을 막을 수 있다
- 사용하는 신뢰성 기술의 조합에 따라 7단계의 레벨이 있다

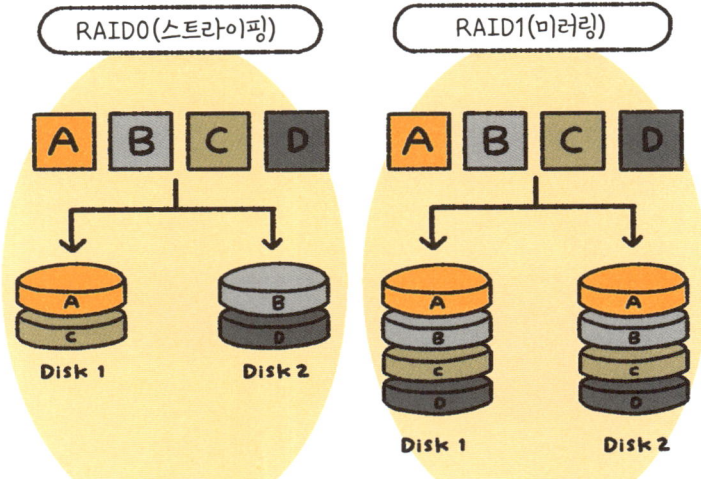

해설 물리적으로는 복수인 디스크를 하나의 디스크처럼 취급하는 기억장치다. 하나의 물리 디스크가 고장 났을 때 저장해 놓았던 파일이 완전 소실되는 것을 막는다. 하나의 파일을 복수의 디스크에 분할해서 저장하는 '스트라이핑', 저장한 파일의 복사본을 자동으로 작성하는 '미러링', 오류 검출 코드를 사용해 데이터를 보호하는 등의 기능이 있으며, 그 조합에 따라 레벨을 분류한다.

[TOPIC 1]
RAID의 레벨
RAID에는 0~6의 7단계가 있으며, 이 가운데 많이 보급되어 있는 것은 RAID0(스트라이핑)과 RAID1(미러링)이다. 대용량 제품의 경우 RAID5(오류 검출 코드를 이용한 복원), RAID10(RAID0과 RAID1의 조합) 등도 사용되고 있다.

[TOPIC 2]
파일의 소실을 막는 방법
가장 간단한 방법은 같은 파일을 2개의 디스크에 저장하는 미러링이다. 이 경우 한 대가 고장 나더라도 파일은 소실되지 않는다. 또한 패리티라고 부르는 오류 검출 코드를 추가해서 데이터가 망가지더라도 복구할 수 있게 하는 기술도 있다.

관련 용어 ▶▶ 장애 허용(결함 감내) → p.139

Network Attached Storage

네트워크로 연결된 기억장치
NAS

POINT
- ▶ 네트워크에 직접 연결해서 사용하는 HDD
- ▶ 같은 네트워크에 있는 사용자들이 손쉽게 파일을 공유할 수 있다
- ▶ 파일별로 접근 관리 등이 필요한 용도에는 적합하지 않다

해설 네트워크(LAN)에 직접 접속하는 기억장치다. 일반적으로 HDD 속에 네트워크 인터페이스 컨트롤러를 삽입하고 라우터나 스위치 등의 네트워크 기기에 직접 접속한다. 네트워크상에 있는 HDD와 비슷한 장치로 복수의 사용자가 손쉽게 데이터를 공유할 수 있다. 다만 파일 서버(▶1)처럼 고도의 관리가 필요한 용도에는 적합하지 않다.

[TOPIC 1]
파일 서버
네트워크상에 있는 파일 공유 전용 컴퓨터다. 공유 폴더나 파일의 접근 범위, 사용자별 접근 권한 등을 관리할 수 있으며, 다수의 사용자가 동시에 접근해도 처리할 수 있는 능력을 갖추고 있다.

[TOPIC 2]
윈도의 공유폴더
윈도의 공유폴더 기능을 사용해서 자신의 컴퓨터에 있는 폴더를 공유로 설정하면, 허가를 받은 다른 사용자가 그 폴더에 접근할 수 있다. 간편하지만 컴퓨터를 켰을 때만 사용할 수 있으며 컴퓨터의 사용자가 일방적으로 공유를 끊을 수 있는 등의 제약도 있다.

관련 용어 ▶▶ HDD와 SSD → p.099, LAN과 WAN → p.211

Universal Serial Bus

083

다양한 기기를 연결할 수 있는 편리한 커넥터
USB

POINT
- ▶ 다양한 전자 기기에 사용되고 있는 입출력 커넥터
- ▶ 커넥터를 꽂기만 하면 작동하기 때문에 사용이 편하다
- ▶ 규격이 서로 다른 수많은 커넥터를 통일할 목적으로 만들어졌다

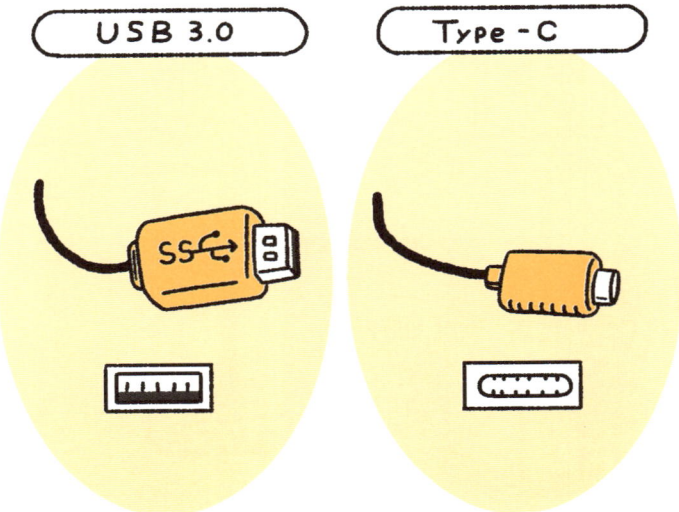

해설 범용 직렬 버스라고도 부르는, 컴퓨터 등에 널리 사용되고 있는 범용 입출력 인터페이스다. 통신 속도와 커넥터의 형태·크기에 따라 다양한 종류가 있으며, USB 3.0처럼 '숫자'로 부를 때는 통신 속도를, Type-C처럼 '유형'으로 부를 때는 커넥터의 형태를 나타낸다. 또한 미니/마이크로(Mini/Micro) 등은 커넥터의 크기를 나타낸다.

[TOPIC 1]
최신 USB
최근에 나온 아이폰이나 안드로이드 스마트폰에 사용되고 있는 USB는 Type-C라고 부르는, 위아래의 구별 없이 어느 방향으로나 꽂을 수 있는 유형이다. 또한 최신 규격인 USB 3.1의 2세대(Gen2)는 이전 USB에 비해 통신속도가 2배 이상 빠르며 급속충전 기능도 지원한다.

[TOPIC 2]
USB 메모리
USB는 기기를 연결하는 용도 이외에도 USB 메모리라는 명칭으로 컴퓨터 등에서 소형 메모리로도 사용되고 있다. USB 메모리가 등장하기 이전에는 커다란 디스크 장치를 연결해야 했기 때문에, 손쉽게 가지고 다닐 수 있는 소형 USB 메모리의 등장은 획기적인 사건이었다.

관련 용어 ▶▶ 입력과 출력 → p.084

Secure Digital Memory Card

끼우고 뺄 수 있는 얇은 규격의 작은 메모리 카드

SD 카드

POINT
- ▶ 컴퓨터 등에 탈착해서 사용하는, 얇은 플라스틱 케이스에 들어 있는 메모리
- ▶ 복제품을 만들 수 없도록 하는 저작권 보호 기능이 있다
- ▶ 어댑터를 사용하면 크기가 다른 SD 슬롯에도 사용할 수 있다

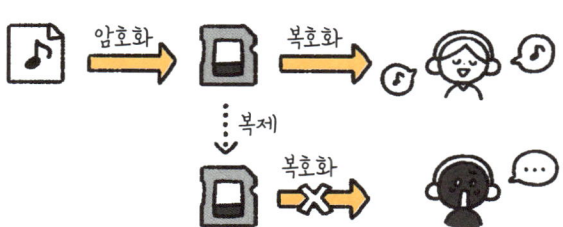

해설

컴퓨터나 스마트폰, 디지털 카메라 등 소형 기기에 탈착해서 사용하는 메모리 카드다. 전용 슬롯에 끼워서 사용한다. SD 카드의 내용물은 SSD에서도 사용하는 플래시 메모리다. 소형화·메모리의 대용량화·접근 속도의 고속화에 대응해 여러 종류의 SD 카드 규격이 만들어졌다. 참고로 SD의 S는 Secure(안전)의 머리글자로, 저작권 보호 기능(▶❷)을 가리킨다.

[TOPIC ❶]
SD 카드의 크기와 변환 어댑터
컴퓨터 등 대형 기기에는 크기가 가장 큰 SD 규격을, 스마트폰 등의 소형 기기에는 miniSD 규격이나 가장 작은 microSD 규격을 사용한다. 작은 SD 카드는 크기를 변환하는 어댑터를 사용하면 더 큰 SD 카드로 사용할 수 있기 때문에 손쉽게 데이터를 이동할 수 있다.

[TOPIC ❷]
저작권 보호 기능
정식으로 제작된 SD 카드에는 디지털적으로 저작권이 선언된 데이터를 부정하게 복제할 수 없는 CPRM이라고 부르는 디지털 저작권 관리 기능이 들어 있다. CPRM은 디지털 방송처럼 1회만 녹화가 가능한 정보의 복제 제어 기술이다.

 ▶▶ HDD와 SSD → p.099

Pixel

색을 표시하는 단위

픽셀

POINT
- ▶ 디지털 영상을 만드는 '화소'라고 부르는 하나하나의 작은 점
- ▶ 픽셀별로 밝기나 색이 다르며, 이를 조합하면 영상이 된다
- ▶ 컬러 모니터에서는 빨간색·녹색·파란색의 3색 1세트를 1픽셀이라고 부른다

해설

디지털 영상은 대량의 아주 작은 점이 모여 만들어진 것이다. 픽셀은 그 하나하나의 점으로, 화소라고도 부른다. 하나의 픽셀은 하나의 색 정보를 가지며, 그런 픽셀들이 모여서 하나의 영상을 구성한다. 물감을 묻힌 붓으로 캔버스에 점을 찍듯이 색을 칠하는 점묘화와 같은 원리다. 화상의 디지털 정보로는 1픽셀 = 1비트이지만, 모니터에서는 빨간색·녹색·파란색(3도트) 1세트가 1픽셀이다.

[TOPIC 1]

화소 수와 해상도

화소 수는 1개의 영상을 구성하는 픽셀의 수로, 숫자가 클수록 선명한 그림이 된다. 해상도는 1인치 속 도트 수인 dpi(dot per inch)나 픽셀 수인 ppi(pixel per inch)라는 단위로 표현되며, 영상의 세밀함을 나타낸다. 숫자가 클수록 매끄러운 그림이 된다.

[TOPIC 2]

HDTV(High Definition TV)

방송설비를 포함한 고선명 텔레비전 방송 규격으로, 텔레비전의 화소를 나타내는 의미로도 사용된다. 복수의 규격이 있다. 풀HD인 1,920픽셀×1,080픽셀의 경우 화소 수가 약 207만 화소인 데 비해, 가로세로의 픽셀 수가 2배인 4K TV는 화소 수가 약 4배인 800만 화소에 이른다.

관련 용어 ▶▶ RGB → p.105

Red Green Blue

모니터에 그림을 그리는 빛의 삼원색
RGB

POINT
- ▶ 빨간색·녹색·파란색의 삼원색
- ▶ 각각의 색의 밝기를 바꿔서 다양한 색을 만든다
- ▶ 컴퓨터는 RGB를 숫자로 다룬다. 검은색은 (0, 0, 0), 흰색은 (255, 255, 255)

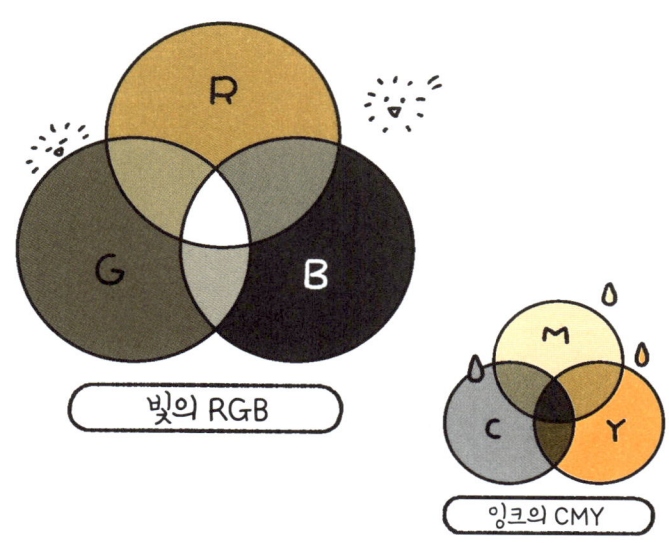

빛의 RGB

잉크의 CMY

해설 빨간색·녹색·파란색으로 구성된 빛의 삼원색이다. LCD 텔레비전이나 스마트폰의 화면 등은 밝기를 바꾼 RGB의 3가지 색을 합쳐서 색을 만든다(▶1). RGB의 색 하나하나가 1도트(dot), RGB 1세트가 1픽셀이다. 컬러텔레비전에는 액정처럼 흰색 라이트 앞에 RGB 3가지 색 필터를 두는 방법과 각각의 색으로 빛나는 LED 소자 또는 OLED 같은 방식이 있다.

[TOPIC 1]

색의 수치 표현

빨간색·녹색·파란색의 각 색을 0~255의 수치로 나타내고, 그 강약의 균형을 사용해 색을 수로 표현한다. 예를 들어 빨간색은 (255, 0, 0), 녹색은 (0, 255, 0), 파란색은 (0, 0, 255)가 된다. 또한 아무것도 발광하지 않는 검은색은 (0, 0, 0), 전부 발광하는 흰색은 (255, 255, 255)다.

[TOPIC 2]

색의 삼원색(CMY)

빛의 삼원색이 아니라 물감처럼 색의 삼원색을 섞고 빛의 반사량을 조정해 색을 만드는 방법이다. 색의 삼원색의 경우는 청록색(Cyan), 자홍색(Magenta), 노란색(Yellow)을 0~100퍼센트의 농도로 섞어 만들며, 전부 100퍼센트로 섞으면 검은색이 된다.

관련 용어 ▶▶ 픽셀 → p.104, LCD와 OLED → p.107

High-Definition Multimedia Interface

087

4K 영상을 텔레비전에 보내는 고속 케이블
HDMI

POINT
- 고화질 영상을 음성과 동시에 보낼 수 있는 케이블과 커넥터의 명칭
- 텔레비전이나 모니터와 DVD 플레이어나 컴퓨터를 연결한다
- HDMI와 마찬가지로 고화질 영상을 보낼 수 있는 디스플레이 포트라는 규격도 있다

해설
HDMI는 LCD 텔레비전이나 컴퓨터 모니터에 4K 등의 고화질 영상 신호를 보내는 인터페이스의 명칭이다. DVD 플레이어 등의 영상 가전 기기나 컴퓨터와 모니터를 접속해 고화질 영상과 음성을 동시에 보낼 수 있다. 화질이 향상됨에 따라 복수의 규격이 만들어졌다(▶1). 현재 영상용 인터페이스로 널리 사용되고 있지만, 라이선스 비용이 필요하다는 단점이 있다(▶2).

[TOPIC 1]
케이블의 상성
HDMI는 규격과 케이블에 상성이 있기 때문에 텔레비전 등의 HDMI 커넥터에 물리적으로 케이블을 꽂아도 화질이 불안정하거나 아예 화면이 나오지 않는 경우가 있다. HDMI 2.0으로 4K 텔레비전을 보려면 HDMI 2.0을 지원하는 케이블이 필요하다.

[TOPIC 2]
디스플레이 포트(DisplayPort)
최근에는 컴퓨터의 모니터용 인터페이스로 라이선스 비용이 필요 없는 디스플레이 포트도 많이 사용되고 있다. HDMI와 비슷하거나 그 이상의 고화질 영상과 음성을 전송할 수 있어서 비즈니스용 컴퓨터를 중심으로 많이 채용되고 있다.

관련 용어 ▶▶ LCD와 OLED → p.107

Liquid Crystal Display / Organic Light Emitting Diode

평평한 텔레비전을 만드는 기술
LCD와 OLED

POINT
- ▶ 텔레비전이나 모니터의 화면 표시 방식
- ▶ 액정 자체는 빛을 내지 않으며, 투과하는 빛의 양을 조정해 밝기나 색을 만든다
- ▶ OLED는 그 자체가 빛을 냄으로써 빛의 밝기나 색을 만든다

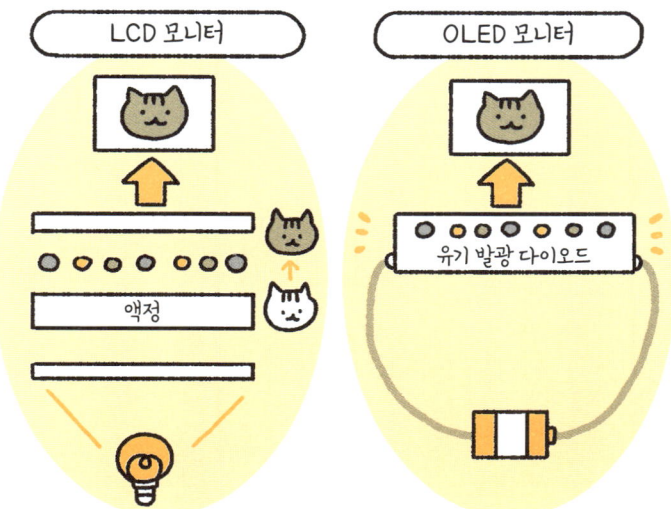

 해설

텔레비전이나 모니터 등의 화면 표시 기술이다. LCD 텔레비전의 원리는 화면의 뒷면에 있는 라이트 앞에 셔터처럼 빛을 조절하는 부품을 두고 그것을 조정해서 화상을 만드는 것으로, 이 셔터가 액정이라서 LCD(Liquid Crystal Display) 텔레비전이라는 이름을 붙였다. 한편 OLED(유기 발광 다이오드)는 전기를 가하면 그 자체가 빛을 내는 발광체로, 그 자체가 화면 표시 방식의 명칭이 되었다.

[TOPIC 1]
LCD의 성질
액정을 전극판 2장의 사이에 놓고 전압을 걸면 액정 분자의 방향이 바뀌어서 통과하는 빛의 투과량이 변한다. 액정 뒤쪽에 백라이트를 놓고, 액정을 이용해 그 밝기를 조정한 빛을 다시 컬러 필터에 통과시켜 색을 입혀서 컬러 화면을 만든다.

[TOPIC 2]
OLED의 성질
OLED는 전압이 가해지면 원래의 상태로 돌아가려 할 때 빛을 발하는 성질이 있다. 이름에 유기(Organic)가 들어간 이유는 탄소 화합물이기 때문이다. 흰색 유기 발광 다이오드의 경우 착색용 컬러 필터를 사용하지만, RGB 3색의 유기 발광 다이오드는 그 자체에 색이 들어 있다.

관련 용어 ▶▶ RGB → p.105

제 4 장

실무

실무에 도움이 되는
IT 용어

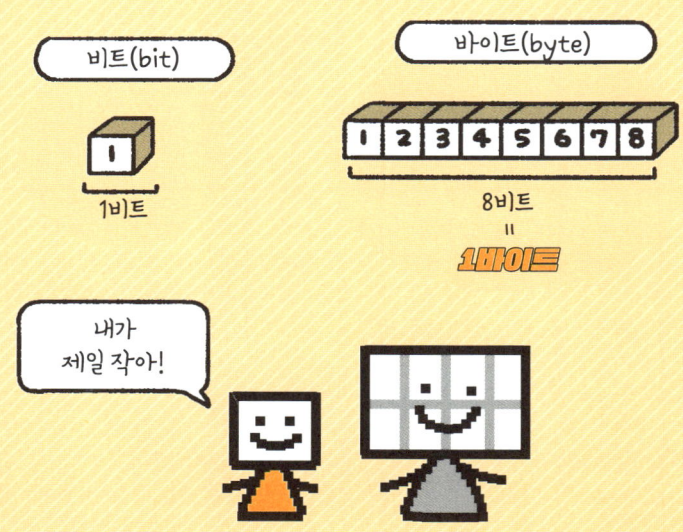

Bit / Byte

089

디지털 세계의 단위
비트와 바이트

POINT
- ▶ 비트도 바이트도 컴퓨터가 다루는 데이터의 단위를 나타낸다
- ▶ 비트는 컴퓨터가 다루는 데이터의 최소 단위
- ▶ 바이트는 비트가 8개 모인 것

해설

비트는 컴퓨터가 다루는 데이터의 최소 단위다. 1비트는 0 또는 1을 표현한다. 그리고 이 비트를 8개 모아서 하나의 단위로 만든 것이 바이트다. 데이터를 처리할 때 비트 단위로 다루면 효율이 나쁘기 때문에 바이트라는 단위가 생겼다. 1타(다스)나 1상자처럼 어느 정도 큰 수를 단위로 삼는 편이 다루기 편한 것과 마찬가지다.

[TOPIC 1]

8비트가 1바이트인 이유

먼저 영문·숫자와 플러스(+)나 마이너스(-) 등의 기호를 표현하는 데 7비트(128가지)가 필요하다. 또한 7은 홀수라서 컴퓨터가 처리하기 어렵다는 점과 오류 정정용으로 1비트를 추가할 필요가 있어 1비트를 더해 8비트를 1바이트로 삼았다고 한다.

[TOPIC 2]

윈도 비트수의 의미

윈도에는 32비트 버전과 64비트 버전이 있다. 32나 64는 CPU가 한 번에 처리할 수 있는 비트 수를 의미한다. 32비트 버전은 수치라면 2의 32제곱(약 43억)까지, 64비트 버전은 2의 64제곱(약 18,446,744조)까지의 숫자를 한 번에 다룰 수 있다.

관련 용어 ▶▶ CPU → p.080, 2진수 → p.111

Binary number

컴퓨터가 수를 세는 방법
2진수

POINT
- ▶ 컴퓨터가 사용하는 수를 세는 방법
- ▶ 0과 1만으로 수를 표현한다
- ▶ 1의 다음은 자리올림을 해서 10이 된다

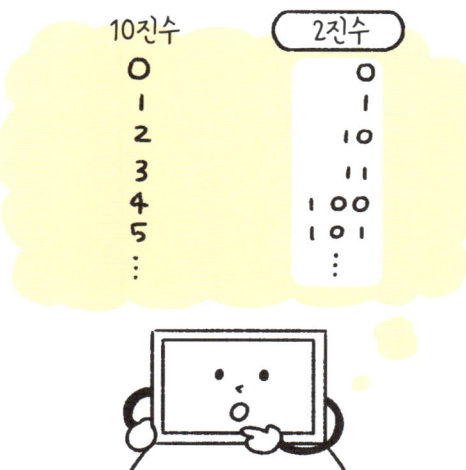

 컴퓨터가 수를 세는 방법이다. 우리는 0부터 9의 10진법으로 수를 세지만 컴퓨터는 0과 1만 있는 2진법으로 수를 센다. 컴퓨터는 전기의 '온'과 '오프'로 계산을 하는데, 이것을 수로 나타낸 것이 0과 1이다. 10진수의 자리는 1의 자리, 10의 자리, 100의 자리와 같이 10의 배수로 늘어나는 데 비해 2진수의 자리는 1의 자리, 2의 자리 4의 자리와 같이 2의 배수로 늘어난다.

[TOPIC 1]
2진수를 세는 방법
2진수로 10진수의 1부터 5까지를 표시하면 순서대로 0=0, 1=1, 2=10, 3=11, 4=100, 5=101이 된다. 3자리의 2진수에서 제일 오른쪽의 1은 1, 가운데의 1은 2, 왼쪽의 1은 4에 해당하기 때문에, 101은 10진수로는 4와 1을 더한 5가 된다.

[TOPIC 2]
디지털화
디지털 세상에서는 모든 정보를 0과 1 같은 이산값으로 표현한다. 이산값이란 온/오프나 Yes/No 등 연속적으로 변화하지 않는(흩어진) 값이다. 일반적으로 디지털화란 숫자나 사진 등의 정보를 0과 1의 2진수로 표현하는 것을 의미한다.

관련 용어 ▶▶ 10진수와 16진수 → p.112, 비트와 바이트 → p.110

091

Decimal number / Hexadecimal number

10에서 자리올림을 하는 셈법, 16에서 자리올림을 하는 셈법
10진수와 16진수

POINT
- ▶ 10진수는 인간이 일반적으로 사용하는 수를 세는 방법
- ▶ 16진수는 0~9와 A~F의 영문자로 수를 나타낸다
- ▶ 16진수에서는 F 다음에 자리올림을 해서 10이 된다

해설

10진수는 10에서 자리올림을 하는 셈법이고, 16진수는 16에서 자리올림을 하는 셈법이다. 16진수에서는 0~9와 A~F 영문자의 합계 15개를 숫자로 사용한다. A~F는 각각 10=A, 11=B, 12=C, 13=D, 14=E, 15=F를 나타낸다. 16진수를 세는 방법은 0부터 세기 시작해서 15에 해당하는 F까지 셌으면 다음에는 자리올림을 해서 10으로 넘어간다. 역시 1F의 다음은 20, FF의 다음은 100으로 넘어간다.

[TOPIC 1]

2진수, 10진수, 16진수의 비교

10진수인 1,000,000(100만)을 2진수와 16진수로 나타내면 어떤 수가 되는지 비교해 보자. 2진수로는 1111,0100,0010,0100,0000이고 16진수로는 F4240이 된다. 자릿수를 비교하면 10진수는 7자리였지만 2진수는 20자리, 16진수는 5자리다.

[TOPIC 2]

16진수는 언제 사용할까?

2진수와 16진수는 상성이 좋아서, TOPIC 1의 수를 보면 알 수 있듯이 2진수의 4자리 수와 16진수의 1자리 수가 서로 대응한다. 컴퓨터 속에서는 전부 2진수이지만, 프로그래밍을 할 때나 하드웨어를 설계할 때는 2진수보다 다루기 편한 16진수를 사용한다.

관련 용어 ▶▶ 2진수 → p.111, 비트와 바이트 → p.110

092

Set (mathematics) / Logical Operation

컴퓨터가 사용하는 '그리고'와 '또는'
집합과 논리 연산

POINT
- 집합은 같은 성질을 지닌 요소의 모임
- 집합의 겹치는 부분이나 전체를 구하는 것이 논리 연산
- 논리 연산은 검색어 입력을 해석할 때 등에 널리 사용되고 있다

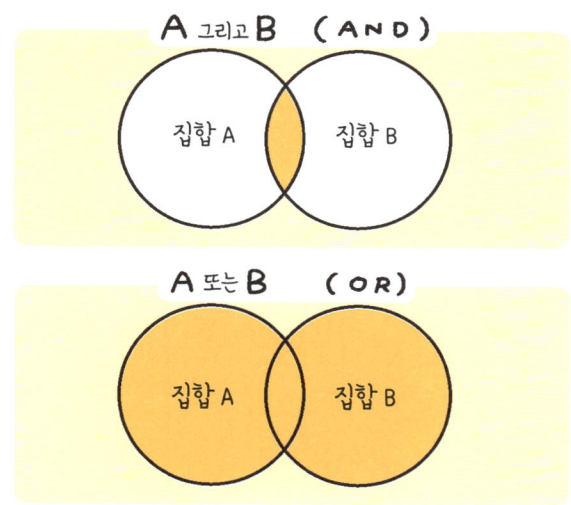

해설

집합은 같은 성질을 지닌 요소의 모임이고, 논리 연산은 AND나 OR 등의 논리 연산자(▶1)를 사용해 집합을 계산하는 것이다. 예를 들어 어떤 초등학교의 1학년 1반 학생과 남자라는 2개의 조합이 있을 때, 그 조합의 겹치는 부분 혹은 전체를 구하는 것이 '그리고'와 '또는'이다. 인터넷 검색에서 '부산행 고속철도'와 같은 검색어 입력을 해석하는 데도 논리 연산이 사용되고 있다.

[TOPIC 1]
논리 연산자의 종류

AND(논리곱), OR(논리합), NOT(부정), NAND(부정 논리곱), NOR(부정 논리합), XOR(배타적 논리합) 등이 일반적으로 사용되는 논리 연산자다. XOR은 A와 B라는 두 값의 A OR B에서 A AND B를 뺀 부분, 즉 A나 B 한쪽에만 속한 집합을 나타낸다.

[TOPIC 2]
'부산행' 그리고 '고속철도'

검색창에 '부산행 고속철도'라고 입력하면 검색엔진은 '부산행'을 검색한 뒤 다시 그 결과가 '고속철도'와 일치하는지를 조사한다. 그 결과 부산 방면 고속철도의 시각표나 고속철도를 이용한 부산 여행 상품 등이 표시된다.

관련 용어 ▶▶ 없음

093

Algorithm

문제를 풀기 위한 정해진 절차
알고리즘

POINT
- ▶ 정식화(定式化)된 문제의 풀이법 또는 절차
- ▶ 같은 알고리즘을 사용하면 누구나 같은 답을 얻게 된다
- ▶ 온갖 분야에서의 논리적인 절차는 알고리즘이라고 할 수 있다

해설 특정한 문제를 풀기 위한 정식화(定式化)된 방법 또는 절차를 의미한다. 예를 들어 카 내비게이션은 목적지까지의 경로를 가르쳐 주는데, 이는 카 내비게이션 속에 있는 경로 탐색 알고리즘이 현재 위치·목적지·도로 정보에 따라 정해진 방법으로 계산한 결과를 표시한 것이다. 사람이 보행자용 신호등을 보고 파란 불이면 건너고, 빨간 불이면 멈추며, 파란 불이 깜빡이면 서두르는 것도 알고리즘의 일종이다.

[TOPIC 1]
같은 문제를 푸는 방법은 여러 가지다
2×3을 2개 더하는 방법이 (2×3)×2와 (2×3)+(2×3)의 2가지가 있는 것과 마찬가지로, 어떤 문제를 푸는 알고리즘이 여러 개 있는 것은 지극히 평범한 일이다. 알고리즘이 복수일 경우, 처리 시간이나 메모리 소비량 등의 조건을 고려해 최적의 알고리즘을 선택한다.

[TOPIC 2]
알고리즘의 성질
한 번 만든 알고리즘은 실행할 때의 조건이 같다면 반드시 같은 결과를 이끌어낸다. 또한 알고리즘을 작성할 때 가정한 조건의 범위에서 벗어나면 제대로 처리하지 못하고 에러를 낸다.

관련 용어 ▶▶ 없음

094 라이브러리

Library

소프트웨어 부품이 모인 도서관

POINT
- ▶ 모두가 공통으로 사용할 수 있는, 부품화한 작은 프로그램
- ▶ 사설 도서관 같은 이용자 한정 라이브러리도 만들 수 있다
- ▶ 라이브러리를 사용하려면 작성 중인 프로그램에 삽입하는 작업이 필요하다

해설

라이브러리는 도서관이라는 의미로, 도서관에 책을 모아 놓는 것처럼 부품화한 프로그램을 다수 등록하고 있는 장소(파일)를 말한다. 데이터베이스 처리나 파일 제어 등 공통적인 기능이 준비되어 있어서 프로그램을 만들 때 라이브러리 속 사용하고 싶은 프로그램을 삽입해 이용한다. 라이브러리 단독으로 사용되는 일은 없다.

[TOPIC 1]
라이브러리와의 관계 설정

라이브러리를 사용한다는 전제로 프로그램을 작성할 때는 라이브러리를 이용하는 프로그램과 라이브러리 사이에 관계 설정이 필요하다. 이 관계 설정으로 '링크'나 '임포트' 등을 한다. 또한 관계 설정 전에 명시적으로 '인스톨'을 하는 경우도 있다.

[TOPIC 2]
사설 라이브러리

공공 도서관처럼 제삼자가 공통적으로 이용할 수 있는 라이브러리가 다수 준비되어 있다. 그리고 이와 동시에 사설 도서관처럼 특정 소프트웨어의 개발 프로젝트에서 빈번하게 사용하는 처리를 라이브러리화하는 경우도 많다.

관련 용어 ▶▶ API → p.124

Compiler / Interpreter

095

프로그램을 기계가 읽을 수 있는 형식으로 번역하는 도구
컴파일러와 인터프리터

POINT
- 컴퓨터는 0과 1만으로 표현되는 기계어밖에 이해하지 못한다
- 프로그램을 기계어로 변환하는 것이 컴파일러와 인터프리터다
- 컴파일러는 실행 전에 변환하고, 인터프리터는 실행하면서 변환한다

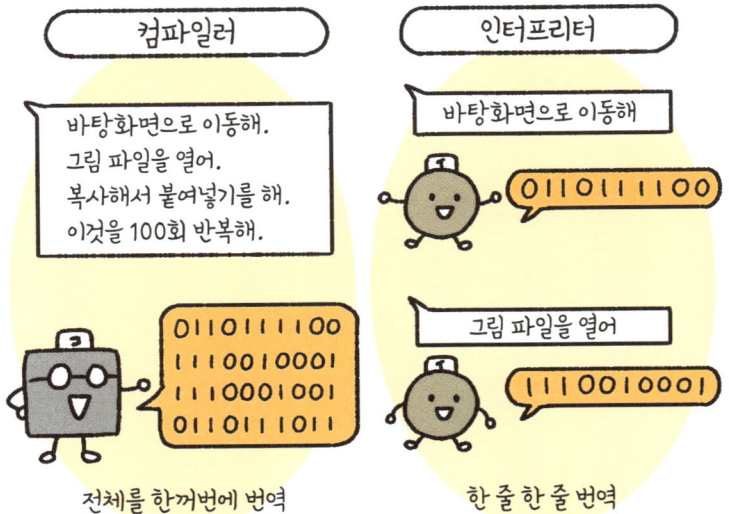

해설 둘 다 소스 코드라고 부르는 프로그램을 기계가 이해할 수 있는 형식으로 번역하기 위한 도구다. 소스 코드는 인간이 프로그래밍 언어로 기술한 프로그램을 가리키며, 이를 CPU가 처리할 수 있는 0과 1만으로 표현된 기계어 코드로 변환한다. 컴파일러와 인터프리터는 둘 다 똑같이 기계어 코드로 변환하는 역할을 하지만, 변환하는 타이밍이 다르다(▶1).

[TOPIC 1]
컴파일러와 인터프리터의 차이
컴파일러는 외국어 신문의 번역과 비슷해서, 프로그램 전체를 한꺼번에 기계어로 변환한다. 한편 인터프리터는 뉴스의 동시통역과 비슷해서, 프로그램을 실행할 때 실행하는 내용만을 기계어로 변환한다.

[TOPIC 2]
둘 다 사용하는 프로그래밍 언어도 있다
일반적인 프로그래밍 언어는 컴파일러와 인터프리터 중 어느 한쪽을 사용한다. 그런데 자바(Java)라고 부르는 프로그래밍 언어는 컴파일러와 인터프리터 양쪽을 다 사용함으로써 같은 프로그램을 다양한 환경에서 작동시킬 수 있는 특징이 있다.

관련 용어 ▶▶ 프로그래밍 언어 → p.120

096 명령 프롬프트

Command Prompt

키보드로 문자를 입력하는 검은 화면

POINT
- ▶ 알파벳과 숫자로 구성된 명령어로 컴퓨터를 조작하기 위한 화면
- ▶ 할 수 있는 일은 아이콘(그림)을 사용한 조작과 기본적으로 같다
- ▶ 명령어를 알아 놓으면 편리할 때도 있다

 명령 프롬프트는 알파벳과 숫자로 구성된 컴퓨터에 명령어를 직접 입력하는 검은 화면을 말한다. 윈도나 MacOS에서는 아이콘이라고 부르는 그림을 사용해 파일을 지정하는 등, 시각적으로 알기 쉬운 화면에서 조작한다. 한편 명령 프롬프트는 이런 그림을 사용하지 않고 알파벳과 숫자 등으로 구성된 명령어를 키보드로 입력해 똑같이 조작할 수 있다.

[TOPIC 1]
명령 프롬프트를 사용해 보자

Windows 시스템 폴더에 있는 명령 프롬프트(cmd.exe)를 열면 검은 화면이 표시된다. 여기에 키보드로 'dir [enter]'를 입력하면 디렉터리와 파일명 일람이 표시된다. 파일 탐색기에서 폴더를 열었을 때와 같은 내용을 확인할 수 있다.

[TOPIC 2]
의외로 편리

명령어를 알아 놓으면 조작 화면을 이것저것 여는 대신 명령어 몇 줄만으로 필요한 설정의 실행이나 시스템 상태 표시 등을 손쉽게 할 수 있다. 또한 OS가 정상적으로 작동하지 않을 때 명령어를 입력해서 시스템을 정상으로 되돌릴 수 있는 경우도 있다.

관련 용어 ▶▶ 없음

Firmware

097

변경하지 않는 '단단한' 소프트웨어

펌웨어

POINT
- ▶ 전자 기기에 탑재해 사용하는 전용 소프트웨어
- ▶ 전기밥솥에서 취사 메뉴를 제어하는 것도 펌웨어다
- ▶ 컴퓨터의 BIOS도 펌웨어의 일종

해설 CPU를 사용하는 전자 기기에 탑재되어 그 기기의 하드웨어를 작동시키는 소프트웨어다. 탑재 소프트웨어라고 부르기도 한다. 컴퓨터의 BIOS라든가 텔레비전이나 전기밥솥 등의 마이콤 기기에 장착된 소프트웨어도 펌웨어다. 기능이 바뀌지 않고 정해진 처리에만 사용하는 소프트웨어라서 '단단하다'라는 의미의 'Firm'을 붙여 펌웨어라고 부른다.

[TOPIC 1]
마이콤 가전 기기
마이콤이라는 이름이 붙은 가전제품이나 디지털제품은 펌웨어로 작동한다. 마이콤 밥솥에는 1세트의 취사 부품밖에 들어 있지 않지만, 펌웨어가 취사 부품의 제어 방법을 바꿈으로서 다양한 종류의 취사 메뉴를 실현한다.

[TOPIC 2]
펌웨어의 업데이트
펌웨어도 보안상의 심각한 문제나 기능적인 문제로 업데이트가 필요한 경우가 있다. 가령 컴퓨터 BIOS의 경우, 메인보드 제조사가 배포하는 관리용 소프트웨어를 사용하다 보면 업데이트를 권하는 메시지가 표시되기도 한다.

관련 용어 ▶▶ BIOS와 UEFI → p.091

098

Open Source Software

자유롭게 고쳐서 쓸 수 있는 소프트웨어
오픈소스 소프트웨어

POINT
- ▶ 누구나 무료로 사용할 수 있고 변경도 할 수 있는 소프트웨어
- ▶ 변경할 때는 변경 내용을 공개해야 하기 때문에 기업 비밀이 있다면 사용할 수 없다
- ▶ 오픈소스 소프트웨어는 작동에 대한 보증이 없으며, 이용자가 모든 책임을 진다

해설 누구나 자유롭게 사용할 수 있을 뿐만 아니라 자유롭게 수정도 할 수 있는 소프트웨어다. 오픈소스란 소프트웨어의 소스 코드가 공개(오픈)되어 있다는 의미다. 수정 또는 변경하거나 기존의 코드에 새로운 기능을 추가할 수 있으며, 오픈소스라고 명시하면 재배포도 가능하다. 소스 코드를 변경했을 경우에는 변경 내용을 공개하는 것이 규칙이다.

[TOPIC 1]
프리웨어와의 차이
프리웨어는 누구나 무료로 사용할 수 있는 소프트웨어다. 사용자는 제공된 프리웨어를 배포 사이트 등에서 다운로드해 자유롭게 사용할 수 있다. 그러나 내용의 수정이나 변경은 원칙적으로 하지 못하게 되어 있다.

[TOPIC 2]
저작권과 상업적 이용
오픈소스 소프트웨어는 작성자가 저작권을 명시적으로 표기하지 않는 한 제작자의 저작권이 법적으로 보호된다. 개개의 오픈소스 소프트웨어는 독자적인 라이선스 조항을 갖고 있기 때문에 상업적으로 이용할 때는 그 규정을 지켜야 한다.

관련 용어 ▶▶ 크리에이티브 커먼즈 → p.196

Programming Language

099
컴퓨터와 대화하기 위한 언어
프로그래밍 언어

POINT
- 사람이 프로그램을 작성하기 위한 언어
- 컴퓨터가 이해하는 것은 프로그램 언어를 변환한 기계어
- 성능이나 난이도 등의 목적에 따라 수많은 프로그래밍 언어가 있다

해설 컴퓨터를 작동시키는 프로그램을 작성하기 위한 언어다. 컴퓨터는 기계어 0과 1을 조합한 코드에 따라 움직이는데, 인간이 기계어로 프로그램을 만드는 것은 사실상 불가능하다. 그래서 기계어를 대신해 인간이 이해할 수 있는 형태의 언어로 프로그래밍 언어가 개발되었다. 특정 기능이나 업무 특화형부터 범용형에 이르기까지 200개가 넘는(▶1) 프로그래밍 언어가 있다고 한다.

[TOPIC 1]
프로그래밍 언어가 많은 이유
컴퓨터를 사용하는 목적의 차이와 사용자층의 확대로 인해 수많은 프로그래밍 언어가 만들어졌다. 이를테면 동작은 느리지만 구조가 단순한 유형, 많은 처리를 동시에 할 수 있는 유형, 처리 속도를 추구하는 유형 등이 있다.

[TOPIC 2]
인기 프로그래밍 언어 Top 3
시대 상황이나 컴퓨터의 성능 등 배경에 따라 주류로 떠오른 프로그래밍 언어와 사용되지 않아서 사라지는 프로그래밍 언어가 생긴다. 미국 전기전자기술자협회(IEEE) 회원을 대상으로 한 설문조사에 따르면, 2020년의 인기 프로그래밍 언어 Top 3는 파이썬(Python), 자바(Java), C의 순서였다.

관련 용어 ▶▶ 없음

100

Script

빠르게 작성해서 즉시 사용할 수 있는 프로그램
스크립트

POINT
- ▶ 작성한 뒤 곧바로 실행할 수 있는 프로그램
- ▶ 웹페이지 등에 설치해 사용한다
- ▶ 스크립트 파일을 준비해 놓았다가 실행할 때 읽어 들여서 사용하기도 한다

해설 작성한 다음 즉시 실행할 수 있는 프로그램의 일종이다. 화면 표시나 메시지 생성 등 한정된 처리에 사용된다. 스크립트는 인터프리터를 사용하기 때문에 컴파일러처럼 기계어로 변환한 다음 작동시키는 번거로운 과정이 필요 없다. 웹페이지 속에 설치해 사용하거나 독립된 스크립트 파일을 만든 다음 그것을 다른 프로그램 속에 삽입해 이용한다.

[TOPIC 1]
스크립트 언어
자바스크립트(JavaScript), 파이썬(Python), 펄(Perl), 루비(Ruby) 등이 널리 사용되고 있는 스크립트 언어다. 모두 프로그램을 간단히 작성할 수 있고 쉽게 실행할 수 있다는 것이 특징인 인터프리터 형식의 언어다.

[TOPIC 2]
스크립트의 어원
극의 대본을 의미하는 스크립트가 어원이다. 컴퓨터에 실행시키는 일련의 처리를 시나리오로 간주했을 때 그것을 기술한 대본이라는 의미가 담겨 있다. 또한 프로그램을 작성하는 방법이 대본처럼 술술 읽히는 이유도 있다고 한다.

관련 용어 ▶▶ 컴파일러와 인터프리터 → p.116, 매크로 → p.122, 프로그래밍 언어 → p.120

Macro

101

기록한 조작을 묶어서 자동으로 실행한다
매크로

POINT
- ▶ 애플리케이션의 일련의 조작을 기록한 프로그램의 일종
- ▶ 실제로 조작을 하면서 기록할 수 있다
- ▶ 엑셀 매크로가 유명하지만, 보안상의 위험성도 있다

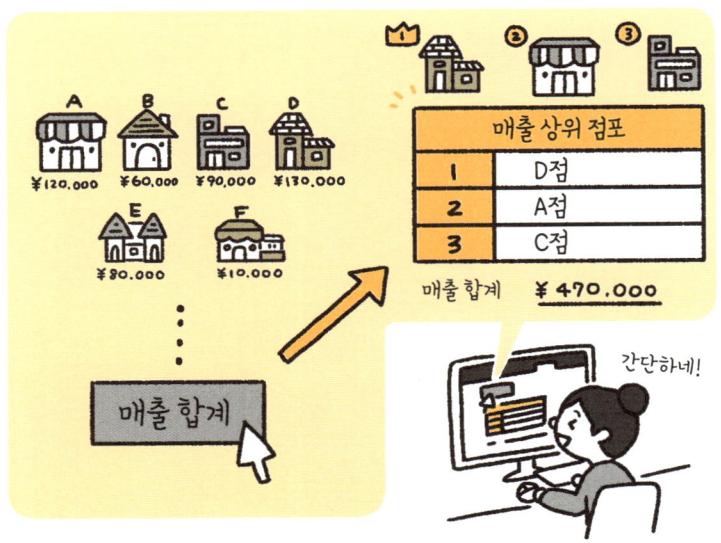

해설 매크로는 애플리케이션에서 실행하는 일련의 처리를 하나로 합쳐서 기록한 것이다. 기록한 매크로는 나중에 불러내서 이용할 수 있다. 매크로를 만드는 방법으로는 제로부터 기술하는 방법과 녹음기로 녹음을 하듯이 실제로 행한 조작을 기록해서 만드는 방법이 있다(▶1). 셀 입력이나 계산 등의 처리를 한꺼번에 등록해서 이용할 수 있는 엑셀의 매크로가 유명하다.

[TOPIC 1]

매크로 바이러스

매크로도 일종의 프로그램이다. 그래서 매크로를 악용한 바이러스도 다수 존재하며, 속아서 다운로드한 엑셀 매크로를 실행했다가 피해를 입는 사례도 자주 발생한다. 기본적으로는 매크로를 실행하지 못하게 하고, 안전이 확인된 경우에만 실행하는 것이 효과적이다.

[TOPIC 2]

오피스 매크로의 유효화/무효화

마이크로소프트 오피스에서 '파일'→'옵션'→'보안 센터'로 들어가면 화면에 보이는 '보안 센터 설정'에서 매크로를 어떻게 다룰지 설정할 수 있다. 일반적으로는 '모든 매크로 제외(알림 표시)'를 선택한다.

관련 용어 ▶▶ 바이러스 대책 → p.244

102 플러그인, 애드인, 애드온

Plug-in / Add-in / Add-on

소프트웨어의 기능을 추가로 늘린다

POINT
- ▶ 애플리케이션 소프트웨어의 기능을 확장하는 방법
- ▶ 플러그인과 애드인은 애플리케이션 본체에 새로운 기능을 추가한다
- ▶ 애드온은 애플리케이션 본체의 기능을 확장한다

플러그인(애드인)

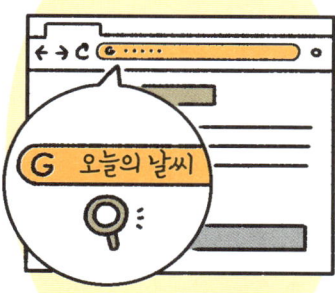
애드온

해설

버전 업데이트를 하지 않고 애플리케이션 소프트웨어의 기능을 확장하는 방법이다. 플러그인은 애플리케이션으로부터 독립된 기능을 확장하는 소프트웨어다. 애드인은 플러그인과 같은 의미의 용어로, 마이크로소프트가 사용하기 시작했다. 애드온은 애플리케이션 본체의 기능을 확장하는 소프트웨어인데, 애드인과 같다고 설명하는 곳도 많아서 의미가 혼동되고 있다.

[TOPIC 1]
각각의 예

가령 아크로뱃 리더는 웹 브라우저와는 독립적으로 PDF 표시 기능을 확장시켜 주기 때문에 플러그인이고, 구글 툴바는 웹 브라우저 자체의 기능을 확장시키기 때문에 애드온이다. 또한 마이크로소프트 오피스에는 기능을 확장해 주는 애드인이 다수 제공되고 있다.

[TOPIC 2]
패치(Patch)

소프트웨어를 변경하는 방법 중 하나로 버그 등을 해결하기 위한 패치가 있다. 패치는 OS나 애플리케이션의 소프트웨어 자체를 고쳐 씀으로써 영구적으로 변경시키기 때문에 플러그인이나 애드온처럼 필요 없어졌다고 해서 제거할 수 없다.

관련 용어 ▶▶ OS와 애플리케이션 소프트웨어 → p.092, 마이크로소프트 → p.281, 구글 → p.276

103

Application Programming Interface

프로그램이 다른 프로그램에 일을 부탁할 때의 호출 창구

API

POINT
- ▶ 프로그램이 다른 프로그램의 기능을 이용할 때 사용한다
- ▶ 애플리케이션은 OS의 API를 이용해 OS 기능을 사용하고 있다
- ▶ API를 사용할 때는 사양에서 정해진 사용법을 지켜야 한다

해설 프로그램이 다른 프로그램의 기능을 이용할 때 사용하는 인터페이스다. 가령 주민 센터에서 민원서류를 발급받으려면 신청서를 작성해서 제출하는데, 주민 센터의 민원서류 발급이 프로그램이고 발급 신청서가 API에 해당한다. API를 사용하면 기존에 존재하는 프로그램의 기능을 이용함으로써 전체적으로 효율적인 개발을 할 수 있다.

[TOPIC 1]

API 사양

API는 제공하는 기능을 이용하기 위한 절차와 형식을 사양으로 정의해 놓았다. 가령 애플리케이션을 개발할 때 OS의 API 사양에 따라 애플리케이션을 설계하면 OS에 관해 자세히 알지 못하더라도 이 API를 사용하는 것만으로 그 기능을 이용할 수 있다.

[TOPIC 2]

Web API

네트워크를 통해 애플리케이션과 애플리케이션을 연결하는 것이 Web API다. 웹 사이트의 위치 정보 페이지를 보면 구글 맵이 함께 게재되어 있는 경우가 많은데, 이는 게재하고 싶은 지도를 구글 맵 서비스의 API로부터 불러내 그 정보를 사용해 지도에 표시한 것이다.

관련 용어 ▶▶ OS와 애플리케이션 소프트웨어 → p.092, 구글 → p.276

104

Object Oriented

비슷한 것들을 하나로 묶는 발상

객체 지향

POINT
- ▶ 프로그램이나 사양을 만들 때의 발상 중 하나
- ▶ 현실 세계의 물체를 추상적인 모델로 표현한다
- ▶ 모델을 다룸으로써 범용적·효율적으로 프로그램을 만들 수 있다

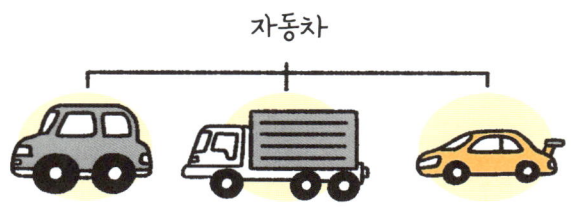

해설 프로그램이나 사양을 추상화한 물체에 대한 조작으로서 표현하는 발상이다. 추상화에서는 비슷한 성질을 지닌 복수의 물체를 하나의 추상적인 물체로 생각한다. 가령 우리는 자동차의 이름이나 제조사가 다르더라도 엔진·타이어·핸들 같은 공통적인 특징이 있다면 전부 자동차라고 부른다. 이 추상화를 통해 복수의 물체를 하나의 모델로 파악함으로써 효율적인 개발을 가능케 한다.

[TOPIC 1]
추상화의 포인트
무엇을 추상화하느냐는 추상화한 정보의 용도에 따라 결정된다. 가령 자동차 색상의 경우, 자동차의 재고 관리에는 필요하지만 가속 성능 테스트 평가에는 필요가 없다. 추상화를 할 때는 대상물에서 필요한 부분에 주목하고 그 특징을 추출한다.

[TOPIC 2]
클래스와 인스턴스
공통의 특징을 지닌 추상화한 물체를 클래스(class)라고 부르고, 클래스에 포함되는 개별적인 물체를 실체라는 의미에서 인스턴스(instance)라고 부른다. 예를 들어 '자동차'라는 클래스가 있다면 그랜저나 스포티지 같은 개별적인 자동차는 인스턴스다.

관련 용어 ▶▶ 없음

Bug / Debug

105

소프트웨어에 뚫린 구멍을 메우는 방법
버그와 디버그

POINT
- ▶ 소프트웨어 속에 존재하는 오류는 버그
- ▶ 소프트웨어에서 버그를 제거해 정상적으로 만드는 것이 디버그
- ▶ 아마존 AWS의 시스템 다운 같은 대규모 장애는 사회 문제가 된다

해설 버그는 쉽게 말하면 프로그램의 오류다. 또한 디버그는 버그를 제거하는 작업이다. 버그의 원인은 사양에 대한 고려가 부족하거나 프로그래밍 과정에서의 부주의한 실수 등 매우 다양하다. 디버그 작업에서는 프로그램 테스트나 시스템 테스트 공정을 통해 프로그램 속에 숨어 있는 버그를 발견해 수정한다. 버그로 발생한 대규모 장애는 뉴스에 나오기도 한다.

[TOPIC 1]
디버그의 어려움
버그에 따른 장애는 특정 조건에서만 발생하는 경우가 많아서 생각지도 못한 타이밍에 문제가 일어나기도 한다. 그런 탓에 디버그로 버그를 완전히 없애기는 어려운 것이 현실이다. 최근에는 AI를 사용해 디버그의 질을 높이려는 시도도 진행되고 있다.

[TOPIC 2]
버그로 장애가 발생하는 원리
특정 조건에서 일어나는 버그는 가령 상태 A·B·C가 모두 갖춰졌을 때 이벤트 D가 일어나면서 비로소 문제가 되는 성질이 있기 때문에 좀처럼 표면적인 증상으로 나타나지 않는다. 일단 생긴 버그는 계속 남기 때문에 언제 문제를 일으킬지 알 수 없는 시한폭탄과도 같다.

관련 용어 ▶▶ AWS → p.153, 테스트 자동화 → p.131

106 데이터베이스
수많은 정리된 데이터의 모임

Database

POINT
- ▶ 주소록처럼 대량의 데이터를 정리해서 보존한 것
- ▶ 대량의 데이터에서 원하는 데이터를 쉽게 찾아낼 수 있다
- ▶ 복수의 데이터베이스를 연결하면 다양한 정보를 얻어낼 수 있다

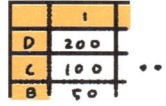

해설

주소록이나 전화번호부처럼 정리된 데이터의 모임이다. 데이터베이스를 사용하면 복수의 사용자가 데이터를 공유하거나 데이터의 변경·추가·삭제 등을 할 수 있다. 데이터베이스는 특정 조건의 데이터를 검색하는 기능을 갖추고 있기 때문에 사원 명부에서 특정 조건을 가진 사원을 검색하는 등 대량의 데이터에서 원하는 데이터를 쉽게 찾아낼 수 있다.

[TOPIC 1]
복수의 데이터베이스를 연결해서 사용한다
현재 주류인 관계형 데이터베이스는 키가 되는 정보를 사용해 복수의 데이터베이스를 연결할 수 있다. 예를 들어 사원번호와 소속, 사원번호와 가장 가까운 역의 데이터베이스가 있다면 이것들을 연결함으로써 소속과 가장 가까운 역의 목록을 간단히 만들 수 있다.

[TOPIC 2]
SQL(구조화 쿼리 언어)
데이터베이스를 조작하기 위한 전용 언어의 명칭이다. 데이터베이스는 데이터베이스 관리 소프트웨어(DBMS)가 관리하는데, SQL로 기술한 명령을 DBMS에 보냄으로써 데이터베이스의 정보를 이용한다.

관련 용어 ▶▶ 없음

107 트랜잭션 데이터

Transaction Data

일련의 사건 흐름이 보이는 데이터

POINT
- 일련의 처리를 '누가', '언제', '어디에서' 실행했는지 알 수 있는 데이터
- 전표처럼 업무 처리와 함께 늘어난다
- 쌍을 이루는 것으로 마스터 데이터가 있다

해설
트랜잭션은 시작부터 마지막까지 벌어지는 일련의 처리를 의미한다. 장보기를 예로 들면, 진열대에서 물건을 꺼내 계산대로 가져가면, 점원이 금액을 계산하고, 대금을 지급하며, 물건을 받기까지가 하나의 트랜잭션이다. 트랜잭션 데이터에는 누가·언제·어디에서·어떤 순서로 실행했는지 등의 처리에 관한 일련의 정보가 담겨 있다.

[TOPIC 1]
마스터 데이터
트랜잭션 데이터와 쌍을 이루는 것으로 마스터 데이터가 있다. 마스터 데이터는 말하자면 장부의 역할이다. 사원번호·거래처·상품 가격·점포 소재지 등 시스템에서 중복되지 않는 유일한 데이터를 관리하며, 항상 최신 정보로 갱신된다.

[TOPIC 2]
ATM의 예
ATM에서 예금을 인출할 때 예를 들어 처음에 10만 원이라는 금액을 입력하면, 은행 시스템은 이 10만 원을 트랜잭션 데이터로 삼아 시스템 내의 예금 지급 처리를 실행한다. 예금액의 마스터 데이터에는 10만 원을 뺀 금액이 새로 기록된다.

관련 용어 ▶▶ 데이터베이스 → p.127

108

Offshore

바다 건너에 업무를 이관한다
오프쇼어

POINT
- ▶ 해외(외국)에 업무를 위탁하는 것
- ▶ 임금이 낮은 외국에 제조를 위탁한 것이 시작
- ▶ 현재 다국적 기업은 다양한 부문을 오프쇼어의 대상으로 삼고 있다

해설 해안(shore)에서 떨어진(off) 장소, 즉 외국의 자회사나 다른 기업에 업무 프로세스의 일부 또는 전부를 위탁하거나 이관하는 것을 말한다. 제조처럼 작업을 지시하기 용이한 업무를 인건비가 저렴한 개발도상국에 위탁한 것이 그 시작이다. 현재 다국적 기업은 세계적인 규모로 업무를 적정화하기 위해 콜센터부터 법무나 경리에 이르기까지 온갖 부문을 오프쇼어링 대상으로 삼고 있다.

[TOPIC 1]
서비스의 오프쇼어링
의류나 자동차 등 제조 부문의 거점을 외국으로 이전하는 데 그치지 않고, 고객 서비스 부문에서도 오프쇼어링이 진행되고 있다. 미국 기업이 자사의 콜센터를 영어권이면서 인재를 모으기 용이한 인도나 필리핀 같은 개발도상국으로 이전한 것은 유명한 사례다.

[TOPIC 2]
오프쇼어의 주의점
해외로 오프쇼어링을 할 때는 기업 비밀이나 노하우 같은 정보가 유출되거나 사업이 해당 국가의 정치 상황에 좌우될 위험이 크다. 또한 과도한 오프쇼어링은 국내 고용을 감소시키거나 기술력 저하로 이어질 수 있다는 우려도 지적되고 있다.

관련 용어 ▶▶ 아웃소싱 → p.130

109 아웃소싱

Outsourcing

자신보다 더 잘하는 사람에게 일을 부탁한다

POINT
- 국내·국외에 상관없이 다른 회사에 업무를 위탁하는 것
- 업무를 위탁받은 기업은 업무를 위탁한 기업과 최소 동등한 수준의 능력이 요구된다.
- 비즈니스 프로세스 아웃소싱(BPO)은 복수 업무의 일괄 위탁

해설

기업이 업무의 일부를 국내·국외에 상관없이 다른 기업에 위탁하는 것을 말한다. 업무와 관련된 자재·설비·인원 관리 등을 함께 맡기는 경우도 있다. 데이터 입력 등 정형적인 업무나 물류 등 일이 많을 때와 적을 때의 차이가 큰 업무, 시스템 개발 등 전문성이 높은 업무가 아웃소싱에 적합하다. 위탁을 받는 기업(위탁처)은 그 업무에 관해 위탁한 기업(위탁원)과 동등하거나 더 높은 능력이 요구된다.

[TOPIC 1]
외주와 아웃소싱
일반적으로 외주를 주는 목적은 사전에 정해진 납품물이나 정형화된 업무를 자신보다 싸고 빠르게 처리할 수 있기 때문이다. 한편 아웃소싱의 경우는 자사 업무의 일부를 위탁한다고 생각하는 것으로, 위탁처가 자발적으로 업무를 개선하는 등 비즈니스 파트너의 역할을 해 줄 것을 기대한다.

[TOPIC 2]
BPO(비즈니스 프로세스 아웃소싱)
BPO도 아웃소싱의 일종이지만, 단순한 업무 위탁이 아니라 복수의 업무로 구성되는 일련의 프로세스를 아웃소싱 대상으로 삼는다는 점이 다르다. 극단적으로는 기획이나 개발 같은 자사의 핵심 사업을 제외한 모든 업무를 위탁하는 BPO도 가능하다.

관련 용어 ▶▶ 오프쇼어 → p.129

110 테스트 자동화

소프트웨어가 소프트웨어를 테스트한다

Test Automation

POINT
- 툴을 이용해 소프트웨어 테스트를 자동화하는 것
- 자동화를 통해 방대한 데이터도 단시간에 테스트할 수 있다
- 소프트웨어 개발을 시작할 때부터 테스트 자동화를 함께 생각한다

해설

소프트웨어를 개발할 때의 테스트 공정을 툴을 이용해 자동화하는 것을 말한다. 일반적으로 대규모 시스템을 개발할 때는 인원이나 기간의 측면에서 테스트 부담도 커지는데, 테스트 자동화를 통해 시스템 전체의 동작 확인 등을 기계화함으로써 부담을 줄일 수 있다. 자동화 이전에 비해 대량의 항목을 단시간에 테스트할 수 있어 품질의 향상과 개발 기간 단축 등을 기대할 수 있다.

[TOPIC 1]
테스트 자동화의 주의점

자동화 툴을 만드는 것 자체도 시간과 노력이 필요한 일이다. 그렇기 때문에 소프트웨어 개발 초기부터 테스트를 자동화하기 쉬운 프로그램을 만들 필요가 있다. 또한 자동화하는 목적과 대상의 범위를 명확히 하는 것도 중요하다.

[TOPIC 2]
회귀 테스트(Regression Test)

업데이트 등의 수정이나 기능 추가에 따른 변경 이후에 전체 업무가 정상적으로 작동하는지 재확인하는 테스트다. 과거에 실시했던 것과 같은 테스트를 하는 경우가 많아서 테스트 자동화와 궁합이 잘 맞기 때문에 테스트 부담을 줄일 수 있다.

관련 용어 ▶▶ 버그와 디버그 → p.126

제4장 실무

Git / GitHub

111

프로그램의 수정을 기록하는 방법

깃과 깃허브

POINT
- ▶ 프로그램을 개발할 때 사용하는 버전 관리 오픈소스 소프트웨어
- ▶ 복수의 개발자가 같은 파일을 사용하면서 개발 작업을 병행할 수 있다
- ▶ 깃허브는 깃을 이용한 소스 코드 관리를 제공하는 웹 서비스

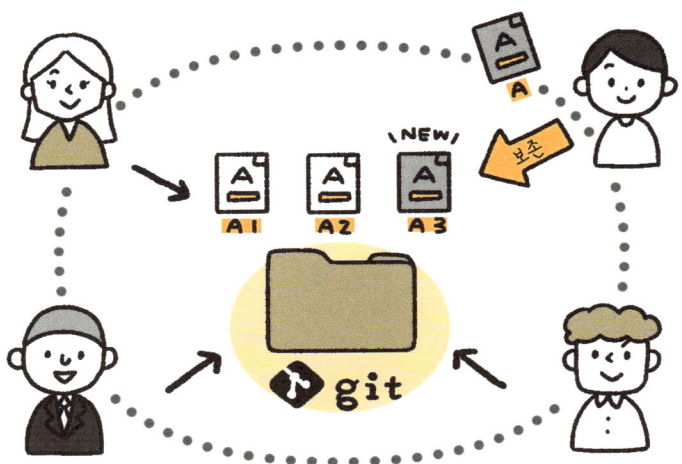

해설

깃(Git)은 프로그램을 개발할 때 버전 관리를 해 주는 소프트웨어이며, 깃허브(GitHub)는 깃의 환경을 제공하는 웹 서비스의 이름이다. 복수의 개발자가 편하게 개발 업무를 분담할 수 있도록 하는 목적에서 만들어졌다. 각 담당자가 자신이 작성한 프로그램을 깃의 공유 폴더에 업로드하면 자동으로 새 버전으로서 관리되며, 만약 문제가 생기면 이전 버전으로 간단히 되돌릴 수 있다.

[TOPIC 1]

분산 버전 관리

깃을 사용하면 공유폴더에 있는 하나의 파일을 복수의 개발자가 각자 복사본을 사용해 작업할 수 있다. 작업이 끝나면 파일을 공유폴더에 다시 업로드하며, 각각의 변경점을 반영한 하나의 파일을 만들(병합) 수 있다.

[TOPIC 2]

깃허브과 깃랩

깃허브사가 운영하는 깃허브는 깃을 사용해 소스 코드 관리를 제공하는 웹 서비스다. 2018년에 깃허브사가 마이크로소프트에 인수되자 많은 개발자가 본래 개방적이었던 인수 이전 깃허브의 방침을 반영한 깃랩(GitLab)으로 이동했다고 한다.

관련 용어 ▶▶ 오픈소스 소프트웨어 → p.119, 마이크로소프트 → p.281

112

Repository

소프트웨어의 정보를 관리하는 데이터베이스
리포지터리

POINT
- ▶ 소프트웨어의 정보를 보관하는 데이터베이스
- ▶ 애플리케이션의 설치 정보를 관리하는 데 사용된다
- ▶ 개발 중인 소프트웨어의 버전 관리 등도 리포지터리의 역할

해설 소프트웨어의 정보를 보관하는 데이터베이스를 말한다. 컴퓨터에 설치한 소프트웨어 정보(▶①)나 소프트웨어의 개발에 필요한 정보(▶②) 등을 보관한다. '데이터를 한곳에서 관리하는 보관함이나 장소' 같은 의미로 사용된다. 참고로 윈도가 관리하는 레지스트리는 리포지터리의 일종이다.

[TOPIC ①]
설치 정보
애플리케이션의 설치는 수많은 파일을 정해진 장소에 보관하면서 설정해 나가는 복잡한 작업이다. 리포지터리는 설치한 모든 파일의 보관 장소를 기록해 놓는다. 애플리케이션을 제거할 때는 리포지터리를 참조해 대상 파일을 찾아낸다.

[TOPIC ②]
소프트웨어 개발에서의 리포지터리
소프트웨어를 개발할 때는 많은 개발자가 대량의 프로그램과 그 프로그램들의 조합을 만든다. 이런 개발 작업 중의 설계 정보나 버전 정보 등을 공유하는 데이터베이스를 리포지터리라고 부른다. 현재는 이런 의미로 더 많이 사용되는 듯하다.

관련 용어 ▶▶ 레지스트리 → p.095

Refactoring (Code Refactoring)

113

잘 작동하고 있는 프로그램을 다시 만든다
리팩토링

POINT
- ▶ 프로그램의 좋지 않은 만듦새를 개선하는, 기능을 바꾸지 않는 수정 작업
- ▶ 알기 쉬운 코드로 다시 짜거나 주석을 이해하기 쉽게 고쳐 쓰기 등을 실행한다
- ▶ 기능은 바꾸지 않지만 프로그램을 전부 다시 작성하는 것은 리라이트

해설 원래의 프로그램을 더 좋게 만들기 위해, 소프트웨어의 외견상 동작이나 처리는 바꾸지 않은 채 내부의 구조를 수정한다. 읽기 힘든 주석이나 비효율적인 처리 등을 다시 작성해 잠재적인 버그를 줄임으로써 유지 관리를 쉽게 한다. 리팩토링을 해도 소프트웨어의 외견적인 기능은 바뀌지 않는다. 복잡하게 엉켜 있던 배선을 정리해서 잘못된 플러그를 뽑는 사태를 방지하는 것과 비슷하다.

[TOPIC 1]
리팩토링의 기법
버그의 수정이나 기능의 변경이 아니라 어디까지나 만듦새가 좋지 않은 프로그램의 내부를 개선하는 것이다. 같은 처리를 더욱 단순한 코드로 다시 짜거나, 처리 구조를 정리하거나, 제삼자가 봐도 이해할 수 있는 주석(메모의 일종)을 추가하거나 기존의 주석을 이해하기 쉽게 고쳐 쓴다.

[TOPIC 2]
리라이트(Rewrite)
리라이트는 사용자의 눈에 보이는 기능은 유지하지만 프로그램의 내용을 전면적으로 다시 작성하는 것을 말한다. 본래의 프로그램 구조를 고려하지 않고 처음부터 다시 설계하며, 현재 상태로는 기능 확장이 불가능한 경우처럼 기존 프로그램에 치명적인 문제가 있을 때 실시한다.

관련 용어 ▶▶ 버그와 디버그 → p.126

114

Agile Software Development

빠르게 만들어서 여러 번 배포한다
애자일 (애자일 개발)

POINT
- ▶ 짧은 개발 사이클을 여러 번 반복하는 소프트웨어 개발 수법
- ▶ 대략적인 사양으로 개발을 시작한다
- ▶ '이터레이션'이라고 부르는 사이클을 반복한다

해설 애자일(Agile)은 민첩하게 움직인다는 뜻으로, 사이클이 매우 짧은 소프트웨어 개발 수법을 가리킨다. 대략적인 계획과 사양으로 개발을 시작하고 단기간에 개발과 배포를 반복하면서 단계적으로 소프트웨어를 완성시켜 나간다. 또한 이와 동시에 다양한 사양 변경이나 기능 추가에도 대응한다. 참고로, 이 반복되는 사이클을 이터레이션(Iteration)이라고 부른다.

[TOPIC 1]
애자일의 적합성
기술 혁신이 빠르고 사용자의 요구도 미지수인 프로젝트를 유연하게 진행할 때 적합하다. 반대로 데이터 관리나 시스템 관리 등 무엇을 만들지가 명확하고 엄밀한 사양이 존재하는 소프트웨어 개발에는 적합하지 않다는 것이 일반적인 인식이다.

[TOPIC 2]
확대되고 있는 의미
애자일이라는 말은 최근 들어 개발 수법으로서의 의미 이외에도 필요할 때 필요한 인재를 모아서 조직화한다는 의미의 애자일형 조직, 현실 상황에 맞춰 임기응변으로 경영 판단을 내린다는 의미의 애자일 경영 등 광범위한 영역에서 사용되고 있다.

관련 용어 ▶▶ 스크럼 → p.136

Scrum

115 스크럼

소프트웨어를 개발하는 원팀

POINT
- 애자일의 수법 중 하나로, 자기조직화한 팀워크가 중요
- '스프린트'라고 부르는 개발과 수정의 반복 프로세스를 사용한다
- 일본인이 제창했으며 미국인이 소프트웨어 개발에 도입했다

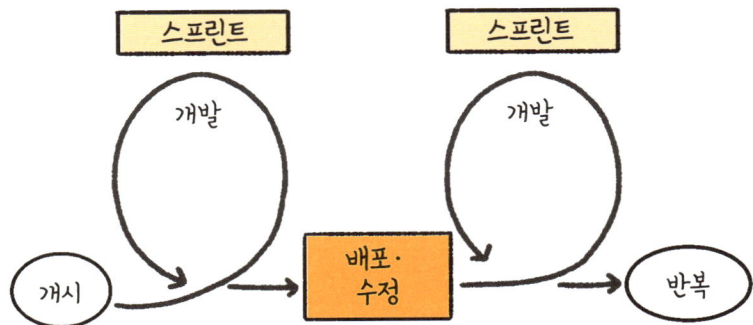

해설 애자일의 일종인 소프트웨어 개발 수법으로, 팀에서 실행한다. 스프린트(Sprint)라고 부르는 2~3주의 목표마다 소프트웨어의 배포와 수정을 반복한다. 스프린트가 종료되면 고객과 함께 리뷰를 하고, 그 피드백을 다음 배포에 반영한다. 팀 멤버 전원이 대등한 위치지만, 전체를 조정하는 역할로 스크럼 마스터를 임명한다.

[TOPIC 1]
스크럼의 특징
스크럼에서는 특히 멤버 자신의 자기조직화(Self-organizing)에 가치를 둔다. 팀 전원이 대등한 위치에서 프로젝트의 오너십(당사자 의식)을 공유하고, 수직적인 관계에서 일하지 않으며, 과제가 있을 때는 전원이 해결에 힘쓰는 것을 원칙으로 삼는다.

[TOPIC 2]
이름의 유래
럭비에서 경기가 잠시 중단되었다가 재개할 때 팀 멤버들이 어깨동무를 하고 상대팀을 밀어내는 스크럼에서 유래했다. 다케우치 히로타카와 노나카 이쿠지로가 1986년에 하버드 비즈니스 리뷰에 기고한 논문에서 촉발되어 소프트웨어 개발로 확산되었다.

관련 용어 ▶▶ 애자일(애자일 개발) → p.135

116

Development and Operations

만드는 사람과 사용하는 사람이 함께 만들어 나가는 방식

데브옵스(DevOps)

POINT
- ▶ 기존의 수직적인 조직에 존재하는 개발 부문과 운용 부문의 간극을 메운다
- ▶ 목적은 더 나은 시스템을 더욱 빨리 제공하는 것
- ▶ 만드는 사람과 사용하는 사람이 함께 만들면 되잖아? 라는 발상이 근본

해설

시스템 개발 부문(Development)과 사용자인 시스템 운용 부문(Operation)이 협력해서 시스템을 개발하는 것을 말한다. 개발 부문은 순차적으로 기능을 추가해 배포하고, 운용 부문은 실제로 사용해 본 다음 즉시 피드백을 함으로써 시스템을 개선해 나간다. 기능 추가를 진행하고 싶어 하는 개발 부문과 안정적인 가동을 위해 가능하면 변경을 피하고 싶은 운용 부문의 의식 간극을 메우기 위한 개발 방법이다.

[TOPIC 1]
데브옵스의 개념

그 근간에는 '만드는 사람과 사용하는 사람이라는 수직적 관계가 문제라면 둘이 함께 만들면 되잖아?'라는 발상이 자리하고 있다. 그래서 업무 흐름에 대한 의식 변혁으로 불린다. 사용해 보고 즉시 수정한다는 발상에는 지속적인 개발과 배포라는 애자일의 사상이 담겨 있다.

[TOPIC 2]
흐름의 재검토와 자동화

데브옵스는 배포 계획에 따라 프로그램의 제조·평가·배포·동작의 확인이라는 일련의 공정을 반복한다. 개발 부문과 운용 부문은 파트너로서 각 공정에 필요한 툴의 자동화 등에 관여할 것이 요구된다.

관련 용어 ▶▶ 애자일(애자일 개발) → p.135

117 로그

Log

컴퓨터 내부에서 일어난 일을 기록한다

POINT
- ▶ 컴퓨터 시스템 내부에서 일어난 사건의 기록
- ▶ 시스템 내부의 시동·정지·에러 등의 정보를 수집한다
- ▶ 보존해 놓은 로그 데이터는 보안 대책에도 활용할 수 있다

해설 컴퓨터가 작동하는 도중에 발생한 시스템 내부의 사건을 기록한 것이다. 로그의 대상은 OS나 애플리케이션의 실행·정지 등의 이벤트, 시스템 내부의 통신 내용과 에러 정보 등의 폭넓은 정보다. 문제가 발생했을 때의 해석 등에 이용할 수 있도록 정보를 시간 순으로 기록한다. 참고로 로그를 기록하는 것은 로깅, 기록한 파일은 로그 파일이라고 부른다.

[TOPIC 1]
로그의 종류와 관리
시스템 운용에 이용하는 대표적인 로그는 인증 로그, 에러 로그, 접근 로그, 각종 이벤트 로그 등이다. 로그 관리 기능은 로그 데이터의 수집 간격이나 보존 기간의 설정, 로깅하는 항목의 감시, 로그 내용의 정리 같은 일련의 관리를 실시한다.

[TOPIC 2]
보안 대책으로서의 로그
사이버 공격을 받았을 경우, 부정 접속의 흔적이 통신 로그나 OS 또는 애플리케이션의 이벤트 로그 등에 남는다. 공격의 흔적이 남은 로그를 분석하면 공격 방식을 밝혀내고 다음 공격에 대한 방어 방법을 구상하는 데 도움이 된다.

관련 용어 ▶▶ 보안 → p.252, 부정 접속 → p.255

118

Fault Tolerance

고장이 일어났을 때 견뎌낼 수 있는 시스템의 힘

장애 허용 (결함 감내)

POINT
- ▶ 장애가 일어나도 시스템이 운용을 계속하는 능력
- ▶ 일어날 수 있는 장애에는 재해나 고장 등이 있다
- ▶ 예비 전원이나 백업 등으로 장애에 대비한다

해설

장애가 발생했을 때도 그 장애를 견디고 운용을 계속하게 하는 시스템의 능력을 말하며, 그런 시스템을 장애 허용 시스템(결함 감내 시스템)이라고 부른다. 일어날 수 있는 장애로 각종 재해나 시스템의 고장 등을 가정한다. 예비 전력이나 백업 시스템 등을 사전에 준비해 놓고 장애가 발생했을 때 전환하는 등의 방법으로 필요한 기능을 유지시킨다.

제 4 장 실무

[TOPIC 1]

페일 세이프(Fail Safe)

장애가 발생했을 때 시스템이 안전한 쪽으로 쓰러지게 하는 시스템 설계 개념이다. 예를 들어 신호등이 고장 났을 때는 충돌 사고를 방지하기 위해 전부 빨간 불이 들어오게 한다거나, 전기난로가 쓰러졌을 때는 화재를 방지하기 위해 전원을 끊는 것 같은 발상이다.

[TOPIC 2]

페일 소프트(Fail Soft)

장애가 발생했을 때, 이를테면 장애가 발생한 부분을 떼어내고 부분적으로라도 시스템을 가동시킴으로써 사용자에게 끼치는 영향을 최소화하는 대응 방법이다. 배전반에 복수의 차단기가 있는 것도 한 곳의 쇼트로 전기가 전부 차단되는 사태를 막기 위한 일종의 페일 소프트다.

관련 용어 ▶▶ 가용성 → p.140

119 가용성

Availability

정상적으로 사용할 수 있는 시간이 길수록 좋아지는 지표

POINT
- ▶ 가용성이 높은 시스템일수록 정상적으로 사용할 수 있는 기간이 길다
- ▶ 백업 등을 준비해 놓으면 가용성이 높아진다
- ▶ 데이터에 접근하기 쉬움을 의미하는 보안 용어이기도 하다

가동률 95%!

해설 일정 시간 속에서 정상적으로 사용할 수 있는 정도를 의미한다. "가용성이 높다/낮다"라고 표현하며, 가용성이 높을수록 좋은 것으로 인식된다. 장애가 잘 발생하지 않는 시스템이나 장애가 발생해도 백업을 이용해 정상적으로 운용할 수 있는 등 복구가 빠른 시스템은 가용성이 높아진다. 또한 가용성은 정보(데이터)를 사용할 수 있는 정도를 의미하는 보안 용어(▶❷)이기도 하다.

[TOPIC ❶]
가용성을 수치로 나타낸 가동률
가용성은 가동률이라는 수치로 나타낼 수 있다. 가동률은 '정상적으로 작동하고 있는 시간'과 '고장으로 작동하지 않는 시간'을 바탕으로 구할 수 있다. 100시간 중 98시간 동안 정상적으로 가동되다 그 후 고장으로 2시간 동안 정지했을 경우의 가동률은 98퍼센트다.

[TOPIC ❷]
보안 용어로서의 가용성
필요한 사람이 필요한 데이터에 접근할 수 있는 정도를 의미한다. 보안이 지나치게 엄중한 나머지 필요한 데이터에 좀처럼 접근할 수 없다면 가용성은 낮아지며, 장애가 발생했을 때 백업 데이터에 접근할 수 있다면 가용성은 높아진다.

관련 용어 ▶▶ 장애 허용(결함 감내) → p.139

120

Proof of Concept

새로운 아이디어를 증명한다
PoC(개념 증명)

POINT
- ▶ Proof of Concept(개념 증명)의 약어
- ▶ 새로운 아이디어가 실현 가능한지 현실에서 작게 검증하는 것
- ▶ 거액의 개발 비용 투자를 결정하기 전에 실시되며, AI나 IoT의 사례가 많다

해설 새로운 아이디어나 개념이 실현 가능함을 보여주는 데 필요한 부분만을 구현한, 시작(試作) 전(前)단계의 검증과 그 시연을 의미한다. PoC의 목적은 새로운 아이디어의 실현 가능성에 대한 증명과 전문가의 확인이다. 따라서 제품 전체를 만드는 것이 아니라 부품이 그대로 드러나 있거나 키보드를 이용해 조작하는 형식 등 보여주고자 하는 새로운 아이디어나 기술에만 초점을 맞춘 물건을 만든다.

[TOPIC 1]
프로토타입과의 차이
PoC는 프로토타입(시작품)의 전 단계다. PoC도 프로토타입도 실제로 제품화할지 어떨지 판단하는 데 사용되지만, PoC는 아이디어 실현 가능성의 증명, 프로토타입은 최종 제품화를 하기 전에 완성도를 확인하기 위한 시작(試作)이라는 것이 큰 차이점이다.

[TOPIC 2]
PoV(Proof of Value)
PoC와 비슷한 명칭으로 PoV(가치 증명)라는 개념이 있다. 기존의 제품이나 서비스와 비교했을 때 새로운 제품이나 서비스가 더 유용한지, 비용에 걸맞은 가치가 있는지 검증하는 것을 말한다. PoV는 유용성의 증명이라고 할 수 있다.

관련 용어 ▶▶ 없음

121 웨어러블 디바이스

몸에 착용하는 IT 디바이스

Wearable

POINT
- ▶ 몸에 착용할 수 있는 IT 기기
- ▶ 보행 속도나 거리를 측정하는 등의 건강 지원과 이메일·SNS 확인 등의 생활 지원
- ▶ 스마트폰 앱 등과 연동해 정보를 관리할 수 있다

해설

몸에 착용할 수 있는 IT 기기를 의미한다. 일반적인 만보기는 IT 기기가 아니지만, 측정한 걸음 수를 스마트폰 앱에 송신해 관리하는 기능이 있으면 웨어러블 디바이스라고 부른다. 웨어러블 디바이스에는 사람의 움직임이나 맥박 등 생체 정보를 수집하는 활동량 측정기 유형, 전화나 SNS의 알림 등 스마트폰의 기능 중 일부분을 이용할 수 있는 스마트워치(▶1) 유형이 있다.

[TOPIC 1]
스마트워치
손목시계와 똑같이 생겼으며, 손목에 착용한다. 심박수·걷는 속도·걸은 거리 등을 측정하는 건강관리 기능과 함께 일상생활 용도로서 이메일이나 SNS 수신, 전자결제 등 다양한 기능을 지원한다.

[TOPIC 2]
외견의 정상성
웨어러블 디바이스는 몸에 착용할 수 있으면 그것으로 끝이 아니다. 겉모습이 이상하지 않은 것도 중요하다. 거리에서 스마트워치를 착용한 사람을 봤을 때는 위화감이 느껴지지 않지만, 머리에 뒤집어쓰는 VR 고글을 착용하고 외출하는 것은 상당한 용기가 필요한 일이기 때문이다.

관련 용어 ▶▶ VR(가상현실) → p.048, SNS → p.163

122

Three-Dimensional Printer

입체 모델을 조형하는 디지털 프린터

3D 프린터

POINT
- ▶ 수지 등을 사용해 입체적인 물건을 만드는 프린터
- ▶ 현재 보급되어 있는 것은 녹인 재료를 층층이 쌓아서 만드는 방식
- ▶ 시작품의 제작이나 소량만 필요한 제품을 제조하는 데 사용되고 있다

해설

입체적인 물건을 조형하는 기계다. 프린터라고 하지만 인쇄를 하는 것이 아니라 수지 같은 재료를 굳혀서 만든다(▶1). 개인이 손쉽게 출력할 수 있는 프린터와 비교해 3D(3차원) 프린터라고 부른다. 3차원 CAD(3D CAD) 도면이나 3차원 컴퓨터그래픽(3D CG)의 데이터를 이용해 3D 프린터용 데이터를 작성한 다음 3D 프린터로 입체적인 물건을 만든다.

[TOPIC 1]
3D 프린터의 출력 방법

대략적으로 설명하면, 인쇄 데이터가 지시하는 양의 재료를 출력하면서 즉시 굳히는 방식으로 입체적인 물건을 만들어 나간다. 재료와 굳히는 방법의 조합에 따라 다양한 방식이 있지만, 현재 보급된 것은 녹인 재료를 층층이 쌓아 올리는 열 용해 적층 방식(재료 압출법)이 대부분이다.

[TOPIC 2]
3D 프린터의 용도

입체적인 물건을 만드는 기존 방법보다 간편해서 공업 제품의 시제품 제작이나 소량 생산 부품의 제조 등에 활용되고 있다. 또한 개인 취미용으로도 서서히 보급되고 있으며, 이에 맞춰 3D 프린터 출력 서비스를 제공하는 점포도 늘고 있다.

관련 용어 ▶▶ 없음

123

Radio Frequency Identifier

무선으로 ID를 보내는 작은 태그

RFID

POINT
- 무선을 사용한 ID 정보 식별용 태그나 카드
- 상품관리나 재고관리, IC 교통카드 등에 사용되고 있다.
- 무(無)전원으로 작동하는 패시브 방식이라면 태그를 붙여 놓는 것으로 OK

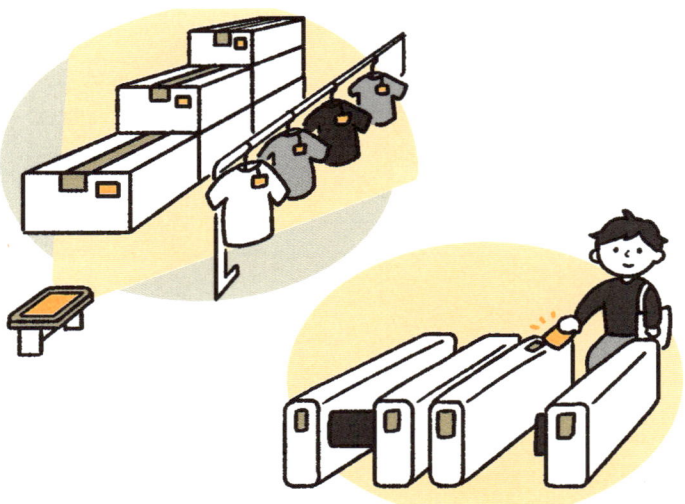

해설 무선(RF)을 사용해 식별 정보(ID) 등을 발신하는 태그나 카드와 그 정보를 관리하는 시스템을 의미한다. 태그나 카드는 RFID 태그·RF 태그·IC 카드 등으로 불린다. 상품관리나 재고관리 등에 사용되며, IC 교통카드도 그 일종이다. 무선 거리는 수 센티미터 정도부터 수 미터인 것까지 다양하다. 전원의 유무나 크기·사용 목적 등에 따라 방식을 선택한다.

[TOPIC 1]
패시브 방식과 액티브 방식
태그나 카드에 전지 등의 전원이 없는 것이 패시브 방식, 전원이 있는 것이 액티브 방식이다. 패시브 방식의 경우는 태그나 카드가 판독 장치의 전파를 전원으로 이용한다. 한편 액티브 방식은 일반적인 무선 단말기와 같은 구조다.

[TOPIC 2]
RFID의 강점
정보관리에 사용한다는 의미에서는 바코드나 QR 코드도 RFID와 같은 기능을 지니고 있다. 바코드나 QR 코드가 인쇄물인 데 비해 RFID는 일종의 통신 기능이 있는 메모리이기 때문에 기록이 가능하고, 오염에 강하며, 판독 범위가 넓다는 등의 강점이 있다.

관련 용어 ▶▶ QR 코드와 QR 코드 결제→ p.057

124

Bluetooth / Bluetooth Low Energy

주변의 기기를 연결하는 간이무선

블루투스와 BLE

POINT
- ▶ 근거리용 무선 데이터 통신 기술의 명칭
- ▶ 음악이나 비디오 등 통신 내용에 맞춘 프로파일로 통신을 최적화한다
- ▶ 초저소비 전력인 BLE는 전지만으로 5년 연속 사용하는 것도 가능하다

해설   블루투스(Bluetooth)는 스마트폰 등의 소형 기기끼리 근거리 데이터 통신을 하는 기술이다. 통신할 수 있는 거리는 10미터에서 수십 미터 정도로, 눈에 보이는 범위다. 음악·비디오·음성 통화·리모트 컨트롤 등의 통신 내용에 맞춘 설정 정보(프로파일)를 통해 통신을 최적화한다. 블루투스는 저소비 전력이지만, 블루투스의 소비 전력을 더욱 줄인 BLE(▶1)가 등장했다.

[TOPIC 1]
BLE는 초저소비 전력
BLE는 IoT 디바이스 장착을 목적으로 만들어진 기술로, 통신 빈도가 낮을 경우에는 시계 전지 1개로 5년 동안 동작이 가능하다고 한다. IoT 디바이스에 따라 기기의 전원이 끊어져도 작동할 필요가 있기 때문에 전지로 초장시간 작동이 가능한 성능이 주목받고 있다.

[TOPIC 2]
블루투스와 BLE의 공존
블루투스의 프로파일은 음성 통화나 음악 재생 등 애플리케이션에 대응하면서 다양한 종류가 만들어졌다. 그에 비해 BLE의 프로파일은 IoT 전용으로서 단일 기능이다.

관련 용어 ▶▶ 사물 인터넷(IoT) → p.158

제 5 장

서비스

인터넷 서비스를 이해하기 위한
기본 용어

125

Cloud

구름 속에 있는 IT 서비스
클라우드

POINT
- ▶ 네트워크를 통해 제공되는 IT 서비스
- ▶ 기존 애플리케이션에 비해 설치나 관리의 번거로움 없이 기능을 이용할 수 있다
- ▶ 클라우드 서비스를 기업이 독자적으로 커스터마이징하기는 어렵다

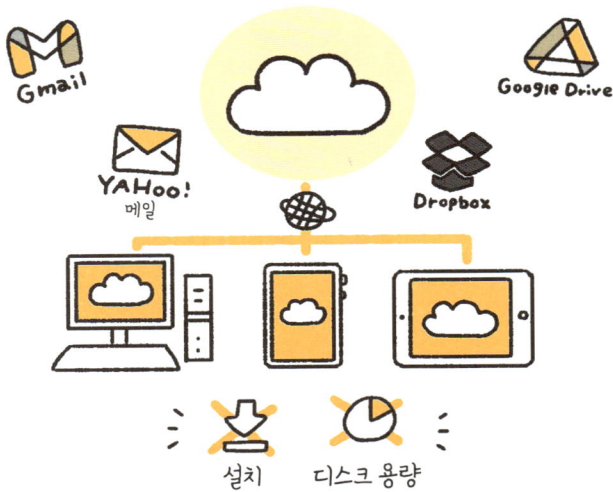

해설 네트워크를 통해 제공되는 IT 서비스와 그것을 이용한다는 의미가 담겨 있는 용어다. 하늘에 떠 있는 구름(클라우드)은 그 속이 어떻게 되어 있는지 알 수 없지만 구름 자체는 존재하고 있는 것에 비유해 이렇게 부르고 있다. 대표적인 예로는 지메일 등의 이메일 서비스, 드롭박스 등의 저장소 서비스가 있다. 네트워크가 연결된 컴퓨터나 스마트폰에서 서비스를 이용한다.

[TOPIC 1]
클라우드의 장점
클라우드의 장점은 예전에는 컴퓨터에 설치해 사용했던 애플리케이션 같은 서비스를 브라우저를 통해 어디에서나 이용할 수 있다는 점이다. 인터넷 접속 환경이 필요하기는 하지만, 설치나 관리의 번거로움이 없으며 대용량 디스크도 불필요하다.

[TOPIC 2]
클라우드의 단점
기업이 클라우드 서비스를 이용할 경우, 독자적인 커스터마이징이 어려울 때도 있다. 또한 복수의 사용자가 동일한 서버를 이용하기 때문에 다른 사용자의 트러블이 자신에게 영향을 끼칠 가능성도 아예 없지는 않다.

관련 용어 ▶▶ 온프레미스 → p.150

Server Virtualization

126

1대의 서버를 복수의 서버처럼 보이게 한다
서버의 가상화

POINT
- ▶ 물리 서버 상에서 소프트웨어적으로 만든 가상 서버를 가동한다
- ▶ 가상 서버는 전용 가상화 소프트웨어로 관리된다
- ▶ 복수의 가상 서버를 1대의 물리 서버에 모을 수 있다

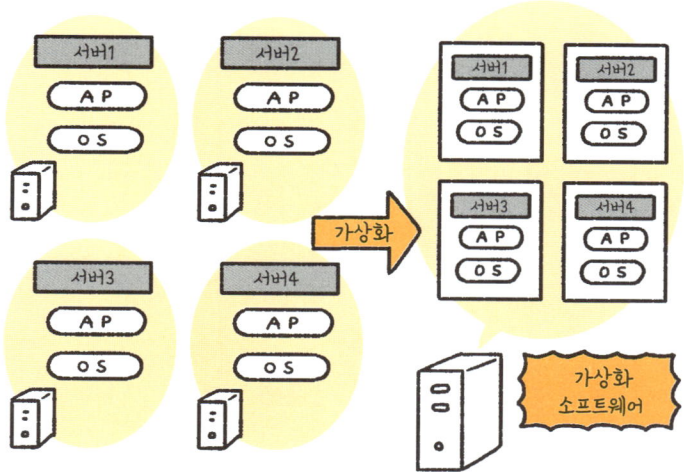

해설 서버의 가상화란 1대의 물리적인 서버에서 복수의 가상 서버를 운용하는 것이다. 소프트웨어를 이용해 물리 서버가 보유한 메모리나 CPU 등의 자원을 잘게 나눠 할당하는 방법으로 물리 서버 속에 가상으로 만들어진 서버를 작동시킨다. 전용 가상화 소프트웨어가 가상 서버별로 메모리의 양과 CPU 이용 시간의 배분을 관리함으로써 처리의 일관성을 유지시킨다.

[TOPIC 1]
서버 가상화의 장점
운용자 입장에서는 서버 가상화를 통해 물리 서버의 자원을 효율적으로 사용할 수 있는 비용적 측면의 이점과 운용의 수고를 줄일 수 있는 측면의 이점이 있다. 또한 가상화 서버 이용자의 입장에서는 더 많은 수의 사용자가 서버 이용료를 나눠서 부담함으로써 결과적으로 저렴한 가격에 이용할 수 있다는 이점이 있다.

[TOPIC 2]
서버 가상화의 단점
단점 중 하나는 실행 처리의 규모에 따라 생각했던 성능이 나오지 않을 가능성이 있다는 점이다. 또한 물리 서버의 고장으로 동일한 서버 상에서 운용되고 있는 복수의 가상 서버가 영향받을 위험성도 있다.

관련 용어 ▶▶ 클라우드 → p.148

On-Premises

127

자사의 IT 시스템은 자사 내부에 둔다
온프레미스

POINT
- ▶ 자사의 업무 시스템을 자사가 관리하는 장소에 두는 것
- ▶ 클라우드와 대비시켜, 자사가 운용한다는 의미로 사용된다
- ▶ 클라우드와 온프레미스의 조합을 하이브리드라고 부른다

해설

기업이 자사 업무 시스템의 컴퓨터를 자사가 관리하는 장소에 두는 것이다. 클라우드 이전에는 컴퓨터를 자사 내부에서 관리하는 것이 지극히 당연한 일이었다. 그러나 클라우드를 이용한 업무 시스템 운용이 확산됨에 따라 클라우드와 대비시키는 의미에서 온프레미스라고 부르게 되었다. 온프레미스는 시스템의 성능이나 환경을 자사의 사용 목적에 최적화시킬 수 있다는 것이 특징이다.

[TOPIC 1]
온프레미스의 단점
온프레미스의 단점은 운용과 초기 투자에 비용이 들고, 도입에 시간이 소요되며, 운용을 위한 인재 육성과 기술 축적이 필요하다는 점 등이다. 클라우드가 보급된 것은 온프레미스의 이런 단점이 장점보다 더 컸기 때문이라고도 생각할 수 있다.

[TOPIC 2]
하이브리드
기업의 컴퓨터 시스템을 클라우드 아니면 온프레미스라는 양자택일 문제로 생각하지 않고 양쪽의 좋은 점만 이용하는 것이 하이브리드다. 시스템의 목적과 특성에 입각해 양쪽을 조합한다면 균형 잡힌 IT화를 실현할 수 있다.

관련 용어 ▶▶ 클라우드 → p.148

128 온라인 저장소

Online Storage

클라우드 속에 있는 디스크 드라이브

POINT
- ▶ 인터넷을 통해 이용할 수 있는 데이터 보존 장소
- ▶ 개인 대상으로 수 기가바이트 정도의 용량을 무료 제공하는 서비스가 있다
- ▶ 기업 대상 서비스는 개인을 대상으로 하는 서비스보다 보안에 충실하다

해설 클라우드 속에 있는 자신만의 데이터 보존 영역이다. 브라우저나 전용 애플리케이션을 통해서 자신의 저장소 영역에 로그인하면 컴퓨터의 하드디스크처럼 파일을 저장하거나 읽어 들일 수 있다. 개인 대상 서비스의 경우 수 기가바이트에서 수십 기가바이트 정도의 용량을 무료로 제공하는 곳이 많다. 기업 대상 서비스는 개인 대상 서비스에 비해 보안 수준을 더욱 높게 설정한다.

[TOPIC 1]
온라인 저장소 서비스
구글의 Google Drive, 마이크로소프트의 OneDrive, 애플의 iCloud Drive, 그 밖에도 Dropbox 등 개인과 기업을 대상으로 하는 서비스가 널리 알려져 있다. Box 등 기업용 특화 서비스도 제공되고 있다.

[TOPIC 2]
온라인 저장소의 단점
공격자의 해킹이나 설정 실수 등으로 보존하고 있던 데이터가 외부에 유출되거나 파손되거나 수정될 위험이 있다. 기업 대상 서비스의 경우에는 종업원에게 부여한 ID와 패스워드, 그리고 데이터에 대한 접근 권한을 적정하게 관리할 필요가 있다.

관련 용어 ▶▶ 클라우드 → p.148, 구글 → p.276, 마이크로소프트 → p.281, 애플 → p.278

Data Center

129

방대한 데이터를 보존하는 빌딩
데이터 센터

POINT
- ▶ 컴퓨터나 통신 기기를 수용하고 운용하기 위한 건물
- ▶ 데이터 센터임을 한눈에 알 수 있는 외관인 곳은 없으며, 장소도 비공개인 경우가 많다
- ▶ 재해 대책이나 방범, 사이버 보안 대책을 엄중하게 실시한다

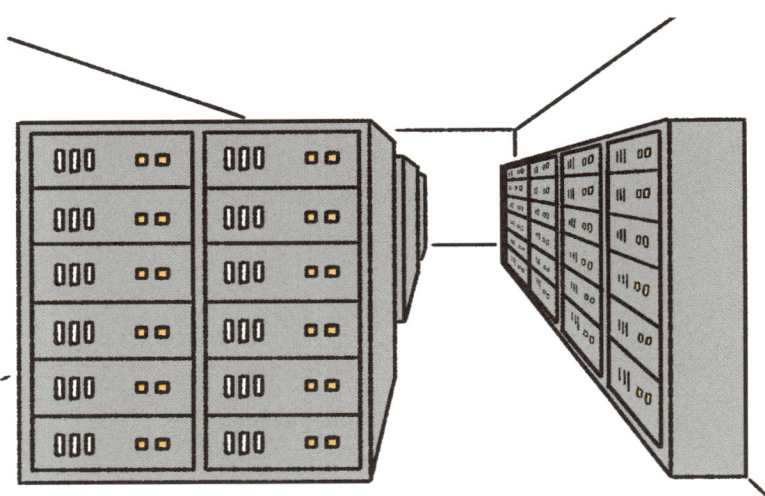

 서버, 기억장치, 라우터 등을 수용하고 운용하기 위한 건물이다. 데이터 센터 내부에는 서버와 서버를 연결하는 통신 회선이 둘러쳐져 있으며, 대용량의 통신 회선을 통해 외부와 연결되어 있다. 데이터 센터 이용자는 일반적으로 자신이 준비한 서버를 데이터 센터로 가져가며, 데이터 센터 사업자는 건물 내의 통신 회선과 이용자의 서버를 관리한다.

[TOPIC 1]
데이터 센터의 위치
예전에는 대지가 넓고 지진 등의 재해에 강한 교외가 좋다는 인식이 있었다. 그러나 최근에는 빌딩을 사용한 도시형 데이터 센터도 다수 설치되고 있다. 데이터 센터 건물을 외부에서 봤을 때 한눈에 알 수 있는 특징은 없으며, 정확한 장소도 공표되어 있지 않다.

[TOPIC 2]
데이터 센터의 보안
데이터 센터에는 기업이나 조직의 중요한 데이터가 대량으로 보관되어 있다. 따라서 건물의 내진성과 전원의 안전성 확보, 부정 침입 방지를 위한 감시 카메라, IC 카드나 생체 인증을 이용한 출입 관리 등 다양한 보안 대책이 마련되어 있다.

관련 용어 ▶▶ 허브와 스위치와 라우터 → p.204

130

Amazon Web Services

아마존이 판매하는 클라우드 서비스
AWS

POINT
- ▶ 아마존이 제공하는 세계 점유율 1위의 클라우드 서비스
- ▶ 인터넷 쇼핑몰 사업을 통해 키운 대규모 시스템 인프라를 제삼자에게 제공한다
- ▶ 넷플릭스 등 전 세계의 대기업과 관공서도 이용하고 있다

해설

아마존이 제공하는 세계 점유율 1위의 클라우드 서비스(SaaS, PaaS, IaaS)다. 아마존은 본업인 인터넷 판매 사업에서 방대한 가짓수를 자랑하는 상품의 판매와 물류 관리에 이르기까지 모든 것을 자사가 일괄적으로 운영한다. 그런 까닭에 거대한 규모의 시스템 인프라를 구축하고 웹 서비스를 운용해 왔는데, 그 자산과 운용 경험을 살려 제삼자에게도 클라우드 서비스를 제공하고 있다.

[TOPIC 1]
서비스의 종류
AWS는 아마존이 클라우드상에서 제공하는 다양한 서비스의 총칭이다. 데이터베이스부터 AI까지 폭넓은 서비스를 취급한다. 2006년에 데이터를 보관하는 저장소 서비스로 출발한 이래 지속적으로 서비스를 확대해, 현재는 200종류가 넘는 서비스를 제공하고 있다.

[TOPIC 2]
AWS의 사용자 수
2021년 기준으로 전체 클라우드 서비스 시장의 약 33%를 점유하고 있으며, 유명한 대기업과 관공서에서도 이용하고 있다. 초기 비용이 들지 않고, 사용한 만큼만 돈을 내는 종량 과금제 등을 통해 다양한 메뉴를 선택 가능하며, 가격이 저렴하다는 이점을 강조해 수많은 사용자를 유치했다.

관련 용어 ▶▶ 클라우드 → p.148, 아마존 → p.277 , Saas, PaaS, IaaS, DaaS → p.155, 마이크로소프트 애저 → p.154

Microsoft Azure

131

마이크로소프트가 판매하는 클라우드 서비스
마이크로소프트 애저

POINT
- 마이크로소프트가 제공하는, 세계 점유율 2위의 클라우드 서비스
- AWS와는 라이벌 관계
- 오피스나 윈도 시스템 등 마이크로소프트 제품과 연동이 쉽다는 것이 강점

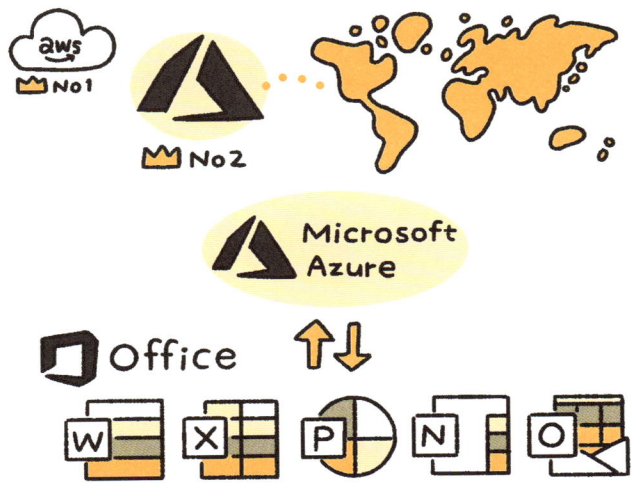

해설 마이크로소프트가 제공하는 세계 점유율 2위의 클라우드 서비스다. 많은 기업이 사내 시스템에 마이크로소프트의 서버 제품이나 시스템 관리 제품을 이용하고 있는데, 사내 시스템을 온프레미스에서 클라우드로 이행하거나 양쪽을 함께 사용하는 경우 애저를 이용하면 마이크로소프트 서비스 사이의 이행과 환경 구축이 용이해진다.

[TOPIC 1]
서비스의 종류
대분류 층위의 서비스로는 클라우드 속에 데이터를 보존하는 클라우드 저장소, 소프트웨어 개발 환경, AI 서비스 등 18종류의 메뉴가 준비되어 있다. 더욱 세분화하면 600개가 넘는 클라우드상의 서비스 메뉴가 있다.

[TOPIC 2]
AWS와의 차이점
애저와 AWS는 라이벌 관계로, 제공하는 서비스 자체는 AWS와 거의 차이가 없다. AWS와 비교했을 때 애저의 강점은 오피스 같은 마이크로소프트 제품과 간단하게 연동할 수 있다는 점이다. 현재는 앞서 나가고 있는 AWS를 애저가 추격하면서 서서히 차이를 좁히고 있다.

관련 용어 ▶▶ 클라우드 → p.148, Saas, PaaS, IaaS, DaaS → p.155, AWS → p.153, 마이크로소프트 → p.281

132

Software / Platform / Infrastructure / Desktop as a Service

물건을 사지 않고 서비스를 산다
SaaS, PaaS, IaaS, DaaS

POINT
- ▶ 클라우드를 제공하는 각종 서비스를 분류하는 명칭
- ▶ SaaS는 소프트웨어 서비스, DaaS는 가상 데스크톱 서비스
- ▶ PaaS와 IaaS는 애플리케이션 개발이나 시스템 개발을 위한 것

해설 '●aaS'는 'as a Service'의 줄임말로, 지금까지 상품으로 구입했던 것을 클라우드가 제공하는 유료·무료 서비스로 이용하는 것을 말한다. 서비스 대부분은 SaaS, PaaS, IaaS, DaaS 중 어느 하나로 분류할 수 있다. 워드나 엑셀 같은 애플리케이션 소프트웨어를 서비스로 이용하는 SaaS(Software as a Service)가 널리 보급되어 있다.

[TOPIC 1]

IaaS, DaaS
IaaS는 클라우드 속에 있는 컴퓨터나 통신 시스템 같은 장치의 이용 자체를 서비스로 제공한다. AWS나 마이크로소프트 애저 등이 IaaS의 예다. 또한 DaaS는 데스크톱 가상화의 일종으로 원격 컴퓨터의 데스크톱 화면을 서비스로 제공한다.

[TOPIC 2]

PaaS
PaaS는 다른 서비스와 달리 애플리케이션 소프트웨어의 개발 환경을 클라우드 속에서 제공하는 서비스다. 애플리케이션 소프트웨어를 개발하려면 복잡한 개발 환경을 준비해야 하는데, PaaS는 그런 개발 환경을 일괄적으로 제공한다는 데 가치가 있다.

관련 용어 ▶▶ 클라우드→ p.148, AWS→ p.153, 마이크로소프트 애저→ p.154

Edge Computing

133

클라우드의 '가장자리'에서 처리를 담당한다
에지 컴퓨팅

POINT
- ▶ 클라우드의 처리 중 일부를 사용자 근처에서 처리하는 것
- ▶ 클라우드와 연결된 네트워크의 지연이나 장애를 피할 수 있다
- ▶ 자율주행 등 실시간 처리가 필요한 상황에서 이용된다

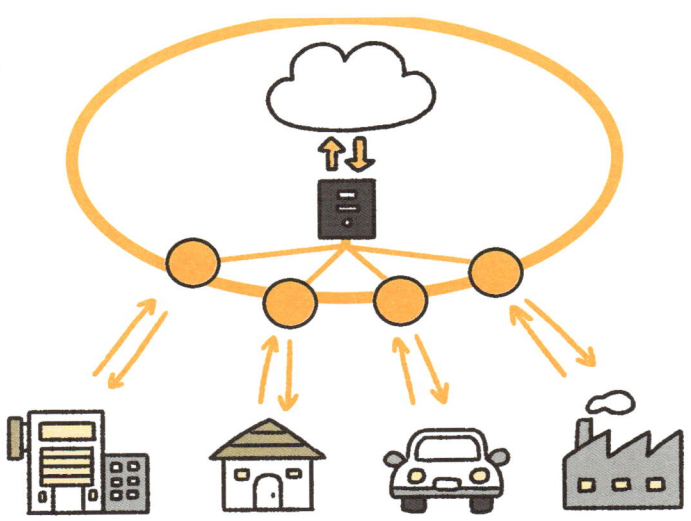

해설 클라우드의 처리 중 일부를 사용자와 가까운 쪽, 즉 구름(클라우드)의 가장자리(에지)에 해당하는 부분에서 처리한다. 복수의 컴퓨터가 하나의 커다란 처리를 하는 분산 컴퓨팅의 한 형태다. 정보의 발생부터 처리의 종료까지 걸리는 시간을 최대한 단축해야 하는 자율주행 등, 클라우드로는 한계(▶1)가 있는 용도에 에지 컴퓨팅이 필요하다고 알려져 있다.

[TOPIC 1]

클라우드의 한계에서 탄생한 에지

클라우드 이용자는 자신의 업무 처리를 클라우드 속 어디에서 실행할지 관리할 수 없다. 그런 탓에 클라우드는 고성능이 필요한 처리에 적합하지 않다는 측면이 있는데, 이를 해결하기 위해 이용자와 좀 더 가까운 클라우드의 가장자리에서 처리를 실행하자는 아이디어로 에지 컴퓨팅이 탄생했다.

[TOPIC 2]

로컬 5G의 응용

차세대 무선통신인 5G는 고속 대용량, 초저지연, 다수 동시 접속 등 기존 무선 서비스에 비해 우월한 특징을 갖추고 있다. 로컬 5G라는 일종의 구내 통신에서는 에지 컴퓨팅의 기술을 응용해 초고속 처리를 실현하려는 시도가 진행되고 있다.

관련 용어 ▶▶ 클라우드 → p.148, 중앙집중처리와 분산처리 → p.082, 5G → p.027

134

Big Data

온갖 것이 만들어내는 대량의 데이터

빅 데이터

POINT
- 사람이나 물건의 활동이 만들어내는 방대한 양의 데이터 모음
- IT가 발전함에 따라, 이전에는 버려졌던 정보를 수집·분석할 수 있게 되었다
- 방대한 데이터 분석을 통해 완전히 새로운 가치를 발견할 것이 기대된다

해설

방대한 양의 데이터 모음이다. 활동하는 모든 사람이나 물건은 정보를 발생시킨다. 사람이 걸으면 위치 정보나 혈압, 맥박의 수치가 변화하는 것이 그 일례다. 다종다양한 시스템이 모으는 데이터에는 본래의 목적 이외의 데이터도 많이 포함되어 있다. 그런 방대한 데이터를 분석하면 완전히 새로운 가치를 발견할 수 있을 것이라 기대되고 있다. 이것이 빅 데이터가 주목받고 있는 이유다.

[TOPIC 1]
빅 데이터의 목적
빅 데이터의 분석은 쉽게 말하면 알려지지 않은 '나비 효과'를 발견하는 것이다. 분석 결과에서 미지의 규칙성을 발견함으로써 그것을 이용한 새로운 비즈니스나 서비스의 창조로 연결시킬 수 있을 거라 기대하고 있다.

[TOPIC 2]
왜 지금 빅 데이터가 주목받는가
데이터 자체는 이전부터 존재했지만, 지금까지는 수집·축적·분석할 능력이 충분치 않았다. 그러나 컴퓨터의 처리능력과 통신속도의 향상, 대량의 데이터를 축적할 수 있는 클라우드가 보급되면서 빅 데이터를 현실적으로 처리할 수 있게 되었다.

관련 용어 ▶▶ 데이터 마이닝 → p.185, 데이터 과학자 → p.020

135

Internet of Things

온갖 물건이 인터넷과 연결된다
사물 인터넷(IoT)

POINT
- ▶ 인터넷과 연결되어 있는 물건의 총칭
- ▶ 물건이 인터넷을 경유해 정보를 주고받는 것도 IoT
- ▶ IoT는 멀리 떨어져 있는 지역의 데이터 수집이나 물건의 조작을 가능케 한다

해설 사물 인터넷 혹은 IoT(Internet of Things)는 인터넷과 연결되어 있는 온갖 물건의 총칭이다. 스마트폰이나 태블릿 등의 전자 기기, 텔레비전이나 에어컨 등의 가전제품, 감시 카메라 등의 인프라 기기 등 다양한 IoT 기기가 만들어지고 있다. 또한 IoT는 인터넷과 연결되어 있는 물건이 네트워크를 경유해 정보를 주고받는 모습을 가리키는 말이기도 하다.

[TOPIC 1]
멀리 떨어진 곳의 데이터를 수집한다
각종 센서를 인터넷에 연결시키면 멀리 떨어진 곳의 정보를 쉽게 수집할 수 있다. 이를테면 기상 센서를 이용해 멀리 떨어져 있는 논밭의 기온이나 습도를 확인할 수 있고, 스위치 센서를 이용하면 넓은 건물의 조명이나 에어컨이 켜졌는지 꺼졌는지를 관리할 수도 있다.

[TOPIC 2]
멀리 떨어져 있는 물건을 조작한다
기계 스위치나 전자 스위치를 IoT화하면 멀리 떨어진 곳에서 스위치를 조작할 수 있다. 예를 들어 외출을 했는데 깜빡하고 현관문이나 창을 열어 놓은 사실을 깨달았다면 스마트폰을 사용해 닫을 수도 있다. 스마트폰을 사용해 텔레비전의 예약 녹화를 설정하는 것도 원격 조작의 일례다.

관련 용어 ▶▶ 인터넷과 인트라넷 → p.210, 네트워크 카메라와 웹 카메라 → p.162, 스마트 스피커 → p.161

136

Machine to Machine

기계 사이의 대화
M2M

POINT
- ▶ 기계끼리 직접 통신을 해서 서로 협조하며 작동하는 것
- ▶ 자동차와 자동차가 통신을 해서 차간 거리를 유지하는 것 등이 M2M의 사례다
- ▶ 인터넷을 거치지 않는 로컬 유선·무선통신이 사용된다

해설 기계끼리 직접 통신하는 것으로, 인간의 개입 없이 기계와 기계가 협조하며 작동한다. 컴퓨터에서 인쇄를 실행하면 무선으로 접속된 프린터에 전원이 자동으로 들어오면서 인쇄가 시작되는 것이 그 일례다. M2M과 IoT는 기계가 통신한다는 점에서는 비슷하지만, IoT의 경우 반드시 다른 기계와 연동되는 것은 아니다. 또한 IoT는 인터넷을 이용하지만 M2M은 휴대전화와 같은 3G/4G, 유선 LAN 등의 통신도 이용한다.

[TOPIC 1]

유선과 무선
M2M의 경우 대부분 서로 통신하는 기기의 조합이 정해져 있기 때문에 통신 방법도 유선과 무선을 상황에 맞게 선택해서 사용한다. 가령 공장 내부 기계 사이에서 통신하는 경우, 소음으로 인한 오작동을 피하기 위해서는 유선이, 설치 장소의 자유도가 필요한 기계일 때는 무선이 많이 사용된다.

[TOPIC 2]

자율주행에도 사용되는 M2M
자율주행 기술 중 하나로 자동차와 자동차가 커뮤니케이션하는 M2M이 있다. 자동차끼리 통신을 통해 차간 거리를 유지하며 주행하거나 교차로에서의 충돌을 회피함으로써 사고 방지와 원활한 교통 흐름에 공헌할 것이 기대되고 있다.

관련 용어 ▶▶ 사물 인터넷(IoT) → p.158

137

Smart City

똑똑한 도시가 살기 좋은 도시
스마트 시티

POINT
- ▶ 정보 통신 기술(ICT)을 활용한 살기 좋은 도시
- ▶ 센서로 도시의 상황을 모니터링해 도시 기능의 관리에 활용한다
- ▶ 사이버 공격에 대비한 보안 대책 강화가 과제

해설
스마트 시티란 정보 통신 기술(ICT)을 활용한(▶1), 살기 좋은 도시를 말한다. 수도나 전력 등의 인프라, 교통망, 안전, 의료, 교육, 행정 등 IT 기기로 도시의 다양한 상황을 모니터링해 도시 기능을 적절히 관리한다. '스마트'에는 더 깨끗한 음용수, 더 안전하고 안정적인 전력 공급 등 ICT를 사용해 환경을 더욱 좋게 만든다는 의미가 담겨 있다.

[TOPIC 1]
ICT를 수도에 활용한 예
도시의 수도는 상수도(음용수)와 하수도(오수)의 순환 시스템이다. 스마트 시티에서는 수도관이나 저수지를 센서로 감시해 적정한 수량을 조정하거나 수도 곳곳에 설치한 센서로 수질을 계측해 수처리장에 전하는 등 치밀하게 관리할 수 있다.

[TOPIC 2]
보안의 과제
본격적인 스마트 시티에서는 수십만 혹은 그 이상의 무인 정보 단말기가 도시 전체에 빈틈없이 설치된다. 이런 상태에서 보안이 취약한 단말기가 사이버 공격을 받으면 도시 기능의 마비로 이어질 위험이 있기 때문에 보안 대책 강화가 요구된다.

관련 용어 ▶▶ ICT → p.051

138 스마트 스피커

Smart Speaker

인터넷과 연결된 대화하는 스피커

POINT
- ▶ AI 어시스턴트 기능을 통해 사용자와 대화하는 스피커 형태의 IT 기기
- ▶ 인터넷에 접속해 이용한다
- ▶ 구글과 아마존 등에서 자사의 서비스와 연동된 제품을 판매하고 있다

해설

음성 대화형 AI 어시스턴트(▶1) 기능을 갖춘 스피커 형태의 IT 기기다. 인터넷에 접속해서 사용한다. 음악 재생, 뉴스나 검색 정보의 음성 낭독, 텔레비전 등 IoT 기기의 원격 조작, 음성 메모 녹음 등 다양한 기능을 음성 조작으로 이용할 수 있다. 구글과 아마존 등의 IT 사업자가 자사의 서비스와 연동된 상품을 판매하고 있다.

[TOPIC 1]
AI 어시스턴트

사용자의 부름에 응답하거나 사용자의 음성 조작 또는 특정 소리를 감지해 조명을 켜고 끄는 등의 기능을 가리킨다. 또한 스마트 스피커의 이용 빈도를 모니터링하는 고령자 지켜보기 서비스에도 AI 어시스턴트가 사용되고 있다.

[TOPIC 2]
보안 리스크

겉모습이 스피커라서 네트워크 기기처럼 보이지 않지만, 컴퓨터와 마찬가지로 취약점을 노리는 사이버 공격의 대상이 될 가능성이 있다. 이로 인해 음성 조작 데이터가 유출되거나 대화를 도청당하는 등의 위험도 예상된다.

관련 용어 ▶▶ 인공지능(AI) → p.016, 사물 인터넷(IoT) → p.158, 구글 → p.276, 아마존 → p.277

139 네트워크 카메라와 웹 카메라

인터넷과 연결된 카메라

Network Camera / Web Camera

POINT
- 네트워크 카메라는 카메라 자체가 네트워크 기능을 갖추고 있다
- 웹 카메라는 컴퓨터와 한 세트로 사용한다
- 네트워크 카메라는 방범에, 웹 카메라는 화상 회의에 사용한다

네트워크 카메라 / 웹 카메라

해설

우리 주변에서 볼 수 있는 네트워크 카메라로는 거리의 방범 카메라가 있으며, 웹 카메라로는 노트북 컴퓨터의 화면 위쪽에 내장되어 있는 카메라가 있다. 이 두 카메라의 차이점은 네트워크 카메라의(▶①) 경우 카메라 자체에 네트워크를 이용한 영상 송신 기능이 있는 데 비해 웹 카메라(▶②)는 컴퓨터에 장착해서 사용하며 영상의 송신도 컴퓨터를 경유해서 한다는 점이다.

[TOPIC 1]
카메라 기능의 차이

카메라 자체의 기능과 관련해서 이것은 네트워크 카메라이고 저것은 웹 카메라라는 정의는 존재하지 않는다. 굳이 따지자면 벽이나 천장 등에 부착하는 네트워크 카메라 쪽이 일반적으로 카메라의 방향 제어가 가능하고 모션 센서가 달려 있는 등 기능이 충실한 편이다.

[TOPIC 2]
웹 카메라로 영상 통화

스마트폰으로 영상 통화를 즐길 수 있는데, 이때 스마트폰의 카메라를 웹 카메라로 사용한다. 또한 컴퓨터에서 줌(Zoom) 등의 영상 통화 애플리케이션을 사용할 때는 컴퓨터에 내장되어 있거나 외부에 설치한 웹 카메라를 사용한다.

관련 용어 ▶▶ 사물 인터넷(IoT) → p.158

140

Social Networking Service

인터넷의 세계에서 확대되는 친구의 네트워크
SNS

POINT
- ▶ 페이스북이나 트위터, 인스타그램 등 사람들과 연결되는 서비스의 총칭
- ▶ 시간과 장소를 불문하고 인터넷상의 지인과 실시간으로 교류할 수 있다
- ▶ 사람들과 연결되기 쉽기 때문에 범죄나 유언비어의 온상이 된다는 문제점도 있다

해설

인터넷에 일종의 사회를 형성하는 네트워킹 서비스를 가리킨다. 우리는 가족, 학교, 회사, 지역 등 실제 생활공간을 통해 사회를 형성하고 있는데, SNS는 인터넷에 이런 사회를 제공한다. 인터넷 세계에는 장소나 시간의 제약이 없기 때문에 예전에는 만나지 못했던 사람이나 연락하기 어려웠던 사람들과 쉽게 연결할 수 있어서 폭발적으로 성장하였다.

[TOPIC 1]

SNS의 리스크

개인정보가 유출되거나 의도치 않게 노출된 정보를 통해 개인이 특정되는 스토커 범죄가 발생하고 있다. 또한 SNS를 통해 가짜 뉴스나 유언비어가 확산되는 것도 사회 문제가 되고 있다.

[TOPIC 2]

사내 SNS

SNS의 시스템을 이용해 회사 내부에서의 연락이나 보고 같은 기업 활동을 지원하는 비즈니스용 SNS 서비스를 사내 SNS라고 부른다. 사내 SNS의 경우 외부에 기밀 정보가 유출되는 상황을 막기 위해 VPN 이용이나 접근 권한을 적절하게 설정하고 관리한다.

관련 용어 ▶▶ 페이스북 → p.279, 원격 접속 → p.181

141

Short Message Service / Multimedia Messaging Service

전화번호를 사용해서 보내는 메시지

SMS와 MMS

POINT
- SMS는 전화번호로 문자 메시지를 보내는 서비스
- MMS는 사진이나 동영상도 보낼 수 있는 서비스
- SMS는 메시지를 보내는 기능 이외에 2단계 인증에도 이용되고 있다

 SMS과 MMS는 전화번호를 사용한 메시징 서비스로, SMS는 문자 메시지만 보낼 수 있지만 MMS는 사진이나 동영상 메시지도 보낼 수 있다. 양쪽 모두 이동통신사와 계약하기만 해도 손쉽게 이용할 수 있지만, 메시지를 보낼 때 요금이 발생한다(받는 것은 무료). SMS는 메시지를 보내는 기능 이외에 2단계 인증에도 이용되고 있다.

[TOPIC 1]

채팅 플러스(Chatting+)

SMS의 확장판으로 KT, SKT, LG U+의 이동통신 3사가 2019년에 시작한 차세대 메시징 서비스(RCS)다. 별도로 앱을 설치하지 않아도 되며, 기능적으로는 카카오톡이나 라인 같은 메신저 서비스와 큰 차이가 없다.

[TOPIC 2]

iMessage

애플 ID를 이용해 아이폰이나 아이패드 등의 iOS 단말기 사이에서 메시지를 주고받을 수 있는, MMS와 같은 애플의 독자적인 메시징 서비스다. iMessage와 SMS를 모두 지원하는 '메시지' 앱을 사용해 문자나 사진, 동영상을 주고받는다.

관련 용어 ▶▶ 2요소 인증과 2단계 인증 → p.236, 애플 → p.278

142

Groupware

그룹 전용의 정보 공유 도구
그룹웨어

POINT
- ▷ 사원 간의 확실한 정보 공유와 업무 효율화가 목적인 소프트웨어
- ▷ 회의실 예약이나 게시판, 신청서 관리 등의 기능이 있다
- ▷ 조직에 필요한 기능을 선택해 도입할 수 있다

해설
회사 등 조직 내에서의 정보 공유를 지원하는 소프트웨어다. 모두가 협력해 업무를 원활히 수행하도록 돕는 것이 목적으로, 일정 공유, 회의실 등의 설비 예약, 게시판 기능, 신청서 등 업무 서류 관리 기능이 많이 사용된다. 시판되는 그룹웨어 제품이 제공하는 기능에는 여러 가지 조합이 있어서, 조직에 필요한 기능을 선택해 이용할 수 있다.

[TOPIC 1]
그룹의 범위
부서나 부문 같은 작은 그룹을 범위로 삼고 정보 공유를 목적으로 업무를 직접 지원하는 도구로 이용하는 경우가 있다. 또한 그룹의 범위를 사원 전체로 확대해, 예를 들면 사내 회의실의 예약 관리 같은 공통 업무에 그룹웨어를 이용하기도 한다.

[TOPIC 2]
그룹웨어의 형태와 장점
그룹웨어에는 자사 내부에서 시스템을 관리하는 온프레미스형과 클라우드가 제공하는 서비스를 이용하는 클라우드형이 있다. 온프레미스형은 자사에 맞는 최적의 커스터마이징이 가능하다는 점, 클라우드형은 손쉽게 이용할 수 있다는 점이 장점이다.

관련 용어 ▶▶ 온프레미스 → p.150, 클라우드 → p.148

Rich Site Summary / Really Simple Syndication

143

웹 사이트가 최신 콘텐츠를 배포하는 방식
RSS

POINT
- 웹 사이트의 페이지가 갱신되었을 때 만드는 요약본의 배포
- 배포한 요약본을 받으려면 RSS 애플리케이션에 등록할 필요가 있다
- 실제로는 RSS 애플리케이션이 웹 사이트의 요약본을 정기적으로 수집한다

해설 웹 사이트의 내용을 요약해 사용자에게 그 요약본을 배포하는 기능이 RSS다. RSS를 지원하는 웹 사이트는 내용이 갱신되면 자동으로 배포용 요약본을 생성한다. 사용자가 브라우저나 애플리케이션을 사용해 관심이 있는 웹 사이트의 RSS를 등록하면 항상 최신 콘텐츠의 요약본을 받아 볼 수 있다. 사용자 입장에서는 새로 등록된 내용을 확인하러 웹 사이트를 돌아다닐 필요가 없기 때문에 효율적이다.

[TOPIC 1]
RSS 리더
요약을 배포한다고 말했지만, 실제로는 RSS를 지원하는 브라우저가 등록한 웹 사이트의 요약 파일(RSS 파일)을 정기적으로 읽으러 가는 방식이다. RSS 리더라고 불리는 애플리케이션은 복수의 RSS 사이트의 등록과 읽기를 일괄 관리한다.

[TOPIC 2]
시차
RSS를 이용하더라도 항상 웹 사이트의 갱신과 동시에 요약본이 배포되는 것은 아니다. 갱신 후 웹 사이트 측이 RSS 파일을 작성하기까지의 시차와 브라우저나 RSS 리더가 RSS 파일을 읽기까지의 시차가 존재한다.

관련 용어 ▶▶ 없음

Streaming

비디오는 흐르는 강물처럼
스트리밍

POINT
- ▶ 비디오 데이터를 작게 나눠서 연속적으로 송신하는 것
- ▶ 대용량 비디오도 다운로드와 달리 기다리지 않고 볼 수 있다
- ▶ 통신 오류가 발생했을 때 동영상이 깨지는 것을 줄이는 기술을 함께 사용한다

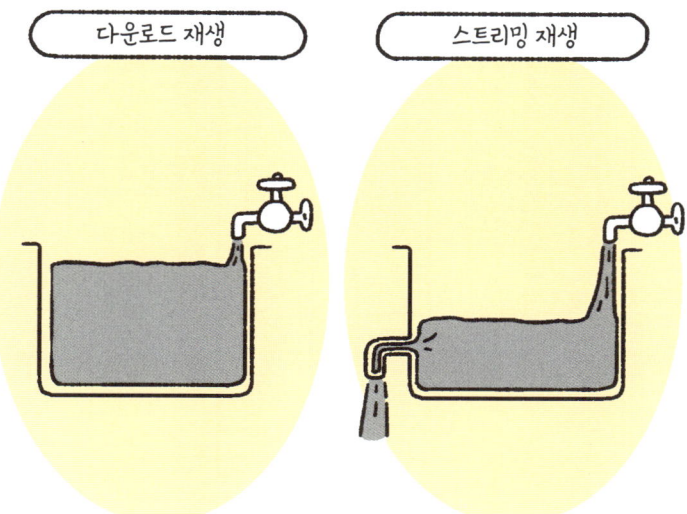

다운로드 재생 / 스트리밍 재생

해설

수신하면서 재생하는 인터넷 동영상을 강물에 비유해서 스트리밍이라고 부른다. 유튜브 라이브 방송은 스트리밍의 대표적인 예다. 스트리밍 이전에는 동영상 파일 전체를 다운로드했기 때문에 재생하기까지 시간이 걸렸고, 나아가 다운로드한 파일을 저장할 대용량 기억장치가 필요했다. 스트리밍은 이런 문제점을 개선해 실시간 시청을 가능케 했다.

[TOPIC 1]
스트리밍의 강점
스트리밍에서는 대용량의 비디오 파일이라도 재생 속도에 맞춰 소량의 데이터를 연속적으로 송신하기 때문에 많은 통신대역이 필요 없으며, 일시 저장용의 소량 메모리만으로 재생할 수 있다. 이러한 실시간성을 살려 라이브 방송에 주로 사용되고 있다.

[TOPIC 2]
오류 대책
스트리밍은 데이터를 계속 보내기만 하고, 끊어지더라도 재송신하지 않는다. 따라서 일정 수준의 통신 품질을 확보할 필요가 있다. 또한 부분적인 오류에 대한 데이터 정정 기능과 일정 시간분의 데이터를 미리 읽고 저장하는 방법으로 일시적인 통신 문제에 대응한다.

관련 용어 ▶▶ CDN → p.212, 유튜버와 버추얼 유튜버 → p.037

145

SIM Lock / SIM Free

이동통신사가 고정된 스마트폰과 이동통신사에 상관없이 사용할 수 있는 스마트폰

SIM 록과 SIM 프리

POINT
- ▶ SIM 록 단말기는 정해진 이동통신사의 회선만 사용할 수 있다
- ▶ SIM 프리 단말기는 어느 이동통신사의 회선이든 사용할 수 있다
- ▶ 휴대전화 요금 인하를 위한 대책으로 SIM 록이 원칙적으로 금지되었다

해설 스마트폰 등의 단말기가 특정 이동통신사의 회선만 사용할 수 있는지, 아니면 어떤 이동통신사의 회선이든 다 사용할 수 있는지를 의미하는 용어다. 어떤 회선을 사용할 수 있느냐 없느냐는 그 회선용의 SIM(▶1)을 사용할 수 있느냐 없느냐에 따라 결정되는데, 특정 이동통신사의 SIM밖에 사용하지 못하게 만든 것을 SIM 록이라고 부른다. 그리고 이 록을 해제해서 어떤 이동통신사의 SIM이든 사용할 수 있게 만든 것이 SIM 프리다.

[TOPIC 1]
SIM 카드
SIM(Subscriber Identity Module) 카드는 휴대폰이나 스마트폰 등에 끼워서 사용하는, 전화번호나 이용하는 이동통신사의 식별 정보 등을 기록한 작은 카드형 부품이다. SIM에는 전 세계의 어떤 단말기와도 중복되지 않는 고유 번호가 할당되어 있다.

[TOPIC 2]
SIM 프리 의무화와 eSIM
2021년 현재, 휴대전화 요금 인하를 위한 대책으로 SIM 록의 원칙적 금지와 eSIM의 보급이 진행되고 있다. eSIM은 끼우고 빼는 SIM 카드가 아니라 단말기 속에 심어 놓은 SIM에 데이터를 기록하는 것으로, 이를 이용하려면 SIM 프리 단말기가 필요하다.

관련 용어 ▶▶ MVNO → p.169

146

Mobile Virtual Network Operator

통신 회선을 보유하고 있지 않은 이동통신사

MVNO

POINT
- ▶ 대형 통신 사업자에게서 빌린 회선으로 이동통신 서비스를 제공하는 회사
- ▶ 회선을 보유하고 있지 않아서 저렴한 가격으로 서비스를 제공할 수 있다
- ▶ 대형 통신 사업자도 자사의 회선을 사용한 서브 브랜드를 전개하고 있다

해설

자신의 통신 설비를 보유하지 않고 대형 이동통신사로부터 빌린 회선으로 서비스를 제공하는 이동통신사다. 실제 회선을 보유하고 있지 않아서 가상(Virtual)이라는 의미의 MVNO 또는 가상 통신망 사업자라고 부르며, 일반적으로는 '알뜰폰'이라는 명칭이 많이 사용된다. MVNO는 자사의 통신 서비스용 저가 SIM 카드를 판매한다. 대형 이동통신사에 비해 저렴한 것이 MVNO의 강점이었지만, 최근에는 요금 인하 경쟁이 치열해지고 있다.

[TOPIC 1]

요금이 저렴한 이유와 약점

요금이 저렴한 가장 큰 이유는 통신 설비를 보유하고 있지 않아서 비용을 절약할 수 있기 때문이다. 또한 빌려 쓰는 회선 수를 조정하거나 인터넷 판매망을 이용하면서 비용을 절감할 수 있다. 반면에 혼잡에 따른 속도 저하나 통신 속도의 제약, 요금제에 따라 오히려 비싼 경우도 있다는 약점도 있다.

[TOPIC 2]

서브 브랜드

일본에는 소프트뱅크의 와이모바일이나 au(KDDI)의 UQ mobile 등의 서브 브랜드가 있다. MVMO로 고객이 이탈하는 것에 대한 대항책으로 대형 이동통신사가 시작한, 자사의 통신 설비를 사용해 운영하는 MVNO다.

 ▶▶ SIM 록과 SIM 프리 → p.168

Tethering

스마트폰을 경유해서 인터넷과 연결한다
테더링

POINT
- ▶ 스마트폰을 모바일 데이터 통신의 무선 중계 기지로 사용하는 것
- ▶ 모바일 데이터 통신 기능이 없는 컴퓨터 등을 인터넷과 연결한다
- ▶ 스마트폰은 테더링 기능을 On으로 설정할 필요가 있다

해설 테더링은 스마트폰의 통신을 거쳐서 컴퓨터를 인터넷에 접속하는 것이다. 기능적으로는 포켓 와이파이와 같다. 와이파이 등 무선 LAN이 없는 장소에서 노트북 컴퓨터를 인터넷에 접속하고 싶을 때 스마트폰의 데이터 통신 기능을 빌려서 접속한다. 이때 스마트폰의 핫스팟이나 인터넷 공유 기능을 On으로 설정해서 사용한다.

[TOPIC 1]
테더링의 구성
테더링에 사용하는 스마트폰과 컴퓨터는 와이파이나 블루투스 등의 무선 또는 USB 케이블로 접속한다. 와이파이의 경우, 스마트폰이 와이파이 액세스 포인트로 기능하므로 컴퓨터에서 스마트폰의 SSID를 찾아내 접속하면 인터넷에 연결된다.

[TOPIC 2]
테더링을 이용할 때 주의할 점
테더링은 스마트폰의 통신 사업자가 제공하는 서비스이기 때문에 유료 옵션인 경우도 있다. 또한 테더링할 때의 통신도 데이터 사용량으로 계산되기 때문에 스마트폰만 사용했을 때에 비해 많은 용량을 사용하기 쉽다는 점에도 주의할 필요가 있다.

관련 용어 ▶▶ 무선 LAN과 와이파이(Wi-Fi) → p.206, SSID → p.209, 인터넷과 인트라넷 → p.210

제 6 장

경영

경영과 전자상거래(EC)를 이해하기 위한
IT 용어

Facility Management

148

쾌적한 업무 환경을 만들어 비즈니스 생산성을 높인다

퍼실리티 매니지먼트

POINT
- ▶ 건물이나 설비 등을 기업에 최적화하는 경영 활동
- ▶ 비용 억제 등의 측면뿐만 아니라 직원들의 쾌적한 업무 환경도 추구한다
- ▶ 퍼실리티 매니지먼트의 국제 규격으로 ISO 41001이 있다

해설

직원들의 업무 환경과 기업 비즈니스의 조화를 꾀하는 경영 활동이다. 기업 가치는 개발·생산·판매 등 기업의 코어 비즈니스(기반 업무)에서 탄생하는데, 그것을 수행하려면 직장의 경비나 보안, 사무실의 정비, 통신이나 IT 시스템의 운용 같은 논코어 비즈니스가 필요하다. 그런 논코어 비즈니스의 최적 형태를 추구하는 경영 활동이 바로 퍼실리티 매니지먼트다.

[TOPIC 1]
국제 표준화 기구(ISO)의 정의

국제 규격 ISO 41001은 퍼실리티 매니지먼트를 '사회나 기업의 창조성과 생산성, 개인과 구축 환경의 관계에 영향을 끼치는 복수의 분야를 통합하는 것'으로 정의했다. 직원들의 업무 환경을 개선해 조직의 창조성을 높인다는 뜻으로 해석된다.

[TOPIC 2]
퍼실리티 매니지먼트의 변천

퍼실리티 매니지먼트는 처음에 보수(保守)나 경비·청소 등 설비 관리를 의미하는 용어였다. 그러나 시간이 지나면서 플로어 플랜이나 부동산 관리도 포함하게 되었으며, 2000년대에 들어와서는 일하는 곳을 고정하지 않는 변동 좌석제나 집중을 위한 공간 등 업무 효율의 향상을 위한 시책도 추가되었다.

관련 용어 ▶▶ 없음

Design Thinking

149

고객이 진정으로 원하는 것이 무엇인지 생각한다

디자인 사고

POINT
- ▶ 고객이 진정으로 원하는 것을 찾아내는 사고법
- ▶ 여기에서 디자인은 겉모습이 아니라 기획 또는 계획을 의미한다
- ▶ 포드는 빨리 달리는 말을 갖고 싶다는 욕구에서 양산차를 제조했다

해설 고객의 잠재적인 니즈를 바탕으로 제품이나 서비스를 만들어내는 사고법이다. 표면적인 요구의 이면에 숨어 있을지도 모르는, 고객 자신도 깨닫지 못하고 있는 바람이나 욕구를 찾아낸다. 디자인 사고의 일반적인 진행방식은 공감, 문제 정의, 창조, 시작(試作), 테스트의 5단계이며, 창조 수법으로 브레인스토밍과 실패 사례 분석이 널리 사용되고 있다.

[TOPIC 1]
포드 자동차
자동차 제조사 포드의 창업자 헨리 포드는 마차가 이동 수단이었던 시대에 "좀 더 빨리 달리는 말이 필요하다"라는 고객의 요청을 듣고 나서 '고객이 진정으로 원하는 것은 말이 아니라 쾌적한 이동'이라고 생각하고 대중적인 자동차의 대량 생산을 시작했다고 한다.

[TOPIC 2]
디자인의 의미
일상에서는 '디자인'이 옷이나 물건의 외관 또는 장식이라는 의미로 사용되지만, 디자인의 가장 중요한 의미는 새로운 것을 창조·실현하기 위해 먼저 해야 할 기획이나 계획·사양에 대해 생각하는 것이다. 디자인 사고에서 디자인은 이런 의미로 사용되었다.

관련 용어 ▶▶ 없음

제 6 장 경영

Plan-Do-Check-Act

150

목표를 달성하기 위한 순환 활동
PDCA

POINT
- ▶ 계획·실행·평가·개선의 4단계로 구성된 관리 수법
- ▶ 과제가 해결되기까지 사이클을 수없이 반복해서 돌린다
- ▶ 소프트뱅크의 '고속 PDCA'나 도요타 자동차의 '가이젠'이 유명

해설

계획(Plan)·실행(Do)·평가(Check)·개선(Act)이라는 4단계로 구성된 관리 수법이다. 제조 프로세스나 품질 관리 기법으로 보급되기 시작해, 지금은 비즈니스 프로세스의 개선에도 이용되고 있다. 이를테면 1개월에 1킬로그램, 반년에 6킬로그램을 감량하겠다는 계획을 세운 다음(P), 매일 30분씩 걷고(D), 월말에 몸무게를 측정해서(C), 계획보다 몸무게가 덜 줄었다면 다음 달부터는 걷는 시간을 40분으로 늘린다(A)는 흐름이다.

[TOPIC 1]
PDCA는 반복적으로 돌린다
PDCA는 과제가 최종적으로 해결되기까지 사이클을 수없이 반복적으로 돌리면서 개선을 거듭해 나간다. 어떤 PDCA 사이클에서 얻은 개선 내용은 다음에 이어지는 PDCA 사이클을 실행할 때 해야 할 작업으로 도입된다.

[TOPIC 2]
PDCA의 사례와 요령
PDCA의 사례로는 소프트뱅크의 '고속 PDCA'와 도요타의 '가이젠'이 유명하다. PDCA가 성공하기 위해서는 각 항목을 높은 정밀도로 상세화·정량화하고, 사이클도 1일·1주·1개월 등을 조합해 중층적으로 실시하는 편이 효과를 기대할 수 있다

관련 용어 ▶▶ 없음

151

Corporate Governance

회사에서 불상사가 발생하는 것을 막기 위한 활동

코퍼레이트 거버넌스

POINT
▶ 기업 경영을 관리·통제해 기업 가치를 향상시키고 불상사를 방지하는 시스템
▶ 주주를 포함한 스테이크홀더(기업의 이해 관계자) 전체에 이익이 된다
▶ 사외 이사회의 설치나 적절한 정보 개시 등 투명성 확보가 포인트

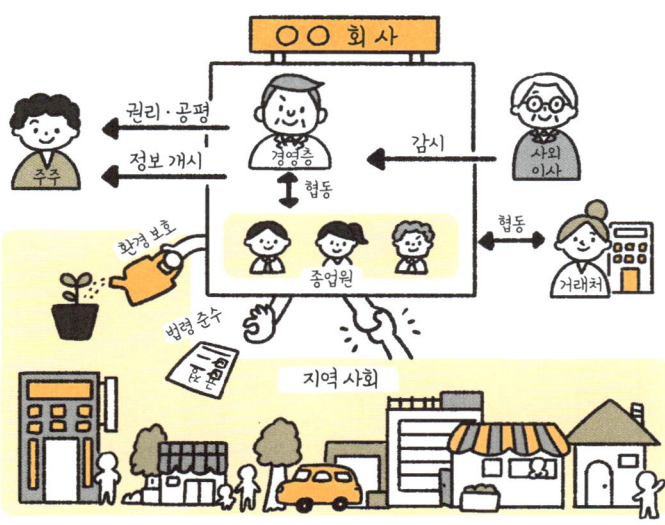

 일반적으로는 기업 지배 구조 혹은 기업 통치라고 번역한다. 거버넌스에는 2가지 측면이 있다. 첫째는 기업의 스테이크홀더(▶1)와 경영 간부의 이해(利害) 조정이고, 둘째는 스테이크홀더 사이, 특히 출자자와 다른 스테이크 홀더 사이의 이해 조정이다. 불상사를 방지하고 환경을 보호하는 등 법령이나 사회 규범을 준수하면서 적정·적법한 사업을 하는 것은 전자이고, 기업의 투자 판단에 관한 시비는 후자다.

[TOPIC 1]
스테이크홀더(Stakeholder)
기업 활동의 이해관계자를 가리키는 말이다. 기업 활동과 관련된 온갖 측면의 관계자를 의미하는 까닭에 주주, 투자자, 종업원, 거래처, 고객, 지역 사회, 행정부 등이 모두 스테이크홀더에 포함된다.

[TOPIC 2]
내부 감사
코퍼레이트 거버넌스를 실행하려면 사외 이사회의 설치나 적절한 정보 개시 등의 투명성이 필요하다. 내부 감사는 경영자까지를 대상으로 삼아 코퍼레이트 거버넌스가 적절한 환경 속에서 실행되고 적정하게 운용되고 있는지 감시하는 역할을 한다.

관련 용어 ▶▶ 없음

152

General Data Protection Regulation

유럽에서 전 세계의 모든 개인정보를 보호한다

GDPR

POINT
- ▶ 유럽 경제 지역에서 취득한 개인정보를 어떻게 다룰지에 관한 규칙
- ▶ 일본 등 EU 지역 이외의 기업도 대상이며, 인터넷에서 획득한 정보도 포함된다
- ▶ 위반하면 거액의 벌금이 부과되기 때문에 주의가 필요하다

해설 EU(유럽 연합) 일반 데이터 보호 규칙이라고 부르며, EU판 개인정보 보호법이다. EU를 포함한 유럽 경제 지역(EEA) 내에서 취득한 성명·주소·이메일 계정·신용카드 정보 등의 개인정보에 관해 개시(開示) 요구에 응할 것, 정보를 암호화해서 저장할 것, EEA 밖으로 이전을 금할 것 등이 규정되어 있다. 이 규칙은 일본 등 EU 지역 이외의 기업에도 적용되며, 인터넷에서 수집한 정보도 적용 범위다.

[TOPIC 1]
역외 적용
EU 내부의 자회사나 지점, EU에 상품이나 서비스를 직접 판매하는 기업, EU에서 개인정보를 포함한 데이터 처리를 의뢰받은 기업 등은 EU의 기업이 아니더라도 대상이 된다. 인터넷에서 쿠키로 수집한 데이터도 규제 대상이므로 의도치 않게 위반하지 않도록 주의해야 한다.

[TOPIC 2]
고액의 벌금
GDPR은 유럽 연합법 중에서도 '규칙'이라는 가장 강한 구속력을 지닌 법이다. 이를 위반한 기업은 연간 전 세계 매출액의 4퍼센트 또는 2,000만 유로(약 270억 원) 중 더 많은 쪽에 해당하는 벌금을 내야 한다.

관련 용어 ▶▶ 쿠키(HTTP 쿠키) → p.228

153 키팅

컴퓨터를 상자에서 꺼낸 즉시 사용할 수 있도록 한다

POINT
- 컴퓨터에 메모리를 장착하거나 소프트웨어를 인스톨하는 작업
- 정보 시스템 부문 직원 또는 사원 개개인이 직접 컴퓨터를 세팅하는 것을 가리킨다
- 대량의 컴퓨터를 세팅할 때는 전문 서비스 업체에 외주를 맡기기도 한다

해설
키팅은 컴퓨터 등의 기기를 즉시 사용할 수 있는 상태로 만드는 작업이다. 필요한 디바이스를 장착해서 설정하고 소프트웨어를 설치해 사용할 수 있는 상태로 만든다. 키팅의 작업 내용 자체는 통상적인 컴퓨터 세팅과 같지만, 기업 등이 대량의 컴퓨터를 세팅할 기회가 늘어남에 따라 키팅 전문 서비스(▶1)도 탄생했다.

[TOPIC 1]
키팅 서비스
신입사원들을 위해 컴퓨터를 일괄 도입할 때 수십~수백 대를 세팅하려면 상당한 시간이 걸리는데, 이때 그 작업을 대행하는 것이 키팅 서비스다. IT 기기 관리를 외부에 위탁할 때 키팅 서비스를 포함시키는 경우도 있다.

[TOPIC 2]
BTO(Build To Order)
컴퓨터의 기능이나 부품을 자신이 원하는 사양으로 커스터마이징해서 주문하는 것을 BTO라고 부른다. BTO 주문을 받은 업체가 주문에 맞춰 컴퓨터를 조립해서 납품하는 것도 개인을 대상으로 한 키팅 서비스의 일종이다.

 ▶▶ 없음

154

Client Server System

서비스를 받는 컴퓨터와 서비스를 하는 컴퓨터
클라이언트/서버 시스템(C/S 시스템)

POINT
- ▶ 클라이언트는 서비스의 이용자, 서버는 서비스의 제공자
- ▶ 컴퓨터 시스템의 한 가지 형태
- ▶ 서버가 주된 처리를 하고, 클라이언트가 그 처리를 이용한다

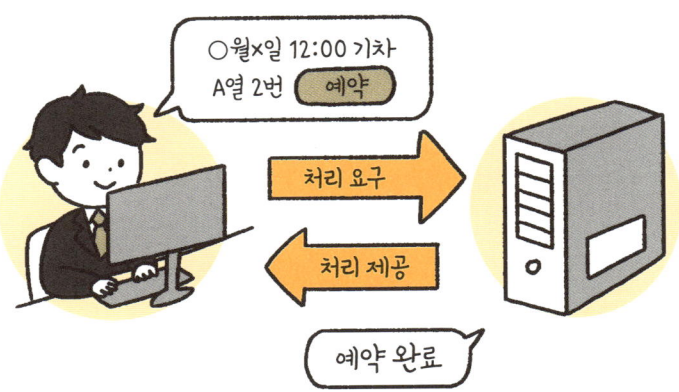

해설 서비스의 이용자(클라이언트)와 서비스의 제공자(서버)로 분리된 컴퓨터 시스템이다. 서버가 주된 처리를 하고, 클라이언트가 그 처리를 이용한다. 승차권 예약 시스템의 경우, 이용자는 단말기(클라이언트)의 예약 화면에서 예약 시간과 좌석을 지정한다. 그리고 입력 내용을 서버에 송신하면 서버가 실제 예약을 실행한다.

[TOPIC 1]
C/S 시스템의 장점
가장 큰 장점은 처리의 대부분을 서버가 수행하기 때문에 시스템 전체를 관리하기가 용이하다는 점이다. 또한 클라이언트도 처리의 일부를 분담해 서버에 지나친 부하가 가해지는 사태를 막음으로써 전체적으로 안정적이면서 빠른 처리를 할 수 있다는 것도 장점이다.

[TOPIC 2]
C/S 시스템의 단점
클라이언트가 처리의 일부를 분담할 경우 그 애플리케이션의 유지 관리가 필요하게 된다는 것은 단점이다. 그래서 클라이언트 전용 애플리케이션을 사용하지 않고 웹 브라우저만 사용하는 시스템도 있다.

관련 용어 ▶▶ 중앙집중처리와 분산처리 → p.082, 신 클라이언트 → p.180

Open System

155

사양이 공개되어 있는 컴퓨터 시스템

오픈 시스템

POINT
- ▶ 기술이나 사양이 모두에게 공개된 컴퓨터 시스템
- ▶ 공개된 사양에 맞춰서 다양한 제품의 조합이나 커스터마이징이 가능하다
- ▶ IBM에 대항한 유닉스 OS가 오픈 시스템의 시작

 내부 기술이나 사양이 모두에게 공개된 컴퓨터 시스템이다. 다양한 제품을 조합해서 만들어낸 서버나 다양한 통신 기기를 조합시킨 인터넷 등도 오픈 시스템이다. 공개된 사양에 맞춰서 자신이 사용하고 싶은 기기 또는 기능을 조합하거나 사양에 맞춰서 애플리케이션을 직접 제작할 수 있는 등의 특징이 있다.

[TOPIC 1]

좁은 의미의 오픈 시스템

좁은 의미의 오픈 시스템은 라이선스가 없는 기술만으로 만들어진 시스템이다. IBM에서 만든 독자적인 사양의 시스템밖에 없었던 1980년대에 사양을 공개하고 제삼자가 시스템을 만드는 것을 허락했던 유닉스(UNIX) OS의 사상에서 유래했다.

[TOPIC 2]

오픈 시스템의 장점

공개된 사양에 맞춰 자신에게 필요한 애플리케이션을 만들거나 커스터마이징할 수 있는 높은 유연성이 장점이다. 또한 하드디스크처럼 수많은 종류의 제품 중에서 자신의 목적에 맞춰 성능이나 가격 등을 선택할 수 있는 자유도도 높다.

관련 용어 ▶▶ 오픈소스 소프트웨어 → p.119, IBM → p.287

156

Thin Client

표시 이외에는 거의 일을 하지 않는 단말기

신 클라이언트

POINT
- ▶ 기능을 최소한으로 억제한 클라이언트 단말기
- ▶ OS·애플리케이션의 처리나 데이터의 저장은 전부 서버 쪽에서 실시한다
- ▶ 신 클라이언트를 이용하려면 서버와의 통신이 필요하다

해설 클라이언트/서버 시스템에서 사용되는, 기능을 최소한으로 억제한 단말기를 신(얇은) 클라이언트라고 부른다. 기본적으로 OS와 애플리케이션의 처리는 서버가 하기 때문에 신 클라이언트가 실행하는 처리는 규모가 작고, 데이터도 서버에 저장된다. 가격이 저렴하고 휴대성이 좋은 가벼운 노트북 컴퓨터나 태블릿을 신 클라이언트로 삼아서 텔레워크나 출장용으로 이용하는 경우가 많다.

[TOPIC 1]
신 클라이언트의 약점
신 클라이언트를 사용하기 위해서는 서버와의 데이터 통신이 필요하다. 신 클라이언트는 서버 쪽에 많은 처리를 맡기기 때문에 통신이 불안정하면 실제로 사용할 때 느리거나 반응이 없는 등의 불편함이 두드러질 가능성이 있다.

[TOPIC 2]
웹 클라이언트
웹 서버와 연계해서 작동하는 단말기 쪽의 애플리케이션을 웹 클라이언트라고 부른다. 크롬 등의 브라우저나 줌 같은 애플리케이션 등이 웹 클라이언트다. 신 클라이언트가 단말기 자체를 나타내는 데 비해 웹 클라이언트는 소프트웨어를 통한 서버와의 역할 분담을 의미한다.

관련 용어 ▶▶ 클라이언트/서버 시스템(C/S 시스템) → p.178, 데스크톱 가상화 → p.182, 텔레워크 → p.044

157

Remote Access

멀리 떨어진 장소에서 컴퓨터에 접속한다

원격 접속

POINT
- ▶ 회사 밖의 컴퓨터로 사내 네트워크에 접속하는 것
- ▶ 텔레워크용이나 출장 대용으로 이용되고 있다
- ▶ VPN이나 사외 단말기 인증 또는 암호화로 보안 대책을 실시한다

해설 회사 밖에 있는 컴퓨터나 단말기로 사내 컴퓨터에 접속하는 것을 말한다. 물리적으로는 회사 밖이어도 가상적으로 사내 네트워크 속에 있는 기기로 취급한다. 텔레워크를 촉진하거나 출장을 줄이는 등의 용도로 이용되고 있다. VPN(▶1)을 사용한 원격 접속이 주류이지만 환경에 따라서는 다이얼업 접속과 RAS(▶2)도 이용한다. 또한 원격 접속 환경을 제공하는 서비스도 있다.

[TOPIC 1]
VPN

Virtual Private Network의 약어로, 회사 밖의 단말기와 사내 네트워크 사이의 통신에 인터넷을 사용할 때 데이터를 암호화해 가상적인 사내 전용선으로 사용한다. VPN을 시작할 때 특정 주소에 접속해 단말기의 인증과 암호화를 실시한다.

[TOPIC 2]
다이얼업 접속과 RAS

다이얼업 접속은 전화 등의 공중 회선을 경유해 사내 네트워크에 접속하는 것이다. RAS(Remote Access Server)는 회사 밖에서의 접속을 인증하고 사내 네트워크에 접속하기 위한 전용 서버다.

관련 용어 ▶▶ 텔레워크 → p.044

Desktop Virtualization

158

컴퓨터 1대에 데스크톱이 2개
데스크톱 가상화

POINT
- 멀리 떨어져 있는 컴퓨터의 화면을 앞에 있는 컴퓨터에 표시시켜 조작하는 것
- VDI(가상 데스크톱 인프라)라고도 부른다
- 멀리 떨어져 있는 컴퓨터의 데이터를 가지고 나오지 않고도 조작할 수 있다는 것이 장점

해설
멀리 떨어져 있는 컴퓨터와 같은 화면을 자신의 컴퓨터 화면상에서 보는 것이다. 자신의 컴퓨터의 본래 화면과 데스크톱 가상화의 화면을 함께 표시할 수도 있다. 예를 들면 집에서 회사 컴퓨터에 로그인한 다음, 실제 처리나 데이터는 회사 컴퓨터를 사용하고 자신의 컴퓨터는 회사 컴퓨터의 화면을 보여주는 용도로만 사용하는 식이다.

[TOPIC 1]

VDI(Virtual Desktop Infrastructure)

VDI(가상 데스크톱 인프라)를 데스크톱 가상화와 같은 것으로 설명하는 경우도 많으며, 실제 기능적으로는 같은 내용이다. 다만 VDI에는 본격적인 서버 용도로 중앙 집중식 관리를 한다는 의미가 있기 때문에 데스크톱 가상화를 대규모로 실시하는 상황일 때 더욱 적합한 용어다.

[TOPIC 2]

텔레워크와 가상 데스크톱

텔레워크를 할 때는 집에서 작업하기 위해 회사에서 중요한 데이터를 가지고 나와야 하는 경우도 생긴다. 가상 데스크톱을 사용하면 데이터를 사내에 둔 채로 사내 컴퓨터를 사용해 작업할 수 있기 때문에 이런 보안상의 위험을 없앨 수 있다.

 신 클라이언트 → p.180, SaaS, PaaS, IaaS, DaaS → p.155, 텔레워크 → p.044

Data Warehouse

경영에 도움이 되는 데이터의 창고
데이터 웨어하우스

POINT
- ▶ 기업의 의사결정을 위한 대량의 업무 데이터와 그 관리 시스템
- ▶ 데이터의 분석에 적합한 특징을 지니고 있다
- ▶ 데이터 웨어하우스의 데이터는 시간에 비례해 증가한다

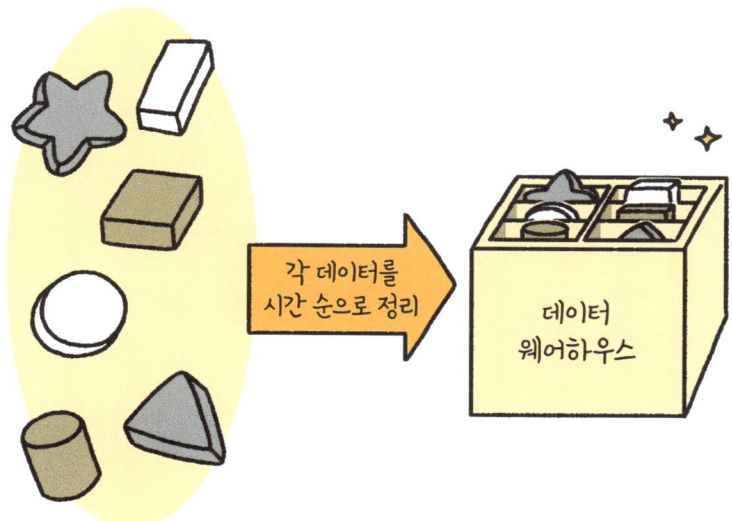

해설

기업의 의사결정을 뒷받침하는 대량의 업무 데이터와 그것을 관리하는 시스템을 말한다. 데이터 웨어하우스는 일상적인 기업 활동에서 발생하는 각종 데이터가 ① 경리·영업·생산 등 다양한 부문을 넘나들기 때문에 ② 상품이나 관계 기업 같은 주제별이나 ③ 시간 순으로 정리하고, ④ 삭제나 변경하지 않는다는 특징을 지니고 있다. 데이터 웨어하우스는 이처럼 일관성 있게 정리한 데이터로 재편성(▶1)한다.

[TOPIC 1]
데이터의 재편성

데이터 웨어하우스는 다양한 부문의 각기 다른 기간 시스템에서 데이터를 수집한다. 그래서 데이터의 서식이나 유효숫자 등 세부적인 부분이 일치하지 않을 수 있다. 이런 차이를 흡수해 일관성 있는 데이터로 만드는 것이 데이터의 재편성이다.

[TOPIC 2]
데이터 레이크(Data Lake)

기업 데이터를 축적하는 시스템에는 데이터 레이크도 있다. 호수가 대량의 물을 저장하듯이 대량의 데이터를 그대로 보존한다. 온갖 데이터를 보존하기 때문에 분석하고자 하는 주제가 정해졌을 때 필요한 데이터를 모을 수 있는 것이 장점이다.

관련 용어 ▶▶ 데이터베이스 → p.127, BI → p.184

160

Business Intelligence

경영 판단에 사용할 정보를 제공하는 IT 시스템

BI

POINT
- 비즈니스 인텔리전스(Business Intelligence)의 약어
- 기업 내의 각종 데이터를 경영자의 의사결정에 도움이 되는 형태로 만드는 것이 목적
- BI 툴은 데이터의 추출·해석·가공, 보고서 작성 등을 실시한다

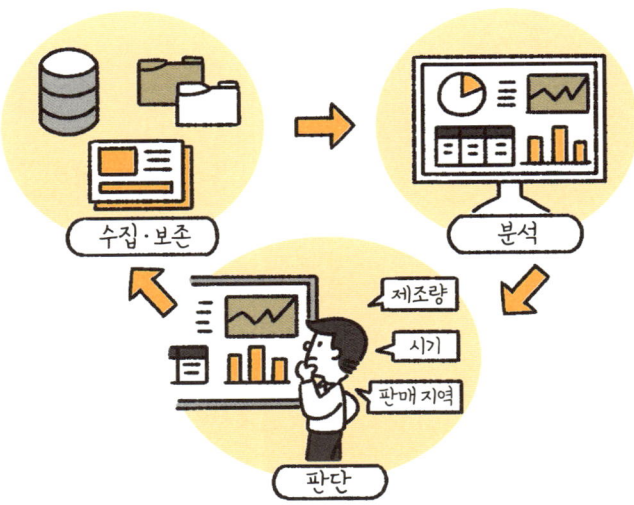

해설

기업이 보유한 각종 데이터를 활용해 경영 전략의 입안에 도움이 되는 정보를 제공하는 IT 시스템과 프로세스의 총칭이다. 가령 매출 확대를 위한 BI는 상품의 판매실적을 수집하고 각 상품의 판매량과 지역·시기의 관계 등을 해석·가공해 그래프나 표의 형태로 제공한다. 또한 데이터를 전월 대비·전년 대비·월별·지역별·고객별 등의 형식으로 만들어 경영자가 올바른 판단을 내릴 수 있도록 지원한다.

[TOPIC 1]

BI 툴

BI를 실행하기 위한 툴이다. 일반적으로는 데이터 마이닝 기능, 데이터를 실시간으로 해석하는 온라인 분석 처리(OLAP) 기능, 웹 사이트상에서 각종 그래프와 표로 구성된 대시보드를 이용한 보고 기능 등을 갖추고 있다.

[TOPIC 2]

비즈니스 애널리틱스(BA)

BI와 비슷한 용어로 BA(Business Analytics)가 있다. BA는 데이터 활용을 통해 미래를 예측하고 그 예측을 바탕으로 신규 사업 개척이나 추가 투자·철수·현상 유지 등의 의사결정을 한다. BI는 의사결정의 지원, BA는 의사결정 자체라는 차이가 있다.

관련 용어 ▶▶ 데이터 마이닝 → p.185, 데이터 웨어하우스 → p.183

161 데이터 마이닝

방대한 데이터 속에 있는 숨은 그림 찾아내기

Data Mining

POINT
- ▶ 방대한 데이터 속에서 관련이 있는 사물이나 현상을 찾아내는 것
- ▶ 언뜻 단순해 보이는 모양에서 같은 그림을 찾아내는 숨은 그림 찾기와 닮았다
- ▶ 기저귀와 맥주가 함께 구입된다는 사실을 발견한 사례가 유명하다

마이닝은 채굴을 의미하며, 방대한 데이터 속에서 관련이 있는 사물이나 현상을 찾아내는 것을 의미한다. 이를테면 상품의 매출액과 그 밖의 다양한 데이터를 대조해 매출액과 상관관계가 있는 다른 장르의 상품이나 같은 사용자층의 매우 작은 차이 등을 찾아낸다. 찾아내는 방법은 관련성을 통해 가설을 세우고 조사하는 방법과 가설을 세우지 않고 AI를 사용해서 찾아내는 방법이 있다.

[TOPIC 1]
데이터 마이닝의 사례
1990년대에 미국의 슈퍼마켓에서 매출전표를 살펴본 결과 기저귀와 맥주가 함께 팔리는 경향이 발견되었다. 내점객의 데이터를 모아서 분석한 결과 부인의 부탁으로 기저귀를 사러 온 남편이 맥주까지 사고 있음을 알게 되었고, 이에 맥주와 기저귀를 나란히 진열했더니 매출이 상승했다고 한다.

[TOPIC 2]
텍스트 마이닝
데이터 마이닝의 일종이다. 텍스트(문자나 대화)를 대상으로 그 안에서 유익한 정보를 찾아낸다. 해석 대상은 설문조사의 답변이나 콜센터의 대화 등으로, 서비스 제공자 측의 대응법이나 고객 서비스의 문제점 등을 파악하는 데 이용된다.

관련 용어 ▶▶ BI → p.184, 인공지능(AI) → p.016

Shadow IT

162

IT 관리자가 모르는 사내의 IT 시스템
섀도 IT

POINT
- ▶ 개인 사유물인 스마트폰이나 사적인 메신저 등을 업무에 이용하는 것
- ▶ 부서가 IT 부문에 미리 말하지 않고 외부 웹 서비스를 이용하는 것도 여기에 해당한다
- ▶ IT 부문이 관리하지 않는 섀도 IT는 정보 유출 등의 위험성을 높인다

해설   기업이나 조직 내에서 사용이 허가되지 않은 IT 서비스나 IT 기기 등을 사무에 사용하는 것을 말한다. 개인 사유물인 컴퓨터나 스마트폰을 업무에 이용하는 것, 사적인 메신저로 업무 연락을 주고받는 것, 영업 등 사내 부문이 IT 부문의 허가를 받지 않고 사외 클라우드나 웹 서비스를 이용하는 것 등 다양하다. IT 부문이 관리하지 않는 시스템이나 서비스를 이용하는 것은 정보 유출이나 ID 도용을 통한 정보 도난의 위험성을 높인다.

[TOPIC 1]
섀도 IT가 일어나는 이유
끊임없이 등장하는 비즈니스 메신저나 파일 공유 애플리케이션 등의 편리한 IT 툴을 사용하고 싶은 사원의 요청에 공식적인 시스템이 빠르게 대응하지 못하는 것이 그 배경이다. 회사용 단말기의 반출 절차가 번잡한 것도 계기가 된다.

[TOPIC 2]
BYOD(Bring Your Own Device)
섀도 IT를 막는 수단 중 하나로, 기업이나 조직이 일정 수준의 관리와 조건 아래에서 개인이 소유한 기기의 반입과 사용을 허가하는 것이다. 이 경우도 개인의 기기에 대한 보안 대책은 필수이지만, 사원이 자신의 손에 익은 기기를 사용할 수 있다는 이점이 있다.

관련 용어 ▶▶ 클라우드 → p.148

163

Electronic Commerce

실제 점포에 가지 않고 스마트폰으로 쇼핑한다

전자상거래(EC)

POINT
- ▶ 인터넷을 이용해 상품이나 서비스를 사고파는 것
- ▶ 장소와 상관없이 거래할 수 있으며, 판매자와 소비자 양쪽에 이익이 있다
- ▶ EC는 대형 사이트의 시스템을 이용하거나 독자적으로 만들 수 있다

해설 인터넷 홈쇼핑이나 인터넷 쇼핑몰 등 인터넷을 이용해 상품의 발주와 결제를 하는 것을 말한다. e커머스(EC)라고도 부른다. 전자상거래의 보급으로 기존에는 어려웠던 지역이나 국가를 넘나드는 판로 확대와 점포 비용 절감 등에 따른 가격 인하가 진행됨에 따라 판매자와 소비자 양쪽에 이익이 생겼다. 그러나 한편에서는 치열한 가격 경쟁이나 전자상거래 특유의 트러블(▶1)도 발생하고 있다.

[TOPIC 1]
전자상거래의 트러블
상품에 관한 트러블과 결제에 관한 트러블이 있다. 상품의 경우는 사진과 실물의 차이라든가 세부적인 설명의 부족·오해 등에 따른 트러블이 많다. 결제의 경우에는 취소 절차와 환불 시기·방법의 설명 부족, 배송료에 관한 오해 등의 트러블이 있다.

[TOPIC 2]
전자상거래에서 출점과 개점의 차이
전자상거래에서 출점이란 아마존이나 옥션 같은 대형 전자상거래 사이트에 입주자로서 상점을 여는 것을 말한다. 한편 자신의 전자상거래 사이트를 직접 만드는 것은 개점이라고 한다. 실제 점포를 예로 들면, 쇼핑몰에 입주해서 개업하느냐 독립된 점포로서 개업하느냐의 차이다.

관련 용어 ▶▶ B2B, B2C, C2B, C2C → p.073

164

Content Management System / WordPress

웹 사이트를 일괄 관리하는 소프트웨어
CMS와 워드프레스

POINT
- ▶ CMS는 웹 사이트의 정보를 일괄 관리하는 애플리케이션
- ▶ 웹 사이트 전체를 편집하거나 관리할 수 있다
- ▶ 워드프레스는 CMS로 보급된 오픈소스 애플리케이션이다

해설 CMS는 웹 사이트의 운용자가 사용하는 사이트 정보를 일괄 관리하는 애플리케이션이다. 워드프레스는 CMS 중 하나다. 웹 사이트 개발이 시작되었을 당시에는 페이지와 페이지의 링크나 디자인을 만들거나 수정하려면 페이지마다 편집해야 하는 매우 번거로운 작업이 필요했다. CMS를 이용하면 이런 번거로운 작업을 관리 화면에서 손쉽게 할 수 있기 때문에 개인 블로그 등에서 널리 이용되고 있다.

[TOPIC 1]
CMS의 기능
웹 사이트는 HTML·CSS·자바스크립트·그림 파일 등 다양한 요소로 구성되어 있다. 예전에는 이런 요소들을 개별적으로 다뤘지만, CMS는 종류별로 관리해서 페이지를 구성할 수 있게 해 주기 때문에 사이트 전체를 편리하게 조정할 수 있다.

[TOPIC 2]
워드프레스의 특징
블로그용으로 개발되었고, 그 후 웹 사이트용으로 확장되어 보급되었다. 자신의 서버나 웹 사이트용 임대 서버에 설치해서 이용한다. 사이트에서 사용할 수 있는 지도나 연락처 양식 등을 플러그인으로 손쉽게 추가할 수 있다.

관련 용어 ▶▶ 오픈소스 소프트웨어 → p.119, 플러그인, 애드인, 애드온 → p.123, HTML과 XML과 CSS → p.227

Search Engine Optimization

검색 결과의 상위에 표시되기 위한 대책
SEO(검색엔진 최적화)

POINT
- ▶ 검색 결과 상위에 표시되기 위해 실시하는 각종 대책
- ▶ 상위에 표시되면 웹 사이트의 매출이나 지명도 상승을 기대할 수 있다
- ▶ 사이트 내용의 적절성이나 다른 사이트로부터 링크된 수가 중요

 웹 사이트가 구글 등의 검색엔진의 검색 결과에서 상위에 표시되도록 만들기 위한 각종 대책이다. 구체적으로는 특정 검색어에 대해 검색엔진이 최적의 웹 사이트로 판정하도록 검색 알고리즘(▶1)을 의식해서 웹 사이트를 설정하거나 링크 사이트를 조정하는 방식 등이 있다. 검색 결과의 상위에 표시되면 사이트를 인지하는 사람들이 많아져 매출이나 지명도가 상승하는 효과를 기대할 수 있다.

[TOPIC 1]
검색 알고리즘
검색엔진은 사이트의 내용이 검색어와 일치하는 정도나 내용의 적절성을 평가하며, 이를 검색 알고리즘이라고 한다. 또한 웹 사이트의 중요도를 평가할 때는 그 사이트 자체뿐만 아니라 링크된 외부 사이트의 평가도 중요한 포인트가 된다.

[TOPIC 2]
평가에 사용하는 정보
검색엔진은 웹 크롤러를 사용해서 수집한 웹 페이지 정보를 바탕으로 사이트를 평가한다. 이때 수집하는 것은 텍스트 정보이기 때문에, 사이트의 배경에 사용된 색이나 예쁜 사진 또는 그림 등 문자로 인식할 수 없는 내용은 고려되지 않는다.

관련 용어 ▶▶ 알고리즘 → p.114, 크롤러 → p.231, CTR → p.190, PV와 LPO와 CVR → p.192, 구글 → p.276

Click Through Rate

166

클릭 수를 세어서 광고의 효과를 측정한다
CTR

POINT
- ▶ 웹 사이트 또는 광고가 표시되는 동안 실제로 클릭된 수의 비율
- ▶ 100회가 표시되는 동안에 클릭된 횟수가 1회라면 CTR은 1퍼센트
- ▶ CTR이 높을수록 사용자에게 많이 알려졌다고 생각할 수 있다

해설  구글 등의 검색 결과에 표시된 웹 사이트나 각종 웹 사이트에 표시된 광고를 얼마나 클릭했는지 나타내는 지표다. 클릭률이라고도 부르며, 실제 클릭 수를 표시 횟수로 나눠서 구한다. 일반적으로 CTR이 높을수록 웹 사이트나 광고로 잘 유도한 것이며, 광고한 상품이 팔릴 가능성도 높아진다. 그래서 CTR을 높이기 위한 SEO(▶1)가 실시되고 있다.

[TOPIC 1]

CTR을 높이는 SEO

검색 결과나 브라우저의 화면에 배치되는 광고는 검색 결과나 페이지의 상위에 있을수록 CTR이 높아진다. 따라서 검색 결과의 상위에 표시될 수 있는 키워드를 효과적으로 사용할 필요가 있다. 또한 사용자가 보고 싶어 하거나 알고 싶어 하는 내용을 충실히 갖추는 것도 중요하다.

[TOPIC 2]

광고 효과의 척도

CTR은 광고가 대상이 되는 사용자에게 얼마나 어필하는지를 측정하는 척도다. CTR이 낮다면 사용자가 입력한 검색어와 표시되는 사이트의 개요 또는 광고의 관련성을 확인하고 어필할 수 있는 내용으로 개선해야 한다.

관련 용어 ▶▶ SEO → p.189

167

A/B Testing

A안과 B안을 비교해서 좋은 쪽을 선택하는 테스트
A/B 테스트

POINT
- ▶ 웹 사이트에서 디자인을 평가하는 테스트 수법
- ▶ 특정 요소에 차이를 준 A안과 B안을 놓고 디자인의 좋고 나쁨을 판정
- ▶ 웹 광고의 클릭률을 개선하기 위해서도 사용한다

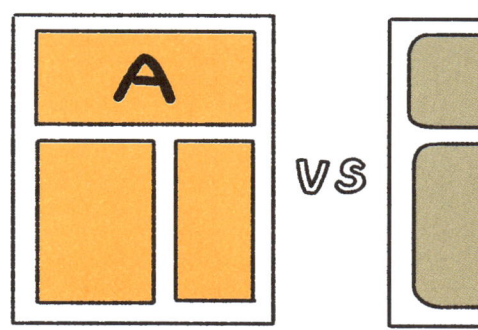

해설 광고와 배너를 포함한 웹 사이트의 디자인을 평가하는 테스트다. 예를 들어 웹 사이트의 주제색으로 빨간색과 파란색 중 어느 쪽이 나을지 테스트하는 경우, 빨간색으로 통일한 패턴과 파란색으로 통일한 패턴을 준비하고 사용자가 접속했을 때 둘 중 한 패턴이 임의로 표시되게 한다. 이렇게 일정 기간을 테스트한 뒤, 페이지 접속 수 등 사전에 정해 놓은 지표를 사용해 평가한다.

[TOPIC 1]
비교하는 패턴
중요한 점은 테스트하기 전에 무엇을 목적으로 무엇을 비교할지 명확히 하는 것이다. 그런 다음 비교 수와 비교 내용을 결정한다. 그 결과 3가지 이상의 패턴을 비교하거나 색과 글꼴 등 복수의 요소를 동시에 변경하게 되는 경우도 있다.

[TOPIC 2]
페이스북 광고의 예
페이스북은 비즈니스 사용자에게 광고 관리자라는 A/B 테스트 기능을 제공하고 있다. 광고 관리자는 비교하는 패턴의 작성부터 결과를 평가하는 방법의 선택, 테스트 기간의 설정과 실행까지 다양하게 지원한다.

관련 용어 ▶▶ PV와 LPO와 CVR → p.192, 페이스북 → p.279

168

Page View / Landing Page Optimization / ConVersion Rate

사이트의 인기도를 가시화한다
PV와 LPO와 CVR

POINT
- ▶ PV(페이지뷰)는 페이지 열람 수
- ▶ LPO(랜딩 페이지 최적화)는 광고를 통해 사이트를 찾아온 사람에 대한 대책
- ▶ CVR(전환율)은 방문자가 실제로 구입한 비율

해설 PV는 페이지 열람 수, LPO는 사이트 방문자가 제일 먼저 보게 되는 페이지를 최적화하는 것, CVR은 방문자가 실제로 구매 행동을 한 비율이다. 모두 인터넷 광고를 통해 전자상거래 사이트의 매출을 높기 위한 대책으로 중요시되고 있다. 방문자(PV)를 늘리고, 방문자가 처음으로 보게 되는 페이지를 구매로 연결되도록 최적화(LPO)하면, 구매로 이어지는 비율(CVR)이 높아지는 관계가 있다.

[TOPIC 1]
LPO를 실시하고 CVR로 평가한다
이를테면 상품 A가 사고 싶어서 인터넷 광고를 클릭해 사이트를 방문한 사용자가 상품 A를 즉시 찾아낼 수 있도록 위치를 명확히 전달하기 위한 대책이 LPO다. 그리고 그 결과 실제 구매 행동으로 이어진(전환된) 비율을 CVR로 평가한다.

[TOPIC 2]
세션 수
방문자가 웹 사이트 안에서 본 페이지의 수와 상관없이 일정 시간 동안 같은 사이트에 머물렀을 때를 1로 계산하는 세션 수(방문 수)라는 발상이 있다. 세션 수 1에 대한 PV 수가 많을수록 사이트의 내용이 충실한 셈이다.

관련 용어 ▶▶ SEO → p.189, 전자상거래(EC) → p.187

169

User Interface / User eXperience

사용자가 받는 인상은 접촉한 버튼이나 스위치에 따라 결정된다.

UI와 UX

POINT
- ▶ UI(사용자 인터페이스)는 사용자가 실제로 접촉하는 것
- ▶ UX(사용자 경험)는 사용자가 접한 감상·경험
- ▶ 실제로 만져 봤을 때 쓰기 편한 물건이나 서비스는 높은 평가를 가져온다

해설 UI는 사용자가 물건이나 서비스와 접촉하는 포인트다. 컴퓨터의 마우스나, 상품을 선택해서 장바구니에 넣는 인터넷 쇼핑몰의 화면, 카 내비게이션의 음성 안내 등은 전부 UI다. 한편 UX는 물건이나 서비스 내용을 통한 사용자 경험으로, 그 평가는 즐거움이나 편안함 등 사용자 만족도로 표현된다. 사용자의 입소문 후기는 UX 측정(▶1)의 일종이다.

[TOPIC 1]

UX 측정

인터뷰는 전통적인 UX 측정법으로, 사용자의 의견을 정성적인 평가치로서 이용한다. 그 밖에 전문가의 체크리스트를 이용해 웹 사이트 구조나 지원하는 디바이스, 웹 접근성 대응 정도 등을 평가하는 방법도 있다.

[TOPIC 2]

UI와 UX의 관계

UI는 사용자가 서비스에 직접 접촉하는 부분이다. 그래서 잘 만든 UI는 사용자에게 좋은 인상을 주고 못 만든 UI는 나쁜 인상을 주는 식으로 사용자 경험인 UX에 영향을 미친다. UI와 UX의 평가는 사용자가 서비스를 다시 이용하느냐 이용하지 않느냐로 이어진다.

관련 용어 ▶▶ 스토리보드(UX 디자인) → p.194

Storyboard (UX Design)

170 스토리보드 (UX 디자인)

POINT
- 제공할 경험을 그림 콘티로 짜서 모두가 함께 검토하는 방법
- 사용자에게 주고 싶은 경험을 그림과 스토리로 구상한다
- 가치 있는 특별한 공간이나 시간 경험을 판매하는 것을 지향한다

해설
스토리보드란 사용자가 제품이나 서비스를 이용할 때의 스토리 전개를 그림으로 표현한 것이다. 사용자의 경험을 디자인한다는 의미에서 UX 디자인이라고 부른다. 본래 스토리보드는 영화나 드라마의 그림 콘티를 의미한다. 그림 콘티를 만들 듯이 스토리보드를 작성하면서 제품이나 서비스를 이용할 때의 좋은 경험의 흐름을 구상한다.

[TOPIC 1]
경험을 디자인한다
사용자가 원하는 상품을 쉽게 찾아내서 살 수 있도록 인터넷 쇼핑몰 사이트를 설계하는 것이 경험의 디자인이다. 가령 찾는 상품이 있는데 검색이 안 된다거나 상품의 설명이 다르다거나 페이지가 무거워서 잘 열리지 않는 경험을 한다면 구입으로 이어지지 않을 것이다.

[TOPIC 2]
경험을 판매한다
UX 디자인의 진수는 제품이나 서비스가 아니라 경험을 판매하는 것이라는 말이 있다. 디즈니랜드나 스타벅스는 경험을 파는 비즈니스를 전면에 내세우고 있는데, 이는 고객이 그 자리에 있음으로써 느끼는 행복감이나 가치에 대해 돈을 쓰도록 한다는 발상이다.

관련 용어 ▶▶ UI와 UX → p.193

171 유니버설 디자인과 웹 접근성

설명이 없어도 누구나 금방 이해할 수 있는 디자인

Universal Design / Web Accessibility

POINT
- ▶ 최대한 많은 사람이 사용할 수 있도록 디자인하는 것
- ▶ 핸디캡이 있는 사람을 배려한 웹 사이트는 모두가 사용하기 편하다
- ▶ 사용하는 색이나 문자의 글꼴은 웹 사이트의 사용 편의성에 영향을 끼친다

해설

유니버설 디자인이란 누구에게나 의도가 이해되는 디자인이다. 예를 들어 녹색인 사람이 출구를 향해 달려가는 비상구 표시는 전 세계의 누가 보더라도 이해할 수 있도록 디자인된 것이다. 이 발상을 웹 사이트에 적용해, 내용을 한눈에 알 수 있는 제목을 사용하고 사용한 색을 통일하는 등 모두가 쉽게 사용할 수 있도록 디자인하는 것이 웹 접근성이다.

[TOPIC 1]
유니버설 디자인의 예
유니버설 디자인은 매우 폭넓은 분야를 대상으로 한다. 휠체어용 경사로를 '누구나 지나다닐 수 있도록' 만들거나, 샴푸통의 펌프 머리 부분 요철을 '누가 사용하더라도 린스와 구별할 수 있도록' 설계하는 것도 유니버설 디자인의 일종이다.

[TOPIC 2]
웹 접근성의 규격
한국의 웹 접근성 규격은 한국 정보 통신 표준(KICS)인 '한국형 웹 콘텐츠 접근성 지침'이다. 고령자나 장애인을 배려한 멀티 디바이스 지원이나 음성 낭독 등의 규격을 지키면 결국 모두가 사용하기 편한 웹 사이트가 된다.

관련 용어 ▶▶ 없음

Creative Commons (CC)

172

조합해서 만드는, 누구나 자유롭게 사용할 수 있는 라이선스

크리에이티브 커먼즈(CC)

POINT
- ▶ 작가가 저작권을 보유한 채로 제삼자의 재이용을 허락하는 라이선스
- ▶ 기존의 저작권보다 유연한 운용이 가능하다
- ▶ 크리에이티브 커먼즈는 본래 단체의 이름이지만, 라이선스의 명칭으로 통용된다

해설 작가가 저작권을 보유한 상태에서 제삼자가 합법적으로 재이용할 수 있는 라이선스다. 기존의 저작권이 '원칙적으로 권리자의 사후 70년까지 보호'받거나 '모든 권리를 포기'해야 한다는 극단적인 양자택일이었던 데 비해, 크리에이티브 커먼즈는 라이선스의 조건을 따르는 한 저작권자의 승낙 없이 작품을 자유롭게 무료로 재이용할 수 있게 함으로써 저작권의 유연한 운용을 가능케 했다.

[TOPIC **1**]

카피레프트(Copyleft)

카피라이트(Copyright, 복제할 권리)와 대비해 카피레프트라고 부르는, 저작권을 포기하지 않은 채로 프로그램의 자유 배포와 수정을 할 수 있게 하는 운동이 있다. 카피레프트인 저작물을 이용할 경우 그 성과물도 카피레프트로 공개해야 한다.

[TOPIC **2**]

CC0(CC 제로)

저작권자가 모든 저작권의 보유를 포기한다는 선언이다. 저작권은 작품의 작가에게 자동으로 부여되며, 저작권을 포기하려 해도 이에 관한 정식 규정이 없었다. CC0에는 법적인 강제력은 없지만, 이용자에게 저작자의 의사를 전달하는 수단으로 작용한다.

관련 용어 ▶▶ 없음

173

Owned Media

자사의 광고를 발신하기 위한 자사의 미디어
온드 미디어

POINT
- ▶ 웹 사이트나 카탈로그 등 자사가 보유한 미디어를 가리킨다
- ▶ 텔레비전 등과 달리 사용자에게 직접 접근할 수 있다는 것이 특징
- ▶ 기존의 광고나 SNS에서의 입소문 획득 등과 연계시켜서 활용한다

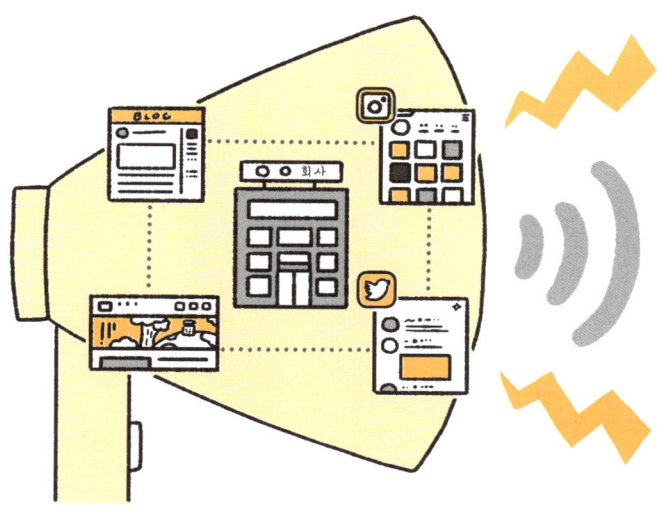

해설 광고를 내는 기업이 자체적으로 보유한 미디어다. 온드 미디어가 등장한 이유는 사용자층의 인터넷 이용이 비약적으로 확대되었기 때문이다. 기존의 텔레비전이나 잡지 등(▶1)의 미디어를 사용한 광고 발신과 비교했을 때, 온드 미디어는 웹 사이트·블로그·SNS 등을 이용해 타깃으로 삼는 사용자층에 자세한 정보를 직접 발신할 수 있다는 강점이 있다.

[TOPIC 1]
페이드 미디어(Paid Media)
텔레비전이나 잡지·인터넷의 광고는 페이드 미디어라고 불리며, 광고 대행사 등에 광고의 제작과 발신을 의뢰한다. 노출도와 사용자의 인지 효과가 높다는 것이 장점이지만, 온드 미디어에 비해 가격이 비싸고 타깃을 좁히기 어렵다는 것이 단점이다.

[TOPIC 2]
트리플 미디어 전략
트위터나 인스타그램 등의 SNS에서 확산되는 사용자 후기를 통해 제품이나 서비스의 신뢰를 획득하는 수법을 언드 미디어(Earned Media)라고 부른다. 트리플 미디어 전략은 온드 미디어, 페이드 미디어, 언드 미디어를 조합해서 상승효과를 만들어내는 마케팅 수법이다.

관련 용어 ▶▶ SNS → p.163

Omnichannel

다양한 경로를 사용해 고객과 연결된다
옴니채널

POINT
- 여러 개의 판매 경로를 연계시켜 사용자에게 일련의 서비스를 제공하는 것
- EC 점포에서 구입한 상품을 실제 점포에서 수령한다
- 옴니는 '모든(all)', 채널은 '고객과의 접점'을 의미한다

해설   기업과 사용자 사이에 있는 모든 접점(채널)을 연계시켜서 사용자에게 서비스를 제공하는 판매 채널 전략이다. 예를 들어 어떤 소매 기업에 실제 점포와 전자상거래 점포가 있을 경우, 전자상거래 점포에서 구입한 상품을 실제 점포에서 수령할 수 있도록 연계하는 것을 말한다. 다양한 판매 경로를 넘나들면서도 사용자에게는 일련의 흐름처럼 보이도록 서비스를 제공한다.

[TOPIC 1]

O2O 마케팅

O2O 마케팅은 사용자를 온라인에서 오프라인으로(Online to Offline) 유도하는, 즉 사용자의 구체적인 내점 행동을 촉진하는 활동이다. 점포에 왔을 때 사용할 수 있는 온라인 쿠폰의 배포나 레스토랑의 온라인 예약 등이 O2O 마케팅의 예다.

[TOPIC 2]

멀티채널과 크로스채널

여러 개의 판매 경로를 사용하는 것이 멀티채널, 멀티채널의 채널 사이에서 재고 관리나 고객 관리를 연동시키는 것이 크로스채널이다. 옴니채널은 여기에서 한 발 더 나아가 상품 광고부터 상품의 구입과 실제 입수에 이르기까지 구매 경험의 최적화를 추진한 것이라고 할 수 있다.

관련 용어 ▶▶ 전자상거래(EC) → p.187

제 7 장
인터넷

인터넷 기술을 이해하기 위한
IT 용어

세션

통신을 시작해서 끝낼 때까지의 한 묶음

POINT
- 통신에는 시작과 끝이 있는데, 그것을 관리하는 단위를 말한다
- 다양한 통신 절차(프로토콜)별 세션이 있다
- 사용자가 웹 사이트를 방문해서 나가는 것까지도 세션이라고 부른다

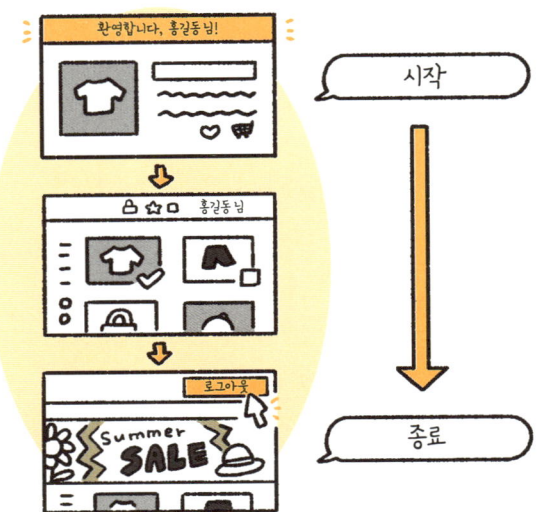

해설

통신을 시작해서 끝낼 때까지를 관리하는 단위다. 예를 들어 브라우저에서 검색할 때 검색어를 입력해서 검색 결과가 표시되기까지 PPPoE 세션, SSL/TLS 세션, HTTP 세션(▶1) 등 여러 번의 세션이 발생하며, 각각의 단위로 통신을 관리한다. SEO 용어에서는 사용자가 웹 사이트를 방문해서 나가기까지의 과정을 의미하며, 방문 횟수로 사용된다.

[TOPIC 1]

브라우저의 HTTP 세션 관리

쿠키를 사용해 사용자의 웹 사이트 접속 상황을 관리하는 것을 HTTP 세션 관리라고 부른다. 사용자의 로그인 상태나 장바구니에 상품을 넣었는지 등의 정보를 저장하고 관리함으로써 웹 사이트를 원활하게 사용할 수 있도록 한다.

[TOPIC 2]

커넥션

세션과 비슷한 용어로 커넥션이 있다. 커넥션은 통신하는 두 점의 연결을 의미하므로 세션과는 의미가 다르지만, 통신을 시작했을 때 커넥션을 만들고 종료할 때 끊는 것에서 둘을 같은 의미로 착각하고 오용하는 경우도 보인다.

관련 용어 ▶▶ SSL/TLS → p.240, WWW와 HTTP와 HTTPS → p.226, SEO → p.189, 쿠키(HTTP 쿠키) → p.228

176 베스트 에포트

운이 좋다면 많이 사용할 수 있다

Best Effort

POINT
- ▶ 비어 있는 만큼 사용할 수 있는 통신 방식
- ▶ 운이 좋으면 독점할 수 있지만, 운이 나쁘면 전혀 이용할 수 없을 때도 있다
- ▶ 얼마나 사용할 수 있을지에 대한 보증이 없는 대신, 저비용으로 이용할 수 있다

해설   최선의 노력이라는 의미로, '가급적 많은 데이터를 통과시키는' 것을 의미한다. 특히 인터넷 계약에서 자주 보인다. 가령 1기가 인터넷의 베스트 에포트 서비스는 최선의 조건에서는 1기가가 나오지만 그 밖의 상황에서는 1기가 미만 혹은 제로가 될 수도 있다는 의미다. 언뜻 무책임해 보이지만, 베스트 에포트에는 커다란 의미와 장점(▶①)이 있다.

[TOPIC 1]
베스트 에포트의 의미와 장점
사용자가 얼마나 데이터를 주고받을 수 있는지 보증하지 않는 대신, 설비 투자를 억제해서 통신요금을 낮출 수 있다는 것이 가장 큰 장점이다. 많은 사용자가 일제히 이용할 수 있는 대용량 통신 시스템을 준비할 필요가 없기 때문에 결과적으로 서비스 요금을 극적으로 낮출 수 있었다.

[TOPIC 2]
속도 보증 서비스
베스트 에포트의 반대로, 인터넷 속도를 보증해 달라는 요청에 부응하는 서비스다. 속도 보증 서비스는 확실히 인터넷 속도가 보증되지만, 그 대신 설비 투자가 늘어나기 때문에 서비스 요금도 올라간다.

관련 용어 ▶▶ 없음

제7장 인터넷

Appliance

용도가 한정된 컴퓨터
어플라이언스

POINT
- ▶ 정해진 목적을 위해 필요한 기능을 담은 컴퓨터
- ▶ 통신 데이터의 고속 처리가 필요한 분야에서 많이 볼 수 있다
- ▶ 웹 서버나 메일 서버 기능을 담아서 판매한 것이 시작이다

해설   어플라이언스는 목적 특화형 컴퓨터다. 일반적인 컴퓨터는 '범용 컴퓨터'로 분류되며, 수많은 애플리케이션 중에서 사용하고 싶은 것을 선택해 도입함으로써 다양한 용도로 이용할 수 있다. 그에 비해 방화벽 등 필요한 하드웨어와 소프트웨어를 미리 설치해 특정 기능에 특화한 전용 컴퓨터를 '어플라이언스'로 분류한다.

[TOPIC 1]
네트워크 계열 장치가 주류
방화벽 등의 네트워크 계열 장치는 고속으로 송수신되는 통신 데이터를 처리하기 때문에 범용 컴퓨터로는 실현하기가 어려운 분야다. 충분한 성능을 얻으려면 전용 하드웨어나 전용 소프트웨어가 필요하므로 처음부터 장착해 놓는 편이 효율적이다.

[TOPIC 2]
어플라이언스의 시작
일반적인 서버에 웹이나 이메일 등의 소프트웨어를 미리 설치해 놓은 것이 어플라이언스의 시작이다. 사용 목적이 처음부터 정해져 있다면 그 기능에 특화한 제품이 사용자에게 더 효율적이라는 발상에서 탄생했다.

관련 용어 ▶▶ 방화벽 → p.238

Home Router / Wi-Fi Router

집과 인터넷을 연결하는 상자
홈 라우터와 와이파이 라우터

POINT
- 가정의 컴퓨터나 스마트폰을 인터넷에 연결하기 위한 장치
- 홈 라우터는 WiMAX 등의 모바일 데이터 통신으로 인터넷에 연결한다
- 와이파이 라우터나 무선 LAN 라우터는 광통신 등으로 인터넷에 연결한다

해설 가정의 컴퓨터나 스마트폰 같은 단말기를 인터넷에 연결하는 소형장치다. 홈 라우터는 WiMAX나 LTE, 5G 등의 모바일 데이터 통신으로 인터넷에 연결하며, 와이파이 라우터나 무선 LAN 라우터는 통신 사업자의 단말기를 통해 광통신 등으로 인터넷에 연결한다. 홈 라우터는 접속용 배선이 필요 없어서 그냥 놓아두기만 해도 이용할 수 있는 간편함이 장점이다.

[TOPIC 1]
인터넷 접속
와이파이 라우터의 본체에는 WAN 또는 INTERNET 이라고 적힌 포트(단자)가 반드시 하나는 달려 있다. 이 단자와 통신 사업자가 제공하는 통신 단말기를 연결하면 인터넷 회선에 접속된다.

[TOPIC 2]
모바일 라우터의 가정 버전
홈 라우터는 본래 가정용 라우터의 총칭이었지만, 현재는 모바일 데이터 통신을 사용하는 장치의 이름으로 쓰이고 있다. WiMAX나 LTE 등을 사용해 인터넷에 접속할 수 있는 휴대 가능한 소형 라우터를 가정용으로 만든 것이다.

관련 용어 ▶▶ 무선 LAN과 와이파이(Wi-Fi) → p.206, 허브와 스위치와 라우터 → p.204

Hub / Switch / Router

179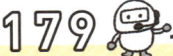

데이터를 보내기 위한 접속 상자
허브와 스위치와 라우터

POINT
- ▶ 네트워크와 컴퓨터 등을 연결하는 장치
- ▶ 허브와 스위치는 좁은 범위의 데이터 송수신에 사용한다
- ▶ 라우터는 인터넷 등 넓은 범위의 데이터 송수신에 사용한다

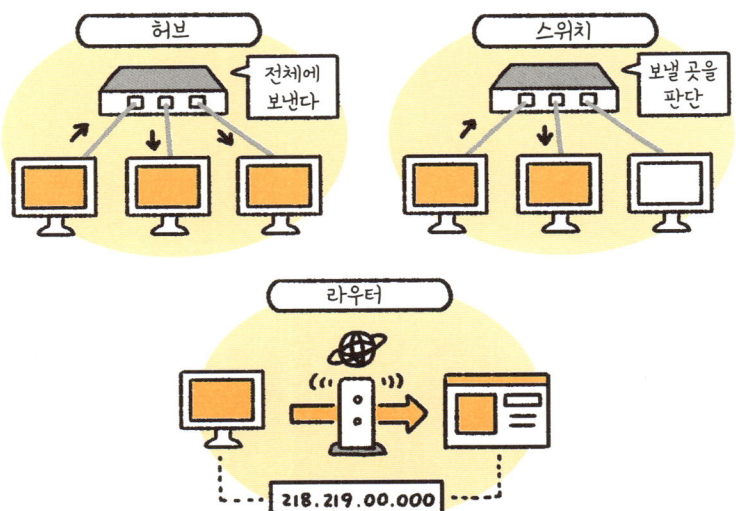

해설 모두 네트워크에서 사용되고 있는 이더넷 통신에 사용하는 접속 장치들의 이름이다. 이더넷에는 우편과 같은 계층화(▶①)가 도입되어 있다. 계층화의 구조에서 허브는 물리적으로 장치 사이를 연결하는 가장 아래 계층이고, 스위치는 개개의 장치가 가진 MAC 주소 사이를 연결하는 그 위의 계층이며, 라우터는 IP 주소 사이를 연결하는 그 위의 계층이다.

[TOPIC 1]
계층화와 우편
우편은 크게 봤을 때 시군 영역, 도 영역, 전국 영역으로 계층화되어 있다. 예를 들어 같은 시일 경우는 시군 영역 내에서 배송이 완료되지만, 영역 밖의 다른 시로 보내는 우편의 경우는 하나 위의 계층(도 영역)으로 넘긴 다음에 다른 시로 전송하는 식이다.

[TOPIC 2]
사용되지 않게 된 허브
허브는 연결되어 있는 모든 단말기(컴퓨터)에 같은 데이터를 보낸다. 원리가 간단해서 매우 저렴하게 만들 수 있지만, 데이터를 확산시킨다는 보안상의 문제가 있다. 그래서 통신을 보내는 것을 한정할 수 있는 스위치의 가격이 저렴해지자 허브를 사용하지 않게 되었다.

관련 용어 ▶▶ 홈 라우터와 와이파이 라우터 → p.203, IP 주소와 포트 번호와 MAC 주소 → p.219

180

Default Gateway

목적지를 알 수 없는 데이터를 보내 주는 장치
디폴트 게이트웨이 (기본 게이트웨이)

POINT
- ▶ 인터넷에 통신하고 싶을 때 제일 먼저 데이터를 보내는 장소
- ▶ 가정의 네트워크에서는 와이파이 라우터가 여기에 해당한다
- ▶ 디폴트는 초기 설정, 게이트웨이는 출입구라는 의미다

디폴트 게이트웨이

해설 목적지의 주소를 알 수 없는 데이터를 송신원(送信元)의 장치를 대신해 전송하는 기능이다. 와이파이 라우터가 친숙한 예로, 가정 내의 스마트폰에서 보내는 문자 메시지나 메신저의 데이터는 와이파이 라우터 속에 있는 디폴트 게이트웨이로 보내진 뒤 그곳에서 인터넷으로 전송된다. 어떤 단말기든 이 게이트웨이의 주소를 미리 알고 있기 때문에 디폴트라고 부른다.

[TOPIC 1]
디폴트의 의미
디폴트는 초기 설정이라는 의미다. 구체적으로는 와이파이 라우터의 IP 주소 값이다. 컴퓨터나 스마트폰의 인터넷 접속 설정에는 디폴트 게이트웨이 혹은 기본 게이트웨이 항목이 있으며, 여기에 와이파이 라우터의 IP 주소를 입력한다.

[TOPIC 2]
넓은 의미의 게이트웨이
넓은 의미의 게이트웨이는 네트워크의 경계에 놓여 있으면서 다른 프로토콜(통신 절차나 약속) 사이의 변환을 실시하는 기능을 의미한다. 한국어 네트워크와 영어 네트워크의 경계에 있으면서 데이터가 지나갈 때마다 상대의 언어로 번역하는 식이다.

관련 용어 ▶▶ 홈 라우터와 와이파이 라우터 → p.203, IP 주소와 포트 번호와 MAC 주소 → p.219

Wireless Local Area Network / Wi-Fi

181

공중에서 연결되는 LAN과 그 기술
무선 LAN과 와이파이(Wi-Fi)

POINT
- ▶ 무선 LAN은 케이블을 사용하지 않고 하는 컴퓨터 사이의 통신
- ▶ 와이파이 인증 로고는 다른 제조사의 무선 LAN 제품과의 접속을 보증하는 표시
- ▶ 컴퓨터를 사용하는 장소의 제약은 적지만 보안에 주의해야 한다

해설 무선 LAN은 무선으로 하는 컴퓨터 간 통신의 통칭이다. 와이파이(Wi-Fi)는 본래 무선 LAN 규격에 적합하다는 인증이지만, 무선 LAN과 같은 의미로 사용되고 있다. 케이블이 필요 없는 무선 LAN이 보급됨에 따라 장소의 제약이 급속히 사라졌고, 자신이 원하는 장소에 컴퓨터를 가져가서 네트워크에 접속해 사용하는 것이 당연해졌다.

[TOPIC 1]
무선 LAN의 방식
처음 등장했을 무렵의 무선 LAN 제품은 다른 제조사와의 호환 접속에 문제가 있었다. 그래서 이 문제를 해결하기 위해 와이파이 얼라이언스(Wi-Fi Alliance)라는 단체가 발족했다. 와이파이 얼라이언스에서는 지금까지 802.11a/b/g/n/ac/ax 등 수많은 사양을 인증했다.

[TOPIC 2]
무선 LAN의 과제
선이 없이 공중을 통해 전달되는 성질 때문에 벽이나 문 등의 장애물에 막혀 통신이 끊기거나 통신 속도가 극도로 저하되는 등의 문제가 일어난다. 또한 누구나 수신이 가능하기 때문에 암호화 등의 대책을 철저히 마련하지 않으면 통신 내용을 도청당할 위험이 있다.

관련 용어 ▶▶ WEP, WPA, WPA2, WPA3 → p.207, WPS와 이지 커넥트 → p.208

182

Wired Equivalent Privacy / Wi-Fi Protected Access / WPA II / WPA III

와이파이를 도청으로부터 보호하는 암호화 방법
WEP, WPA, WPA2, WPA3

POINT
- ▶ 전부 와이파이 정보를 암호화하는 방식의 명칭
- ▶ WEP는 최초로 등장한 기술이지만, 취약점 문제로 퇴출되었다
- ▶ WPA는 WEP의 후계자로, 세대교체를 하면서 보안성을 향상시켰다

 전부 와이파이 통신을 암호화해서 보호하는 보안 기술의 명칭이다. 제일 먼저 WEP가 등장했지만, 수많은 취약점이 지적되었다. 이후 취약점에 대응해 WPA, WPA2, WPA3라는 새로운 기술이 등장하면서 암호화 방식도 서서히 견고해졌다. 최신 기술인 WPA3의 암호화가 가장 강력하다고 알려져 있지만, 과신하지 말고 보안에 신경을 쓸 필요가 있다.

[TOPIC 1]
개방형 와이파이의 리스크
와이파이 전파를 통해 보내지는 데이터는 기술적인 지식이 있다면 도청도 가능하다. 가장 도청하기 쉬운 것은 패스워드 없이 사용할 수 있는 암호화되지 않은 개방형 와이파이다. 역이나 가게에서 제공하는 무료 와이파이도 패스워드를 쉽게 입수할 수 있기 때문에 도청당할 위험이 높다.

[TOPIC 2]
WPA의 인증
집에서 사용하는 와이파이는 와이파이의 액세스 포인트가 WPA 인증을 실시한다. WPA에는 사용자 인증에 인증 서버를 사용하는 기능이 있는데, 개인이 사용하기에는 허들이 높기 때문에 기업을 대상으로 하는 엔터프라이즈 모델로서 제공되고 있다.

관련 용어 ▶▶ 무선 LAN과 와이파이 → p.206

183

Wi-Fi Protected Setup / Easy Connect

단말기를 와이파이에 쉽게 연결하는 방법
WPS와 이지 커넥트

POINT
- ▶ 양쪽 모두 와이파이와 단말기를 쉽게 연결하기 위한 방식
- ▶ WPS는 버튼을 누르면 접속할 수 있는 기술로 널리 보급되었다
- ▶ 전용 애플리케이션을 사용하는 이지 커넥트는 QR 코드를 읽어 들여서 접속한다

 해설

와이파이에 쉽게 접속하기 위한 방식이다. WPS를 사용하면 와이파이 라우터의 버튼을 누르기만(▶1) 해도 컴퓨터나 스마트폰에 접속할 수 있다. 처음에는 일본의 제조사가 자사 제품용으로 제공한 것이었는데, 널리 보급되면서 이후에 표준화되었다. 2018년에는 스마트폰이나 IoT 기기에 대응할 목적으로 QR 코드를 사용해서 더욱 간단하게 접속하는 이지 커넥트(▶2)가 발표되었다.

[TOPIC 1]
WPS의 설정 방법
WPS 설정은 와이파이 라우터에 있는 WPS 버튼을 누르는 푸시 버튼 방식이 주류다. 접속할 단말기에 WPS 기능의 온/오프 설정이 있을 때는 먼저 전용 애플리케이션 등으로 기능을 켜 놓는다. 그 밖에 8자리의 핀 코드를 입력하는 핀 코드 방식도 있다.

[TOPIC 2]
이지 커넥트(Easy Connect)
와이파이 기기에 붙어 있는 QR 코드를 스마트폰이나 태블릿의 전용 애플리케이션을 사용해서 읽어 들여 등록하면 와이파이 통신이 가능해진다. 통신 기기끼리의 상호 작용이 필요한 WPS와 달리 애플리케이션이 일괄 관리한다.

관련 용어 ▶▶ 홈 라우터와 와이파이 라우터 → p.203

Service Set IDentifier

와이파이 네트워크의 이름
SSID

POINT
- 액세스 포인트에 설정하는 와이파이 네트워크의 이름
- 컴퓨터나 스마트폰에서 자신이 연결하고 싶은 SSID를 선택해 접속한다
- 일단 SSID를 기억해 놓으면 그 SSID에 자동으로 접속할 수 있다

해설 와이파이의 무선 네트워크를 식별하는 이름으로, 와이파이 라우터 등의 액세스 포인트에 최대 32문자의 영문·숫자와 기호를 사용해서 설정한다. 컴퓨터나 스마트폰의 설정에서 '접속'이라든가 '와이파이(Wi-Fi)' 등의 메뉴를 열었을 때 접속할 후보로 주변에 있는 와이파이 네트워크의 SSID(액세스 포인트)가 표시된다. 그중에서 자신이 이용하고 싶은 SSID를 선택해서 접속한다.

[TOPIC 1]
SSID를 이용한 접속 방법
와이파이의 액세스 포인트는 SSID를 주기적으로 송신한다. 단말기 쪽에서 '한 번 접속했던 SSID를 기억하도록' 설정해 놓았다면 과거에 접속했던 SSID를 수신했을 때 자동으로 접속한다. 만약 해당하는 SSID가 없다면 목록을 표시하고 접속을 기다린다.

[TOPIC 2]
SSID의 변경
와이파이 라우터를 사 오면 처음에는 제조사가 기계적으로 배정한 SSID가 설정된다. 이 SSID를 그대로 쓸 수도 있지만, 라우터 관리 소프트웨어를 사용해서 자신이 기억하기 쉬운 이름으로 변경하면 재접속을 할 때 쉽게 찾아낼 수 있다.

관련 용어 ▶▶ 무선 LAN과 와이파이(Wi-Fi) → p.206, 홈 라우터와 와이파이 라우터 → p.203

Internet / Intranet

185

개방적인 네트워크와 폐쇄적인 네트워크
인터넷과 인트라넷

POINT
- ▶ 인터넷은 전 세계에 퍼져 있는 개방적인 네트워크다
- ▶ 인트라넷은 조직 내부의 폐쇄적인 네트워크다
- ▶ 보안에 강한 것이 인트라넷의 장점이다

해설
인터넷은 불특정한 외부와 연결되어 있는 개방적인 네트워크이고, 인트라넷은 회사나 조직 등에서만 사용하는 폐쇄적인 네트워크다(▶1). 인터넷과 인트라넷은 통신 범위가 다를 뿐, 사용하는 통신 기술이나 통신 기기는 동일하다. 인트라넷을 구성하는 방법으로는 물리적으로 케이블을 단절하는 방법과 통신 기기 설정을 통해 외부와의 통신을 논리적으로 단절하는 방법이 있다.

[TOPIC 1]
인터와 인트라의 어원
'인터(Inter)'는 '둘의 사이'라는 의미의 접두사로, 독립된 네트워크 사이를 연결한다는 뜻이다. '국제'라는 의미의 '인터내셔널(Inter-national)'과 용법이 같다. 한편 '인트라(Intra)'는 '내부의'라는 의미의 접두사다.

[TOPIC 2]
인트라넷의 장점
인트라넷은 인터넷과 직접 통신하지 못하기 때문에 정보 유출 위험이 낮다. 따라서 거래처 정보나 급여 계산 같은 내부 데이터나 사원 사이의 커뮤니케이션 등 보안 대책이 필요한 정보를 안전하게 취급할 수 있다.

관련 용어 ▶▶ 보안 → p.252

186

Local Area Network / Wide Area Network

가까이 있는 컴퓨터 사이의 통신과 광범위한 지역에 있는 컴퓨터 사이의 통신

LAN과 WAN

POINT
- ▶ LAN도 WAN도 컴퓨터 네트워크를 의미한다
- ▶ LAN은 한정된 범위의 컴퓨터를 연결하는 네트워크다
- ▶ WAN은 멀리 떨어져 있는 LAN과 LAN을 연결하는 네트워크다

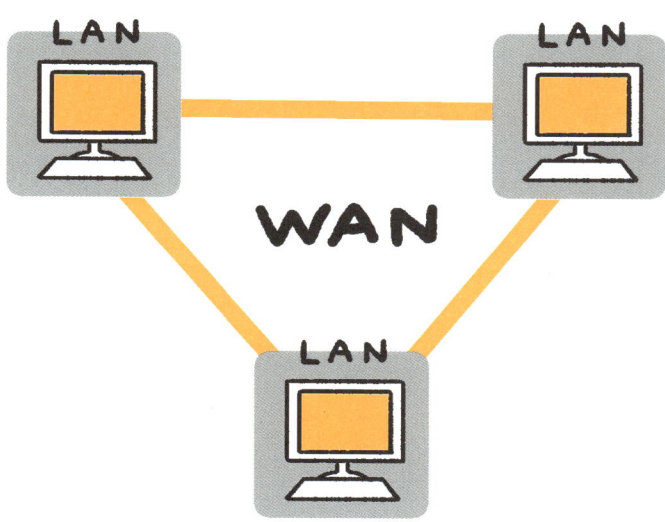

LAN과 WAN의 차이는 물리적인 통신 범위다. LAN은 물리적으로 한정된 건물 내부나 부서 내부 같은 좁은 범위의 네트워크이고, WAN은 인터넷 등 건물 외부에 있는 광범위(Wide)한 네트워크를 의미한다. 일반적으로 와이파이나 이더넷(▶①)을 사용한 일정 규모의 네트워크를 LAN, 대규모 조직이나 통신 사업자 등이 운영하는 LAN과 LAN 사이를 연결하는 네트워크를 WAN이라고 부른다.

[TOPIC ①]
이더넷
이더넷은 LAN 케이블의 규격과 TCP/IP의 사양이 세트가 된 통신 기술의 명칭이다. 기술에 적합한 장치라면 '케이블에 연결해서 사용할 수 있다'는 것이 이더넷의 가장 큰 특징이다. 참고로 이더넷 기술 대부분은 WAN에서도 사용되고 있다.

[TOPIC ②]
그 밖의 지역 네트워크
LAN과 WAN 이외에도 CAN이나 MAN이 있다. C는 캠퍼스(Campus), M은 메트로폴리탄(Metropolitan)의 머리글자로 각각 학교의 교정과 대도시라는 의미다. 여러 개의 LAN이 존재하는 지역을 지리적으로 잘라내서 하나의 네트워크 지역으로 간주한다.

관련 용어 ▶▶ TCP와 UDP → p.217, IP → p.218, 무선 LAN과 와이파이(Wi-Fi) → p.206

Content Delivery Network

187

지구 반대쪽의 웹 페이지를 가까운 곳에서 발신한다
CDN

POINT
- 웹 사이트 정보의 복사본을 인터넷 곳곳에 배치한 네트워크
- 사용자는 자신과 가까운 곳에 있는 정보 복사본에 접속하기 때문에 속도가 빠르다
- CDN 사업자가 CDN 서버를 준비해서 자동으로 발신한다

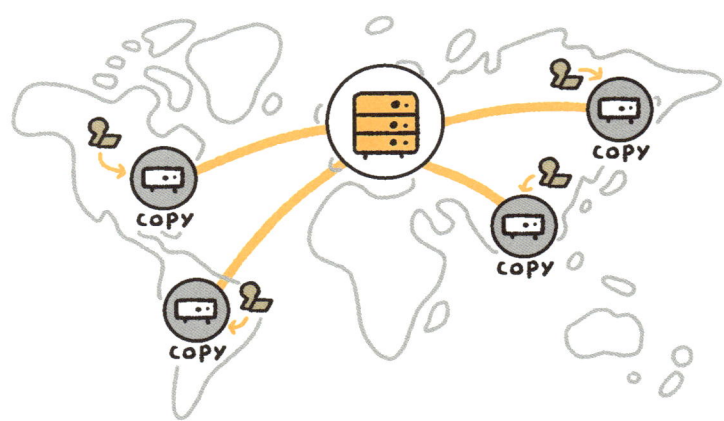

해설 웹 사이트 정보나 동영상 등을 효율적으로 발신하는, 인터넷 속에 구축된 콘텐츠 발신용 네트워크의 이름이다. 본래의 웹 서버에 있는 콘텐츠 복사본을 여러 개의 CDN 서버(캐시 서버)에 보관한다. 사용자는 자신과 가장 가까운 곳에 있는 CDN 서버의 정보에 접속하기 때문에 빠르게 데이터를 읽을 수 있으며, 본래 서버의 부하도 낮출 수 있다.

[TOPIC 1]
CDN의 장점
근처에 있는 CDN 서버에서 콘텐츠를 다운로드할 수 있기 때문에 효율이 좋고, 대기 시간 단축이나 회선의 혼잡 완화를 기대할 수 있다. 인터넷 전체 측면에서도 네트워크와 네트워크 사이의 통신이 줄어들기 때문에 더 많은 사용자가 데이터 통신을 할 수 있게 된다.

[TOPIC 2]
CDN은 서비스
CDN은 CDN 사업자가 제공하는 서비스다. 콘텐츠 제공자는 CDN 사업자와 계약을 맺고 CDN 서버에 콘텐츠의 복사본(캐시)을 두는 동시에, 사용자가 콘텐츠 제공자의 서버에 접속하면 CDN 서버로 전송하도록 설정한다.

관련 용어 ▶▶ 스트리밍 → p.167

188

Traffic

네트워크를 지나가는 데이터
트래픽

POINT
- ▶ 네트워크 속을 흘러가는 데이터
- ▶ 흘러가는 데이터가 많을수록 트래픽도 많다
- ▶ 데이터의 속도를 나타낼 때는 스루풋(처리율)을 사용한다

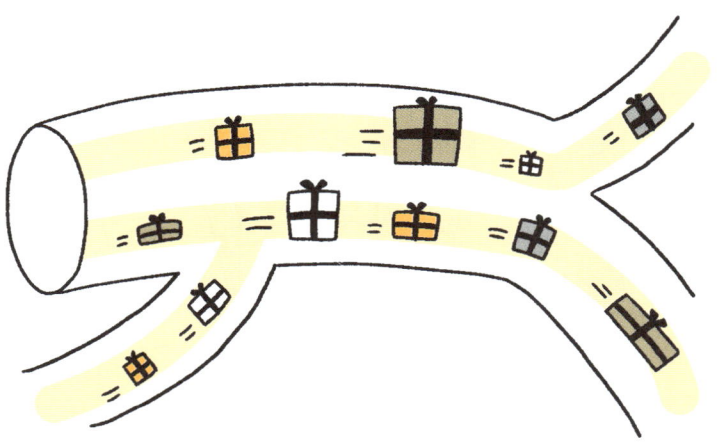

해설 네트워크 속을 흘러가는 데이터다. 트래픽은 본래 도로를 달리는 자동차나 사람의 흐름을 의미하는데, 이것과 같은 뜻에서 쓰고 있다. 유량 또는 밀도라는 의미가 있어서 인터넷을 흐르는 데이터의 양에 따라 "트래픽 양이 많다/적다"라고 말한다. 참고로 개별 컴퓨터의 통신이나 개별적인 데이터 전송 속도를 나타낼 때는 스루풋(▶1)을 사용한다.

[TOPIC 1]
스루풋(처리율)
트래픽이 데이터의 양을 나타내는 데 비해, 스루풋은 단위 시간당 통과하는 데이터의 양, 즉 속도를 나타낸다. 인터넷상에는 데이터를 다운로드하는 시간을 측정해 결과를 알려주는 각종 스루풋 측정 사이트가 있다.

[TOPIC 2]
SEO 용어로서의 트래픽
트래픽은 SEO 용어로도 사용되고 있다. 이때는 사이트의 방문 수나 열람 수 등의 접속 수를 의미한다. 일반적으로 트래픽이 많을수록 사이트의 평가가 높다고 간주되며, 트래픽을 늘리기 위한 대책을 트래픽 SEO라고 부른다.

관련 용어 ▶▶ SEO → p.189

Network Function Virtualization

189

클라우드에서 통신 장치를 제어하는 네트워크의 실현 방법
NFV(네트워크 가상화)

POINT
- ▶ 통신 장치의 기능을 부품으로 분할해 소프트웨어로 실현하는 것
- ▶ 소프트웨어화한 기능은 서버나 클라우드에 장착된다
- ▶ 네트워크 가상화를 통해 새로운 통신 서비스의 도입이나 개선이 용이해진다

해설 전용 장치로 만들어졌던 통신 기기의 내용물을 데이터 전송 기능이나 관리 기능 등 여러 개의 부품으로 분할하고 그 부품의 조합으로 통신 기기를 정의하는 것이다. 데이터 전송 기능 이외에는 소프트웨어화하거나, 서버나 클라우드에서 이용할 것이라 가정한다. 제조사나 제품의 차이 때문에 어려웠던 통신 서비스의 추가 또는 변경을 소프트웨어 부품의 변경만으로 해결할 수 있다.

[TOPIC 1]
NFV의 표준화
세계 각국 통신 사업자의 주도 아래 유럽 전기통신표준협회(ETSI)가 네트워크 가상화의 국제 표준을 만들고 있다. 현재의 네트워크에 요구되고 있는 기능을 분석해, 소프트웨어화할 기능이나 기능과 기능 사이의 관계 등을 정하고 있다.

[TOPIC 2]
NFV 제품
소프트웨어 제품으로는 가상화를 실현하기 위한 시스템 구축·관리 애플리케이션 또는 OS에 해당하는 제품이 제공되고 있다. 또한 NFV용 통신 기능 벤더는 자사 제품에 최적화한 가상화 시스템 전반의 소프트웨어를 제공하고 있다.

관련 용어 ▶▶ 서버의 가상화 → p.149

Virtual LAN

같은 팀 멤버 전용의 보이지 않는 LAN
VLAN

POINT
- 물리적인 접속과는 별개의 가상적인 네트워크(LAN)
- 같은 VLAN의 단말기 사이에서만 통신이 가능하기 때문에 보안성이 높다
- VLAN을 재구성할 때는 배선을 변경할 필요 없이 설정만 변경하면 된다

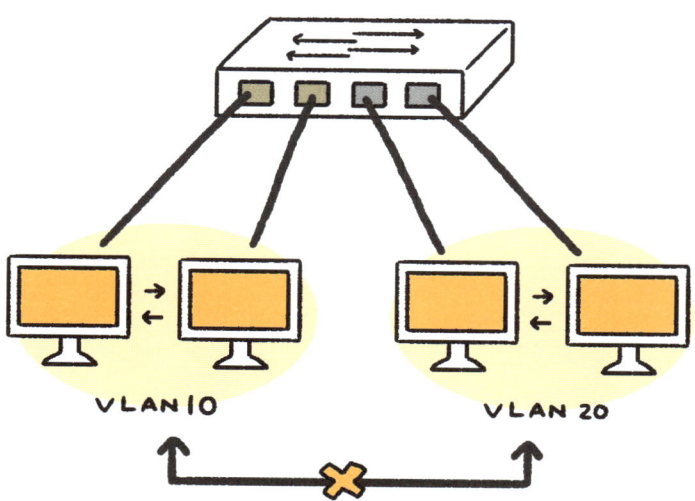

해설 물리적인 접속과는 별개로 선택한 단말기만으로 만드는 가상적인 네트워크(LAN)다. 같은 VLAN이 할당된 단말기 사이에서만 통신이 가능하다는 특징이 있어서, 기업 내부의 같은 부문 또는 관련 부서 사이에서만 통신이 가능한 VLAN을 만들면 보안성 향상은 물론 네트워크 전체 부하 등을 감소할 수 있다. 또한 VLAN 재구성은 배선을 바꿀 필요 없이 설정 변경만으로 할 수 있다.

[TOPIC 1]
VLAN 방식
다양한 방식이 실용화되어 있다. 가장 단순한 방식은 포트 기반 VLAN이라고 부르는 것으로, 스위치의 포트마다 VLAN의 식별번호(VLAN ID)를 할당하는 방법이다. 통신 데이터 속의 VLAN ID를 참조해서 해당하는 포트에 데이터를 전송한다.

[TOPIC 2]
VXLAN
VLAN의 기능 확장판이다. VLAN이 하나의 LAN 속에 있는 가상적인 LAN인 데 비해, VXLAN은 복수의 LAN을 넘나드는 가상 LAN을 만들 수 있다. VXLAN은 멀리 떨어진 장소에 있는 데이터 센터 사이를 연결하는 LAN을 구축할 목적으로 사용된다.

관련 용어 ▶▶ LAN과 WAN → p.211

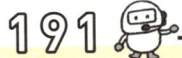

Protocol

통신을 하기 위한 약속
프로토콜

POINT
- ▶ 정보를 송수신하기 위해 필요한 데이터 형식이나 통신 절차를 규정한 것
- ▶ 프로토콜은 국제 표준으로 규정되어 있다
- ▶ IP나 TCP, UDP를 비롯해 방대한 수의 프로토콜이 존재한다

해설

데이터나 음성 등의 정보를 원활히 송수신하기 위해 통신 기기와 통신 기기 사이에서 진행되는 절차를 말한다. 프로토콜이 규정하는 내용에는 송신자와 수신자에 관한 정보, 데이터 형식(어디에 어떤 데이터를 적을 것인가), 송신·수신의 절차 등이 포함되어 있다. 우편을 예로 들면, 수신자의 주소와 발신자의 주소, 봉투에 주소를 쓰는 방식, 우송 수단 같은 일련의 약속이 프로토콜에 해당한다.

[TOPIC 1]
국제 표준
프로토콜은 상대방도 같은 규칙을 사용하는 것이 보증되었을 때 비로소 이용이 가능하다. 또한 통신은 전 세계에서 이뤄지고 있기 때문에 전 세계가 합의하지 않으면 의미가 없다. 그래서 거의 모든 프로토콜이 국제 표준으로 규정되어 있다.

[TOPIC 2]
프로토콜의 계층화
방대한 수의 프로토콜은 그 역할에 따라 물리층, 네트워크층 등의 계층(레이어)으로 나뉘어 있다. 상위 계층은 하위 계층에 데이터의 송신을 의뢰하고, 하위 계층은 상위 계층에 수신 데이터를 건네는 식으로 분업을 한다.

관련 용어 ▶▶ TCP와 UDP → p.217, IP → p.218, VoIP → p.223, SMTP와 POP와 IMAP → p.224, IPv6 → p.222

Transmission Control Protocol / User Datagram Protocol

웹 애플리케이션의 데이터를 보내는 2종류의 방법

TCP와 UDP

POINT
- ▶ TCP는 웹이나 이메일 등 데이터를 확실히 보내고 싶은 통신에 사용한다
- ▶ UDP는 음성 통화나 동영상 스트리밍 등 실시간 통신에 사용한다
- ▶ 통신에 확실성을 추구하느냐 실시간성을 추구하느냐에 따라 하나를 선택해 사용한다

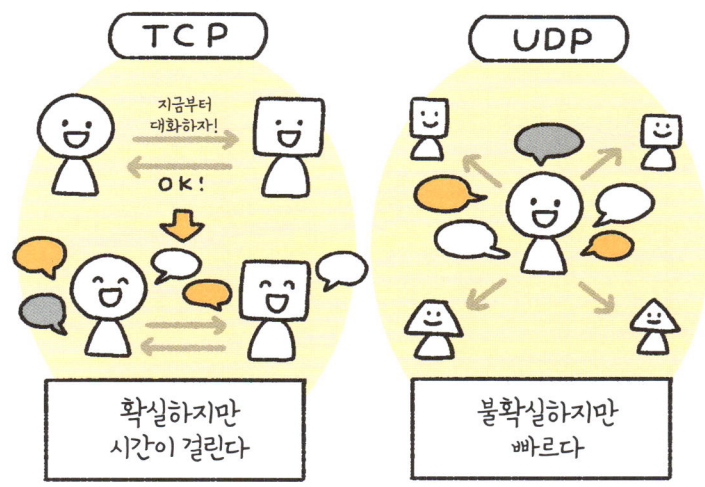

해설 양쪽 모두 프로토콜이라고 부르는, 인터넷에서 사용되고 있는 통신 절차의 명칭이다. TCP와 UDP는 유파(流派)와 같은 관계다. TCP는 통신 상태가 데이터를 받은 것을 확인하면서 보내는 방식이기 때문에 확실성은 있지만 통신에 시간이 걸린다. 한편 UDP는 통신 상대의 수신을 확인하지 않고 데이터를 보내는 방식으로, 연속적으로 보낼 수 있지만 상대가 데이터를 받았다는 보장은 없다.

[TOPIC 1]

TCP의 비유

대화를 할 때, 상대에게 "지금부터 대화할 수 있을까요?"라고 메시지를 보내고, 상대로부터 "네"라는 답변을 받은 뒤에 대화를 시작한다. 그 뒤에도 상대의 반응을 확인하면서 대화를 계속한다. 이런 방식으로 상대와 확실히 확인하면서 대화하는 것이 TCP 통신이다.

[TOPIC 2]

UDP의 비유

대화하는 상대의 상황을 고려하지 않고 일방적으로 말을 건다. 눈앞에 시야를 차단하는 스크린이 있어서 그 스크린 반대편에 상대가 있는지 없는지 알 수 없는 상황이라도 신경 쓰지 않고 상대가 듣고 있으리라 생각하면서 말을 거는 것이 UDP 통신이다.

관련 용어 ▶▶ IP → p.218, 프로토콜 → p.216

Internet Protocol

인터넷으로 통신을 하기 위한 규칙
IP

POINT
- ▶ 인터넷에서 통신을 하기 위한 데이터 형식이나 주소를 규정한 것
- ▶ IP 데이터를 패킷이라고 한다
- ▶ IP 주소는 인터넷 주소에 해당한다

해설 인터넷에서 통신하는 데이터인 패킷과 통신 상대를 특정하는 주소에 관한 규칙이다. 가령 편지봉투에 주소를 쓰는 방식이나 봉투의 크기 등 우편물 형식이 규정되어 있는 우편처럼 IP는 인터넷에서 데이터를 보낼 때의 규정에 해당한다. 또한 IP는 인터넷 주소에 해당하는 IP 주소(▶2)의 의미로 사용될 때도 있다.

[TOPIC 1]
IP만으로는 보낼 수 없다
TCP/IP라고 적은 것을 본 적이 있을 것이다. 스마트폰이나 컴퓨터의 애플리케이션이 인터넷에서 데이터를 송수신하려면 IP뿐만 아니라 TCP나 UDP 등 다른 통신 절차를 조합할 필요가 있다. 그런 조합을 나타낸 것이 바로 TCP/IP다.

[TOPIC 2]
IP 주소
192.0.2.0과 같은 식으로 표기되는, 인터넷에 접속하는 컴퓨터를 식별하기 위한 주소다. IP 주소에는 글로벌 IP와 로컬 IP의 2종류가 있는데, 글로벌 IP는 전 세계에서 유일한 주소이고, 로컬 IP는 가정이나 기업 내에서 사용할 수 있는 주소다.

관련 용어 ▶▶ TCP와 UDP → p.217, VoIP → p.223, IP 주소와 포트 번호와 MAC 주소 → p.219, IPv6 → p.222

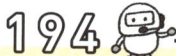

Internet Protocol Address / Port Number / Media Access Control Address

데이터를 보낼 상대를 지정하는 방법
IP 주소와 포트 번호와 MAC 주소

POINT
- ▶ IP 주소는 인터넷에서의 통신에 사용되는 주소
- ▶ 포트 번호는 컴퓨터 속의 어떤 애플리케이션인지 식별하는 번호
- ▶ MAC 주소는 이웃한 장치와의 통신에 사용되는 주소

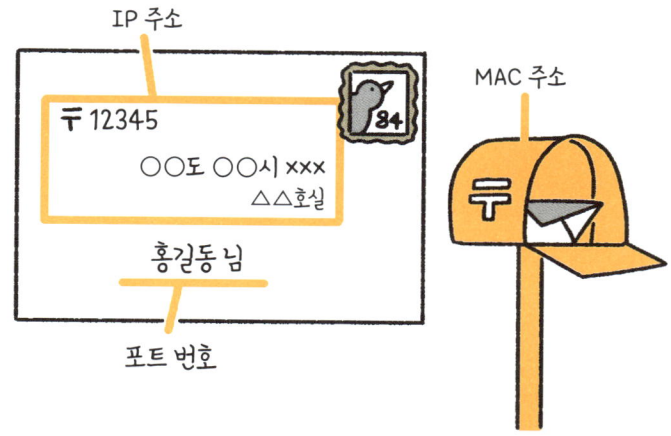

 IP 주소는 데이터를 보낼 인터넷 내부의 주소다. 포트 번호는 같은 IP 주소 내에서 통신을 하고 있는 애플리케이션(웹 브라우저나 메일러 등)을 식별하는 번호다. MAC 주소는 네트워크에 접속하기 위한 하드웨어 고유의 번호다. 우편에 비유하면 IP 주소는 집의 주소, 포트 번호는 그 집에서 편지를 받을 사람의 이름, MAC 주소는 우편함이다.

[TOPIC 1]
IP 주소의 역할
IP 주소는 통신으로 데이터를 보낼 최종 목적지다. 편지에서 받는 이의 주소와 같다. 그리고 IP 주소를 바탕으로 데이터를 전송하는 것이 라우터다. 라우터는 연결되어 있는 어떤 케이블에 데이터를 보내야 목적한 IP 주소에 도착할지 판단해서 데이터를 전송한다.

[TOPIC 2]
MAC 주소의 역할
컴퓨터나 라우터 등 인터넷에 연결된 모든 하드웨어는 고유의 MAC 주소를 가지고 있으며, 이웃한 MAC 주소 사이에서 통신한다. IP 주소 사이에서 실시되는 통신의 이면에는 여러 대의 장치가 MAC 주소 사이에서 통신을 실시하며 데이터를 중계하고 있다.

관련 용어 ▶▶ TCP와 UDP → p.217, IP → p.218, IPv6 → p.222

Domain Name / Domain Name System

195

웹 사이트의 이름과 그 이름에서 주소를 특정하는 주민등록표
도메인명과 DNS

POINT
- 도메인명은 example.com이나 example.co.kr 같은 문자열
- DNS는 도메인명과 짝을 이루는 IP 주소를 관리하는 시스템
- DNS 덕분에 도메인명을 사용해 인터넷을 할 수 있다

해설   도메인명은 example.com이나 example.co.kr 등, 홈페이지의 주소나 이메일 주소에서 @의 오른쪽에 붙는 문자열이다. 사람이 식별할 수 있는 IP 주소로도 불린다. DNS는 이 도메인명과 짝을 이루는 IP 주소를 관리하는 시스템이다. DNS가 도메인명과 IP 주소를 결합시키는 장부 역할을 하는 덕분에 사용자는 도메인명으로 인터넷을 이용할 수 있다.

[TOPIC 1]
도메인명의 취득
어떤 도메인명을 사용하려면 도메인명을 등록·관리하는 사업자에게 신청해서 취득해야 한다. 이미 있는 도메인명은 중복 취득할 수 없다. 다른 도메인명과 중복되지만 않는다면 기본적으로 원하는 도메인명을 취득할 수 있다. 하지만 co.kr은 기업만 사용할 수 있는 등의 제약이 있다.

[TOPIC 2]
도메인명과 IP 주소의 관계
도메인명에 대응하는 IP 주소는 필요에 따라 바꿀 수 있기 때문에 어떤 의미에서는 일시적인 관계다. DNS에 등록되어 있는 도메인명과 IP 주소의 대응 정보가 갱신되더라도 사용자는 IP 주소 변경을 신경 쓰지 않고 계속 같은 도메인명을 사용할 수 있다.

관련 용어 ▶▶ IP → p.218, IP 주소와 포트 번호와 MAC 번호 → p.219, URL → p.221

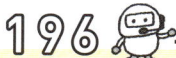

Uniform Resource Locator

웹 페이지를 식별하기 위한 이름
URL

POINT
- http://나 https://로 시작하는 웹 페이지의 주소
- 인터넷상의 컴퓨터 속에 있는 파일을 나타낸다
- URL에는 도메인명이 포함되어 있다

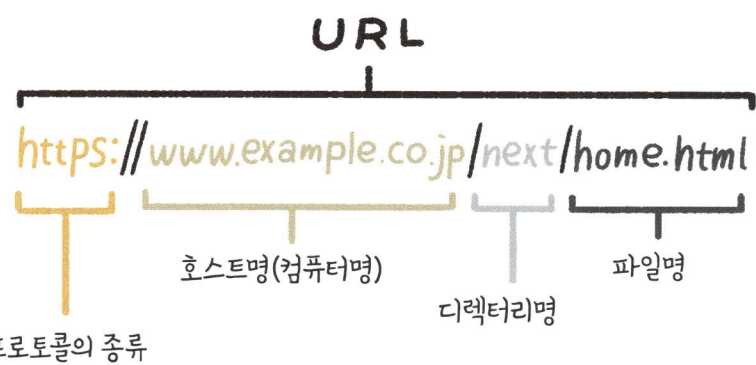

해설 http://나 https://로 시작하는 웹 페이지의 주소를 말한다. URL의 서식에는 정해진 규칙이 있다. 가령 http://www.example.co.kr/next.home.html을 살펴보면, 처음의 http는 통신에서 사용되는 프로토콜의 종류, www.example.co.kr은 호스트명과 도메인명(컴퓨터명), next는 디렉터리명, home.html은 파일명이다. URL을 보면 어디에 어떤 정보가 있는지 알 수 있다.

[TOPIC 1]
URL로 로그인도 할 수 있다
등록한 사용자만 이용할 수 있는 회원제 사이트의 로그인 페이지에서 로그인을 위한 사용자명과 패스워드, 포트 번호 등의 정보를 URL에 함께 적어서 송신하면 그 정보를 사용해 로그인할 수 있다.

[TOPIC 2]
URL과 도메인명
URL 속에 있는 'example.co.kr'이 도메인명이다. 회사의 이름 등을 도메인명으로 사용하는 것처럼, 인터넷상에서 제공하는 전체적인 서비스의 이름을 가리킨다. 한편 URL은 그 사이트에서 제공하는 특정한 서비스의 개별적인 페이지나 파일에 해당한다.

관련 용어 ▶▶ 도메인명과 DNS → p.220, WWW와 HTTP와 HTTPS → p.226

Internet Protocol version 6

원하는 만큼 IP 주소를 사용할 수 있다

IPv6

POINT
- ▶ 현재 널리 사용되고 있는 IPv4의 다음 버전
- ▶ 약 340간(340조×1조×1조)이나 되는 방대한 수의 주소를 사용할 수 있다
- ▶ IPv4와는 호환성이 없기 때문에 양쪽을 공존시키면서 천천히 보급하고 있다

해설　IP 규격의 6번째 버전이라는 의미다. 현재 널리 사용되고 있는 IPv4와의 가장 큰 차이점은 이용할 수 있는 IP 주소의 수다. IPv4에서 사용할 수 있는 IP 주소의 수는 약 43억인데, 전 세계 인구가 약 60억임을 생각하면 그리 넉넉한 수라고는 말할 수 없다. 앞으로 IP 주소가 고갈될 가능성이 있기 때문에 IPv6가 규정되었다. IPv6는 사실상 무한대라고 할 수 있는 약 340간(340조×1조×1조)이나 되는 방대한 수의 IP 주소를 사용할 수 있다.

[TOPIC 1]

IoT와 IPv6

위에서 세계 인구와 비교하면서 IPv4의 IP 주소가 고갈될 우려가 있다는 이야기를 했지만, 현재의 과제는 미래에 방대한 수로 증가할 IoT 단말기의 관리다. IoT의 모든 단말기를 인터넷에 연결하려면 그만큼의 IP 주소를 배포할 수 있는 IPv6가 필요할 것이라 전망되고 있다.

[TOPIC 2]

IPv4와 IPv6의 공존

IPv4와 IPv6 사이에는 호환성이 없다. 그리고 IPv4 주소가 이미 세상에서 널리 이용되고 있기 때문에 IPv6로 단번에 전환하기는 어렵다. 그렇기 때문에 현재는 이행 단계이며, IPv4와 IPv6를 상호 변환하는 등 양쪽의 주소를 함께 다루는 기술을 사용해 공존시키고 있다.

관련 용어 ▶▶ IP → p.218, IP 주소와 포트 번호와 MAC 주소 → p.219

198

Voice over Internet Protocol

인터넷을 이용해서 전화하는 방법

VoIP

POINT
- ▶ VoIP는 인터넷상에서 음성 통화를 실현하는 기술의 총칭
- ▶ IP 전화는 VoIP를 사용한 인터넷 전화
- ▶ 인터넷상에서 음성을 송수신하는 서비스에는 음성 채팅도 있다

해설 인터넷상에서 음성 통화를 실현하는 기술과 그 통신의 규칙이다. 인터넷상에서 보내는 모든 정보는 디지털화된 데이터이며 일정 크기로 나뉘어 있다. 따라서 시간적으로 연속된 음성을 보낼 때도 디지털화한 음성 데이터를 일정 시간 단위로 나눠서 송신한다. 이런 음성 데이터를 인터넷에서 통신하는 기술이 VoIP다.

[TOPIC 1]

IP 전화

IP 전화는 VoIP를 사용한 인터넷 전화다. 전화에는 ① 처음에 상대 전화번호로 전화를 건다, ② 통화를 한다, ③ 통화가 끝나면 전화를 끊는다는 절차가 있다. IP 전화는 인터넷 통신에서 이러한 절차를 실행한다.

[TOPIC 2]

음성 채팅

인터넷을 사용한 음성 통화에는 IP 전화 외에 음성 채팅(보이스 채팅)이라고 부르는 것도 있다. 음성 채팅도 VoIP를 사용하지만 IP 전화처럼 통화를 설정하거나 끊는 기능은 없고, 데이터화한 음성의 송수신만 실행한다.

관련 용어 ▶▶ IP → p.218, 프로토콜 → p.216

199

Simple Mail Transfer Protocol / Post Office Protocol / Internet Message Access Protocol

이메일을 보내는 절차와 받는 절차
SMTP와 POP와 IMAP

POINT
- ▶ SMTP는 이메일을 송신하기 위한 프로토콜
- ▶ POP와 IMAP는 이메일을 수신하기 위한 프로토콜
- ▶ SMTP와 POP 또는 SMTP와 IMAP를 조합해서 사용한다

해설

양쪽 모두 이메일의 송신과 수신(▶1)을 위한 통신 규칙이다. SMTP는 이메일 송신을, POP와 IMAP는 이메일 수신을 분담한다. 이메일을 사용하려면 이메일 애플리케이션에서 이 프로토콜들에 맞게 서버명과 포트 번호, SSL/TLS의 보안 등을 설정해야 한다. 설정은 직접 입력하기도 하지만, 이메일 애플리케이션의 자동 설정 기능을 사용할 수도 있다.

[TOPIC 1]
이메일의 구조
이메일은 먼저 송신자의 도메인(@xxx.com)에 있는 메일 서버로 전송된다. 서버는 수신자의 도메인(@yyy.com)과 가까운 메일 서버를 찾아서 전송하며, 이메일이 yyy.com의 메일 서버에 도달하기까지 이를 반복한다.

[TOPIC 2]
POP와 IMAP의 차이
둘의 차이점은 사용자가 수신 메일을 읽는 방식이다. POP는 서버에서 수신 메일을 다운로드해서 자신의 곁에 두고 읽는다. 한편 IMAP는 수신 메일을 자신의 곁에 다운로드하지 않고 서버에 있는 이메일을 직접 읽는다. 이메일의 보관 장소가 다르다고도 할 수 있다.

관련 용어 ▶▶ 프로토콜 → p.216, 받는사람(To)과 참조(Cc)와 숨은참조(Bcc) → p.225

200

To / Carbon copy / Blind carbon copy

읽어 줬으면 하는 사람, 복사해서 보낼 사람, 몰래 알리고 싶은 사람
받는사람(To)과 참조(Cc)와 숨은참조(Bcc)

POINT
- ▶ 받는사람, 참조, 숨은참조는 이메일의 수취인을 지정하는 방법이다
- ▶ 받는사람과 참조에 지정된 이메일 주소는 전원이 볼 수 있다
- ▶ 숨은참조에 지정된 이메일 주소는 받은 본인만 볼 수 있다

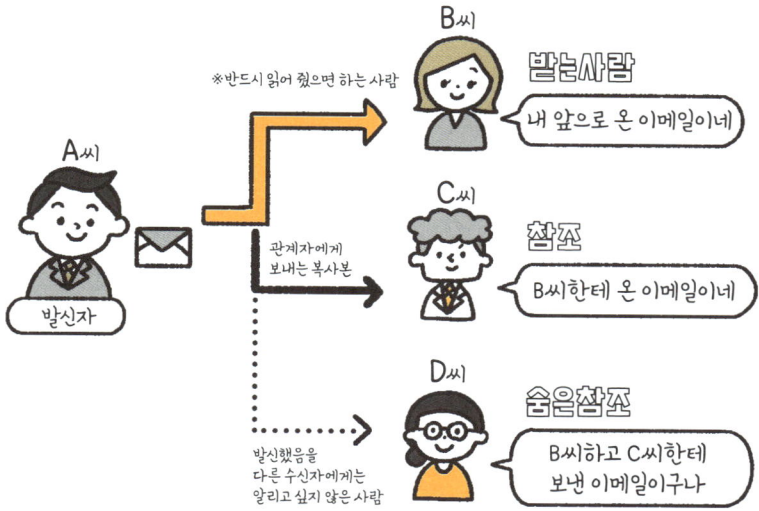

해설

전부 이메일의 수취인을 지정하는 방법이다. 받는사람(To)에는 그 이메일을 반드시 읽어 줬으면 하는 수취인을 지정한다. 참조(Cc)에는 복사본을 보낼 관계자를 지정한다. 받는사람이나 참조에 지정되어 이메일을 받은 사람은 받는사람과 참조에 지정된 전원의 이메일 주소를 볼 수 있기 때문에 자신 이외에도 누가 이메일을 받았는지 알 수 있다. 한편 숨은참조(Bcc)에 들어 있는 주소는 받은 본인에게만 보인다.

[TOPIC 1]
이메일 주소 유출

이메일 주소 유출은 서로 알 필요가 없는 사람들에게 이메일을 단체 발신할 때 받는사람과 참조에 지정해서 보내기 때문에 발생하는 경우가 많다. 메일매거진 등에서는 숨은참조를 사용하는 경우도 있지만, 실수로 받는사람이나 참조에 지정할 위험이 있기 때문에 메일링 리스트나 이메일 발신 서비스를 사용하는 것이 적절하다.

[TOPIC 2]
숨은참조의 주의점

숨은참조에 지정되어 이메일을 받았을 때, 받는사람이나 참조로 지정되어 수신한 사람은 당신이 이메일을 받았다는 사실을 알지 못한다. 발신자는 어떤 이유가 있어 당신에게 발신한 사실을 다른 사람들에게는 숨긴 것이기 때문에, 만약 답신을 보낼 경우에는 전원을 대상으로 지정하지 말고 누구에게 보낼지 확인할 필요가 있다.

관련 용어 ▶▶ SMTP와 POP와 IMAP → p.224

World Wide Web / HyperText Transfer Protocol / HTTP Secure

인터넷 속의 정보가 서로 연결되는 방식
WWW와 HTTP와 HTTPS

POINT
- WWW는 인터넷의 정보를 서로 연결시키는 것
- HTTP와 HTTPS는 인터넷에서 웹 페이지를 보내는 규칙
- HTTP와 HTTPS의 차이는 보안(암호화)의 유무

해설 WWW는 인터넷상에 점처럼 분산되어 존재하는 정보를 서로 연결(참조)시키는 개념이다. 그물눈처럼 정보를 연결하는 것을 거미집에 비유해 웹(영어로 거미집이라는 뜻)이라고 부른다. HTTP와 HTTPS(▶1)는 양쪽 모두 하이퍼텍스트(▶2)라고 부르는 HTML로 기술된 웹 페이지 내용을 인터넷에 전송하기 위한 통신의 규칙(프로토콜)이다.

[TOPIC 1]
HTTP와 HTTPS의 차이

HTTP와 HTTPS의 차이는 S의 유무인데, 이는 보안의 유무를 나타낸다. HTTP는 통신 내용을 암호화하지 않고 보내기 때문에 보내는 정보가 그대로 보이지만, HTTPS는 SSL/TLS를 사용해 통신 내용을 암호화하기 때문에 안전성이 높다.

[TOPIC 2]
하이퍼텍스트

전자 파일로 만든 문서의 텍스트에 같은 문서의 다른 장이나 다른 문서 등을 참조하는 링크 정보(URL)를 심어 넣은, 참조 기능이 있는 텍스트를 가리킨다. 학술 문서에서 다른 여러 논문을 참조하는 기능을 웹상의 시스템에서 실현한 것이 그 시작이다.

관련 용어 ▶▶ HTML과 XML과 CSS→ p.227, URL→ p.221, SSL/TLS→ p.240

HyperText Markup Language
Extensible Markup Language / Cascading Style Sheets

웹 페이지의 제목이나 표, 문자의 장식 등을 기술하는 방법
HTML과 XML과 CSS

POINT
- ▶ HTML과 CSS는 웹 사이트의 페이지를 구조화하거나 문자를 장식할 때 사용된다
- ▶ CSS는 태그에 대한 표시 방법을 지정한다
- ▶ XML은 데이터의 종류나 의미를 정의하는 데 사용된다

해설 HTML은 〈h1〉과 같은 '태그'를 사용해서 웹 페이지 속의 제목 등 문서의 구조를 지정한다. XML은 HTML을 확장한 것으로, 태그를 사용해 데이터의 종류 등을 지정한다. CSS는 HTML의 태그에 대해 페이지 속의 표시 위치나 장식 방법 등을 지정한다. 이를테면 페이지 속 제목의 문자 범위를 HTML의 태그로 지정하고, CSS로 그 위치와 서식을 결정해 표시한다.

[TOPIC 1]
HTML과 XML의 차이
HTML의 태그는 웹 페이지가 브라우저의 화면에 올바르게 표시되도록 태그마다 브라우저에서의 표시 방법이 정해져 있다. 한편 XML은 태그의 의미를 자유롭게 정의할 수 있어서, 예를 들면 〈name〉으로 이름을, 〈age〉로 나이를 나타내는 등 데이터 관리에 사용된다는 점이 다르다.

[TOPIC 2]
CSS와 태그의 차이
HTML의 태그로 문자를 장식할 경우, 태그를 기술한 장소에만 효과가 있다. 그에 비해 CSS는 같은 문서 속의 모든 해당 부분(예를 들면 소제목)에 같은 장식을 적용할 수 있다. 또한 CSS는 같은 대상에 다른 장식을 덮어쓸 수 있다는 점도 태그와 다르다.

관련 용어 ▶▶ WWW와 HTTP와 HTTPS → p.226

cookie

203

웹 사이트가 사용자의 입력 정보를 브라우저에 기록하는 방법
쿠키(HTTP 쿠키)

POINT
- ▶ 사용자가 브라우저에 입력한 데이터를 서버를 경유해 브라우저에 보존한다
- ▶ 보존하는 데이터는 웹 사이트를 사용하고 있는 사용자의 일시적인 상태
- ▶ 예를 들면 로그인 상태를 보존함으로써 다시 로그인해야 하는 번거로움을 줄인다

해설

쿠키(cookie)는 사용자가 웹 사이트를 이용하는 도중에 입력한 값 등을 웹 사이트 측에서 사용자의 브라우저에 일시적으로 보존하는 방법이다. 보존하는 정보에는 로그인 정보, 사이트 방문 이력, 온라인 쇼핑몰의 장바구니에 담은 상품 등이 있다. 온라인 쇼핑몰 사이트에서 장바구니에 상품을 담은 뒤 페이지를 다시 읽어 들였을 때 장바구니에 상품이 남아 있는 것은 쿠키가 작동했기 때문이다.

[TOPIC 1]
인증 쿠키

사용자의 로그인 정보를 보존하는 인증 쿠키는 정상적으로 로그인에 성공했다는 정보를 보존하는 데 널리 사용되고 있다. 로그인 후에 브라우저에서 사이트를 닫더라도 인증 쿠키를 이용해 다시 로그인 상태에서 시작할 수 있다.

[TOPIC 2]
쿠키의 문제점

쿠키에 보존한 사용자의 이력을 통해 상당량의 개인 정보를 수집할 수 있다. 그렇기 때문에 쿠키를 보존하고 있는 컴퓨터나 스마트폰에서 개인정보가 유출되면 그 정보가 악용되어 금전적 피해 등을 입을 가능성이 있다.

관련 용어 ▶▶ WWW와 HTTP와 HTTPS → p.226

Open Graph Protocol

블로그의 어필 포인트를 SNS에서 공유하는 도구

OGP(오픈 그래프 프로토콜)

POINT
- ▶ HTML 속에 기술하는 태그 정보
- ▶ 웹 사이트나 블로그가 SNS에 공유될 때의 표시 내용을 지정할 수 있다
- ▶ SEO 대책의 일환으로도 사용되고 있다

해설

웹 사이트나 블로그를 SNS에 공유할 때, 어필하고자 하는 내용을 설정하는 도구다. 구체적으로는, 페이스북이나 트위터에 웹 사이트 페이지나 블로그의 글이 공유되면 타임라인에 OGP에서 지정한 내용을 표시할 수 있다. 웹 사이트나 블로그의 정보를 효과적으로 전달함으로써 클릭률(CTR)의 증가를 기대할 수 있기 때문에 SEO 대책의 일환으로도 사용되고 있다.

[TOPIC 1]

OGP의 설정 항목

OGP는 웹 페이지나 블로그 글의 HTML 속에 기술함으로써 사이트명·페이지 제목·공유할 URL·소개문(글의 개요)·공유할 영상 등을 지정할 수 있다. 특히 소개문과 영상은 웹 페이지의 요약이라는 의미에서 매우 중요하다.

[TOPIC 2]

OGP를 설정하지 않을 경우

OGP를 설정하지 않을 경우, 공유한 정보의 표시 내용을 SNS가 자동으로 결정하기 때문에 무엇이 표시될지는 SNS에 달려 있다. 생각지도 못한 내용이 선택될 수도 있고, 광고나 알림으로서 효과적이지 않은 내용이 표시될 가능성도 있다.

관련 용어 ▶▶ SNS → p.163, 페이스북 → p.279, HTML과 XML과 CSS → p.227, CTR → p.190, SEO → p.189, URL → p.221

제7장 인터넷

Peer to Peer

205

컴퓨터와 컴퓨터의 1 대 1 통신
P2P

POINT
- ▶ 컴퓨터와 컴퓨터가 1 대 1로 하는 통신
- ▶ 통신을 하려면 파일 공유 소프트웨어 등의 전용 애플리케이션이 필요하다
- ▶ 과거에는 동영상이나 음악 파일의 불법 교환이 저작권 위반 때문에 문제가 되었다

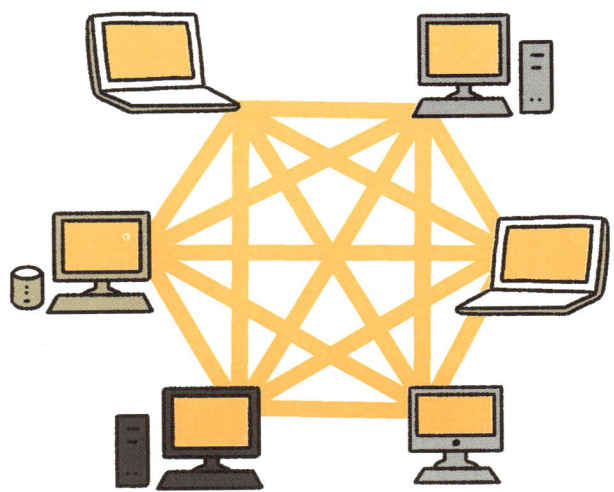

해설

P2P는 대등(Peer)한 컴퓨터와 컴퓨터가 1 대 1로 직접 통신하는 것을 말한다. 인터넷 전화(VoIP)나 메시징(SMS/MMS) 등도 P2P다(▶1). 과거에는 개인이 자신의 컴퓨터에 저장한 음악 등의 저작물을 P2P 전용 애플리케이션을 사용해 다른 사용자와 직접 교환하는 수단(▶2)으로 유행했지만, 지금은 저작권 문제나 네트워크 과부하 등으로 인해 규제되고 있다.

[TOPIC 1]

P2P의 장점과 단점

P2P는 컴퓨터와 컴퓨터 사이의 독립적인 통신이기 때문에 서버 다운처럼 시스템 전체에 영향을 끼치는 장애가 잘 일어나지 않는다는 장점이 있다. 그러나 누구와도 자유롭게 통신할 수 있는 탓에 바이러스 감염이나 정보 유출 등의 위험이 따른다는 단점도 있다.

[TOPIC 2]

파일 공유 소프트웨어

P2P 사용자들이 컴퓨터에 있는 파일을 교환하는 애플리케이션이다. 같은 파일 공유 애플리케이션이 작동하고 있는 컴퓨터를 찾아내면 서로 파일 목록을 교환한 다음, 그중에서 파일을 지정해 다운로드할 수 있다.

관련 용어 ▶▶ 클라이언트/서버 시스템(C/S 시스템) → p.178, VoIP → p.223, SMS와 MMS → p.164

206

Crawler

웹 사이트의 정보를 모으기 위해 돌아다니는 로봇
크롤러

POINT
- ▶ 인터넷 속을 돌아다니며 사이트의 정보를 수집하는 프로그램(봇)
- ▶ 검색엔진은 크롤러를 사용해 모은 정보를 이용한다
- ▶ 스크래핑은 목적에 맞춰 특정 사이트의 정보를 모으는 것

해설 크롤러는 구글 등의 검색엔진이 사용하는 자동화 프로그램(봇)의 일종이다. 크롤러는 인터넷 속을 돌아다니면서(크롤링) 웹 사이트에 접속해, 사이트에 있는 페이지 내용과 링크 정보를 다운로드해 요약본을 만든다. 검색엔진은 사용자가 검색을 실행하면 이 요약본을 참조해서 결과를 표시한다.

[TOPIC 1]
SEO 대책
크롤러가 인식할 수 있는 페이지 정보는 문자 정보나 외부 사이트의 링크, 사이트의 구조다. 사이트에 아무리 아름다운 사진이 있어도 인식하지 못한다. 그래서 SEO 대책을 세울 때는 크롤러가 인식하는 정보가 적절히 요약되도록 최적화를 실시한다.

[TOPIC 2]
스크래핑(Scraping)
타사의 상품 정보를 수집하는 마케팅 활동 등을 위해 크롤러를 이용해 자동으로 수집한 데이터를 이용하기 쉽도록 가공하는 것을 말한다. 서버 부하 문제 때문에 이용 규약상 금지하는 경우가 많으며, 정보를 그대로 가져다 사용하는 경우 저작권 문제로 비화하기도 한다.

관련 용어 ▶▶ 봇 → p.232

207

Bot

소프트웨어 로봇
봇

POINT
- ▶ 인터넷상에서 자율적으로 작동하는 프로그램
- ▶ 인터넷에 연결되어 있는 컴퓨터의 원격 조작이나 정보 수집 등을 실시한다
- ▶ '봇'이라는 말 자체에는 선한 의미도 악한 의미도 없다

해설 컴퓨터 프로그램의 일종이다. 프로그래밍된 내용에 따라 자율적으로 작동하는 모습이 로봇 같다고 해서 봇이라고 부른다. 봇을 사용해 인터넷에 연결되어 있는 컴퓨터의 원격 조작이나 정보 수집 등을 실시한다. 봇이라는 명칭 자체는 프로그램 작동상의 특징을 나타낸 것에 불과하며, 선한 의미도 악한 의미도 담겨 있지 않다.

[TOPIC 1]
챗봇
웹의 각종 신청 화면 등에서 "무엇을 도와드릴까요?"라고 물어보는 것이 챗봇이다. 이용자가 자주 하는 질문에 일시적으로 대응한다. 간단한 선택지를 통한 응답이나 등록 사전 참조형부터 AI를 이용해 응답하는 유형까지 다양한 종류가 있다.

[TOPIC 2]
SNS와 봇
봇을 사용하면 정해진 시간에 미리 준비해 놓은 영상이나 메시지 등을 페이스북이나 트위터 같은 SNS에 올릴 수 있다. 기업 소식이나 광고를 게시하는 마케팅 수법으로 사용되고 있다.

관련 용어 ▶▶ 크롤러 → p.231, 인터넷과 인트라넷 → p.210, 인공지능(AI) → p.016, SNS → p.163, 페이스북 → p.279

제 8 장

보안

보안에 관한
IT 용어

208 보안 관리

Security Management

중요한 정보를 보호하기 위한 경영 활동

POINT
- 기업이 취급하는 정보를 안전하게 지키는 것
- 기밀성·무결성·가용성이 정보 보안의 3요소
- 국제 표준인 ISO 27001에 정보 보안 시스템이 정의되어 있다

해설

기업이 취급하는 각종 정보가 소실되거나 악용되는 사태를 사전에 방지하거나, 그런 사태가 발생했을 때 기업과 사회에 끼치는 피해를 최소화하는 활동이다. 정보의 보안 리스크를 예상하고, 그 영향이나 피해의 평가와 대처를 실시한다. 예를 들어 정보 유출 방지의 경우 영향의 심각성과 대책의 실현성·효과 등을 검토한 후 패스워드 록과 USB 포트 잠금, 회사용 컴퓨터의 사외 반출 금지 같은 보안 관리를 실시한다.

[TOPIC 1]
정보 보안의 3요소

정보 보안을 실시할 때는 기밀성(정보에 부정 접근하지 못하게 하는 것), 무결성(정보를 수정하지 못하게 하는 것), 가용성(필요할 때 정보를 이용할 수 있게 하는 것)의 3요소를 지키는 것이 중요하다. 이 3요소의 안전을 관리하는 것이 보안 관리다.

[TOPIC 2]
ISMS와 ISO 27001

ISMS는 정보 보안 관리 시스템(Information Security Management System)의 약어로, 정보 보안 관리를 실행하는 시스템을 가리킨다. 국제 표준인 ISO 27001에는 조직이 ISMS를 구축하기 위해 요구되는 사항이나 구성이 정의되어 있다.

관련 용어 ▶▶ 보안 → p.252

209

Data Loss Prevention / Data Leak Prevention

기밀 데이터가 유출되기 전에 대처한다

DLP

POINT
- ▶ 기밀 정보가 사외로 반출되지 않게, 반출하지 못하게 하는 전략을 가리키는 말
- ▶ 이를 실현하기 위한 소프트웨어나 시스템을 가리키기도 한다
- ▶ DLP 소프트웨어는 표지를 달아 놓은 특정 데이터를 감시해 유출을 방지한다

해설 정보 유출 방지를 의미하는 말로, 특히 기밀 정보가 회사 밖으로 반출되지 않거나, 반출하지 못하게 하는 전략을 가리킨다. 인쇄한 종이, USB 메모리, 이메일, 데이터베이스의 정보 등 기밀 정보가 어떤 형태로든 기록되어 있는 것은 모두 반출 감시 대상에 포함된다. DLP는 정보 유출 방지를 목적으로 하는 기업용 소프트웨어나 시스템을 가리키는 말로도 사용된다.

[TOPIC 1]
데이터 반출 대책
다양한 반출 대책이 있다. 인쇄와 복사를 금지하고, USB 메모리 사용을 금지하며, 사내 메일 서버 이외에는 정보 송신을 금지하고, 업무와 상관없는 웹 사이트 열람을 규제함으로써 개별 컴퓨터의 보안 리스크를 억제하는 등, 금지와 규제가 중심이다.

[TOPIC 2]
기밀 정보의 측정과 보호
DLP 소프트웨어를 이용할 경우, 기밀 정보인지 아닌지는 대상이 되는 파일 속에 표지가 되는 값이나 기호, 키워드를 입력해서 구별할 수 있게 한다. DLP 소프트웨어는 표지가 달린 정보에 대해 반출 대책을 실행해, 실시간으로 유출 방지를 꾀한다.

관련 용어 ▶▶ USB → p.102

Two-Factor Authentication / Two-Step Verification

2중 잠금으로 부정 로그인을 방지한다
2요소 인증과 2단계 인증

POINT
- ▶ 2요소 인증은 서로 다른 2가지 요소로 본인 인증을 하는 방법
- ▶ 2단계 인증은 2단계 절차로 본인 인증을 하는 방법
- ▶ 2요소 인증과 2단계 인증을 조합하면 더욱 안전하다

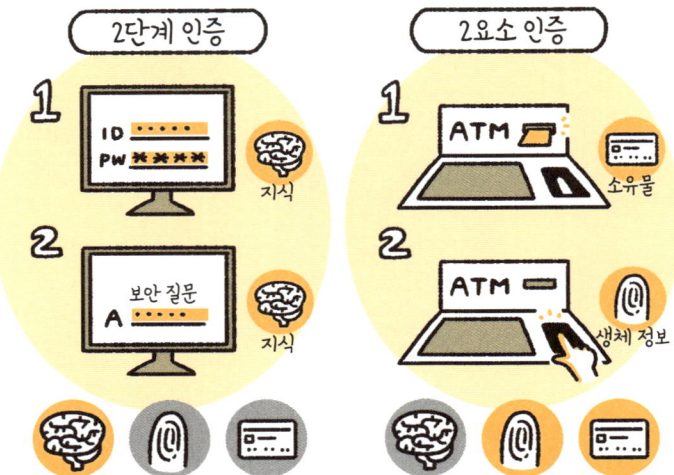

해설 웹 사이트 등에서 자신의 계정에 로그인할 때 2종류의 항목이나 절차를 사용해 인증(본인 인증)하는 것이다. 자전거 도난 방지를 위해 자물쇠를 2중으로 채우는 것과 같은 발상이다.
 2중으로 잠그는 방법으로는 사용자가 각기 다른 두 요소(▶1)의 정보를 올바르게 입력했을 때 인증하는 2요소 인증과, 인증 절차를 2단계로 늘리는 2단계 인증이 있다.

[TOPIC 1]
2요소 인증에서 사용되는 요소
2요소 인증에서 사용되는 요소로는 ① 패스워드 등의 '지식', ② 스마트폰 등의 '소유물', ③ 지문 등의 '생체 정보'가 있다. 이 가운데 서로 다른 2가지 요소를 조합한다. 가령 ATM의 지문 인증은 '소유물'인 현금 카드와 '생체 정보'인 지문으로 인증을 실시한다.

[TOPIC 2]
조합해서 사용하는 사례
현재 구글이나 네이버 등의 서비스가 2요소 인증을 조합한 2단계 인증을 사용하고 있다. 첫 번째 단계에서 자신의 패스워드를 입력하고, 두 번째 단계에서 자신의 스마트폰 SMS나 자신의 계정으로 온 인증 코드를 입력해 로그인을 완료한다.

관련 용어 ▶▶ 인터넷 뱅킹 → p.059, SMS와 MMS → p.164, 일회용 패스워드와 통합 인증 → p.237

One-Time Password / Single Sign-On

딱 한 번만 사용할 수 있는 패스워드/딱 한 번만 하면 되는 로그인

일회용 패스워드와 통합 인증

POINT
- ▶ 일회용 패스워드(OTP)는 딱 한 번만 사용할 수 있는 패스워드다
- ▶ OTP는 전용 장치에서 생성되거나 스마트폰으로 전송되는 코드를 사용한다
- ▶ 통합 인증(SSO)은 한 번의 로그인으로 복수의 서비스를 사용할 수 있는 방식

해설 일회용 패스워드(OTP)는 딱 한 번만 사용할 수 있는 패스워드다. 로그인을 할 때마다 새로운 패스워드를 받아서 사용한다. 일회용 패스워드로 사용되는 코드는 작은 전용 단말기에서 생성되거나 SMS 또는 애플리케이션의 계정으로 전송된다. 한편 통합 인증(SSO)은 하나의 서비스에 로그인하면 연계된 다른 서비스를 별도의 로그인 없이 사용할 수 있는 방식이다.

[TOPIC 1]
통합 인증의 장점과 단점
장점은 한 번만 로그인하면 되기 때문에 복수의 서비스에 일일이 로그인하는 번거로움을 줄일 수 있다는 점이다. 한편 단점은 통합 인증에 이용하는 계정의 정보가 유출되면 연계된 서비스로 피해가 확대되기 쉽다는 점이다.

[TOPIC 2]
통합 로그인의 예
ID와 패스워드를 입력하는 대신 '페이스북이나 구글의 계정으로 로그인' 등의 방법으로 로그인할 수 있는 것이 통합 로그인의 예다. 이용하고자 하는 웹 서비스를 대신해 페이스북이나 구글에서 이용자 인증을 실시한다.

관련 용어 ▶▶ 인터넷 뱅킹 → p.059, SMS와 MMS → p.164, 2요소 인증과 2단계 인증 → p.236

212

Firewall

사이버 공격으로부터 몸을 지키는 보호벽
방화벽

POINT
- ▶ 외부로부터의 사이버 공격을 저지하는 보안 제품
- ▶ 통신 데이터의 내용을 감시하고, 의심스러울 경우에는 방어한다
- ▶ 소프트웨어형과 네트워크 기기형이 있다

해설 외부로부터의 사이버 공격을 저지하는 기능을 화재를 막는 벽에 비유해 방화벽이라고 부른다. 방화벽은 통신 상대의 IP 주소 검사, 첨부 파일의 바이러스 검사 등 통신 데이터의 다양한 항목을 감시하며, 의심스러운 경우에는 방어(▶1)를 실시한다. 윈도에 표준 탑재된 마이크로소프트 디펜더도 컴퓨터를 보호하는 방화벽이다.

[TOPIC 1]
방어의 기본
퍼스널 컴퓨터용 제품을 예로 들면, 통신 데이터를 감시한 결과 수상한 접속이나 공격 패턴이 발견되었을 때는 그 통신 데이터를 파기(차단)하거나 바이러스에 감염된 이메일을 격리 폴더로 이동시키는 것이 기본적인 방어 방법이다.

[TOPIC 2]
방화벽 제품
마이크로소프트 디펜더 같은 OS 내장형 이외의 일반용 방화벽은 컴퓨터나 서버에 인스톨해서 사용하는 소프트웨어의 형태로 판매되고 있다. 또한 기업용으로는 전용 하드웨어를 사용해 대량의 데이터를 고속으로 세밀하게 감시하는 제품도 있다.

관련 용어 ▶▶ 사이버 공격 → p.253, DMZ(비무장지대) → p.239, IDS(침입 탐지 시스템), IPS(침입 차단 시스템) → p.257

DeMilitarized Zone

사이버 경비대가 없는 네트워크 공간

DMZ(비무장지대)

POINT
- 사내 네트워크와 인터넷 사이에 설치되는 네트워크
- DMZ에는 인터넷에 공개하는 웹 서버 등을 둔다
- DMZ를 설치하기 위해서는 방화벽이 필요하다

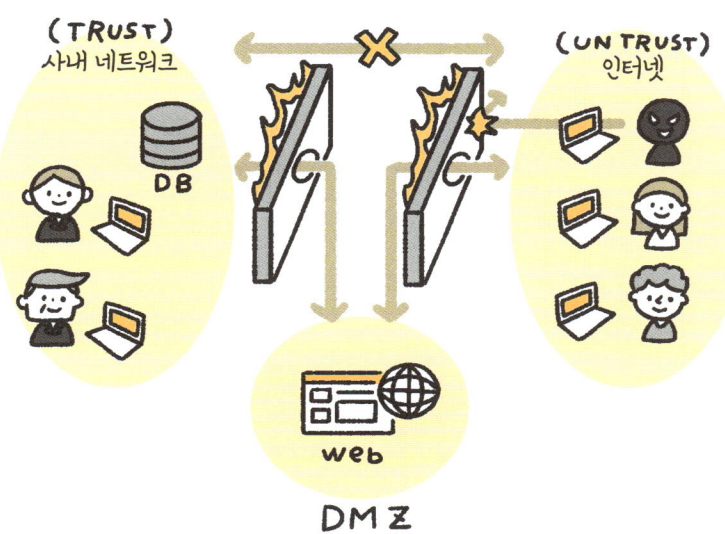

 DMZ는 기업 네트워크의 일부로, 사내 네트워크와 인터넷 사이에 설치된다. 기업 활동을 할 때는 웹 사이트에서 정보를 발신하거나 거래에 관한 데이터를 주고받는 등 회사 외부와 통신을 할 필요가 있는데, 사내와 인터넷을 직접 연결하면 보안상 위험이 높아진다. 따라서 DMZ를 설치해 모든 통신을 DMZ 내에서 받음으로써 외부에서 사내 네트워크를 직접 볼 수 없게 만든다.

[TOPIC 1]

왜 DMZ가 필요한가?

DMZ를 설치하지 않은 채로 사내 네트워크에 외부 발신용 서버를 둘 경우, 외부 발신용 서버가 악의적인 공격에 탈취당하면 그대로 사내 네트워크가 공격 위험에 노출된다. 외부 발신용 서버를 DMZ에 두면 피해의 확대를 막을 수 있다.

[TOPIC 2]

2단 방화벽

DMZ에서 봤을 때, 사내 네트워크와 인터넷 양쪽에 방화벽을 설치해 '사내 네트워크→DMZ→인터넷'의 순서로 접속한다. '사내 네트워크와 DMZ 사이'와 'DMZ와 인터넷 사이'의 방화벽으로 이중 방어를 하는 것이다.

관련 용어 ▶▶ 방화벽 → p.238

Secure Sockets Layer / Transport Layer Security

웹 사이트의 통신을 암호화하는 방법
SSL/TLS

POINT
- ▶ 브라우저와 웹 사이트 사이의 통신을 암호화하는 방식
- ▶ SSL의 다음 규격이 TLS
- ▶ SSL/TLS 통신을 할 때는 브라우저 주소창에 자물쇠 마크가 표시된다

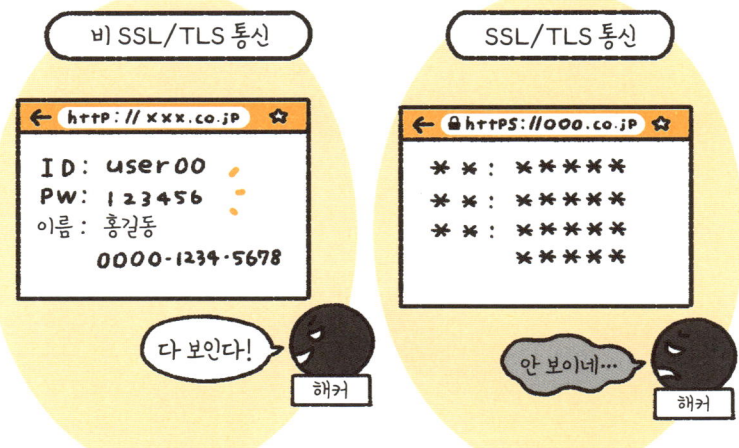

해설   SSL과 TLS는 브라우저와 웹 사이트 사이에서 안전한 통신을 하기 위한 암호화 통신 방식의 명칭이다. SSL/TLS 통신을 할 때는 브라우저의 주소창에 자물쇠 마크가 표시된다. 우리가 웹 사이트를 볼 때 브라우저에서 웹 사이트로 보고 싶은 페이지나 입력한 패스워드 등의 정보가 전송되는데, SSL/TLS로 통신을 암호화하면 이 정보를 다른 사람이 엿보더라도 내용을 알 수 없다.

[TOPIC 1]
양쪽의 명칭을 병기하는 이유
SSL은 1990년대에 개발되었는데, 중대한 결함이 발견되어 최종적으로 사용 금지가 권고되었다. 그 후 SSL의 문제점을 해결한 TLS가 개발되어 현재는 TLS가 사용되고 있지만, 이미 SSL이 보급되어 있었던 탓에 그 명칭이 남아서 양쪽을 병기하고 있다.

[TOPIC 2]
당연해지고 있는 SSL/TLS
예전에는 로그인 페이지나 개인정보를 송신하는 페이지에만 SSL/TLS를 사용하는 사이트가 많았지만, 최근에는 모든 페이지를 암호화하는 것이 당연해지고 있다. 쉽게 엿볼 수 있는 무선 LAN이 보급된 것도 이 흐름을 가속화시키고 있다.

관련 용어 ▶▶ 대칭 열쇠 암호 방식과 공개 열쇠 암호 방식 → p.241, 인증국과 전자 증명서 → p.242, WWW와 HTTP와 HTTPS → p.226

Symmetric Key Cryptography / Public Key Cryptography

암호화의 열쇠와 복호화의 열쇠가 같은가 별개인가의 차이

대칭 열쇠 암호 방식과 공개 열쇠 암호 방식

POINT
- 대칭 열쇠 암호는 암호화와 복호화에 같은 대칭 열쇠를 사용한다.
- 공개 열쇠 암호는 암호화와 복호화에 공개 열쇠와 비밀 열쇠를 사용한다
- 대부분의 암호화 방식은 대칭 열쇠 암호와 공개 열쇠 암호를 조합해서 사용한다

해설

인터넷상에서 암호화 데이터를 주고받는 것은 발신자가 상자에 데이터를 넣고 자물쇠를 잠가서 보내면 수신자가 열쇠로 자물쇠를 풀어서 데이터를 꺼내는 것과 같은 방식으로 이뤄진다. 대칭 열쇠 암호 방식의 경우, 자물쇠를 잠그는 발신자와 자물쇠를 푸는 수신자가 같은 열쇠(대칭 열쇠)를 사용한다. 한편 공개 열쇠 암호 방식은 비밀 열쇠에서 공개 열쇠를 만든 다음 그 공개 열쇠를 수신자에게 보낸다. 발신자는 공개 열쇠로 자물쇠를 잠그고, 수신자는 비밀 열쇠로 푼다.

[TOPIC 1]
하이브리드 암호 방식

대칭 열쇠 암호 방식과 공개 열쇠 암호 방식을 함께 사용하는 것이다. 대칭 열쇠 암호 방식은 암호의 해독(복호화) 시간이 짧고, 한 번 교환한 열쇠를 계속 사용할 수 있다는 특징이 있다. 그래서 공개 열쇠 암호 방식을 통해 대칭 열쇠를 교환한 다음 대칭 열쇠 암호 방식으로 통신한다.

[TOPIC 2]
공개 열쇠는 왜 공개가 가능한가?

암호문을 복호화할 때는 비밀 열쇠를 사용하는데, 이론상으로는 공개 열쇠를 바탕으로 비밀 열쇠를 계산해서 구할 수 있다. 다만 이것을 계산하려면 굉장히 긴 시간이 필요하기 때문에 현실적으로는 암호의 도청에 도움이 되지 않는다. 그래서 암호화에 사용하는 공개 열쇠를 공개할 수 있는 것이다.

관련 용어 ▶▶ SSL/TLS → p.240, 인증국과 전자 증명서 → p.242

216

Certification Authority / Electronic Certificate

진짜 암호 열쇠가 가지고 있는 증명서
인증국과 전자 증명서

POINT
- ▶ 인증국은 전자 증명서의 발생과 효력 상실을 관리하는 기관
- ▶ 전자 인증서는 본인이 통신을 하고 있음을 증명하는 전자 파일
- ▶ 웹에서 통신을 할 때는 상대방이 본인이 맞는지 확인하는 것이 중요하다

해설 인증국은 암호화 통신에서 사용하는 전자 증명서의 발행과 효력 상실을 관리하는 기관이다. 그리고 전자 인증서는 본인이 통신을 하고 있음을 증명하기 위해 사용하는 전자 파일이다. 제삼자인 인증국이 발행한 전자 증명서를 신분 증명으로 통신 상대에게 보냄으로써 암호화 통신에서 사용하는 공개 열쇠가 정당한 열쇠 소유자로부터 배포된 것임을 확인한다.

[TOPIC 1]
SSL/TLS와 전자 증명서
웹 브라우저와 웹 서버가 SSL/TLS로 암호화 통신을 할 때는 암호화에 사용하는 공개 열쇠가 신뢰할 수 있는 웹 서버로부터 전송된 것인지 확인할 필요가 있다. 이때 전자 증명서를 사용해 서버의 운영 조직이 실제로 존재한다는 사실을 증명함으로써 사칭을 방지한다.

[TOPIC 2]
인증국
인증국의 주체는 민간 기업이다. 인증 서버를 만들면 누구나 인증국이 되어 증명서를 발행할 수 있지만, 사회적인 신뢰가 요구되기 때문에 보통은 대형 인터넷 관련 기업에서 인증 서비스를 제공한다.

관련 용어 ▶▶ SSL/TLS → p.240, 대칭 열쇠 암호 방식과 공개 열쇠 암호 방식 → p.241, WWW와 HTTP와 HTTPS → p.226, 전자 서명 → p.248

Security Hole

침입자가 들어올 수 있는 보안의 구멍
보안 구멍

POINT
- ▶ 시스템이 지닌, 악용할 수 있는 보안상의 결함
- ▶ 프로그램의 버그나 설계 미스 등으로 발생한다
- ▶ OS나 애플리케이션을 업데이트해 구멍을 막는 것이 중요

해설 취약점이라고도 부른다. 보안의 구멍, 즉 시스템이 지닌 정보 보안상의 약점이나 결함을 가리킨다. 보안이 집을 둘러싸고 있는 담장이라면 그 담장에 구멍이 뚫려 있어서 부정 침입자가 드나들 수 있음을 의미한다. 부정 침입자는 뚫린 구멍을 통해서 네트워크나 시스템 안으로 들어와 데이터를 수정하거나 부정 취득하고 애플리케이션이나 OS에 위해를 가한다.

[TOPIC 1]
구멍의 종류
보안 구멍이 생기는 대표적인 이유로는 프로그램의 버그(의도대로 작동하지 않음), 근본적인 설계 실수(특정 조건이 갖춰지면 누구나 접속할 수 있는 경우 등), 개발자가 유지 관리를 위해 만들어 놓은 비밀 기능이 발각되어 악용되는 경우 등이 있다.

[TOPIC 2]
업데이트를 통한 예방
평소에 컴퓨터나 스마트폰을 사용하다 보면 OS나 애플리케이션의 업데이트 알림을 보게 된다. 보안상 업데이트가 필요하다는 메시지가 왔을 때는 보안 구멍에 대한 대책이 들어 있다고 생각하고 업데이트를 실행해 구멍을 막는 것이 중요하다.

관련 용어 ▶▶ 바이러스 대책 → p.244, 취약점 → p.254, 버그와 디버그 → p.126

Computer Virus Prevention / Protection

컴퓨터가 감염되는 병의 예방과 치료
바이러스 대책

POINT
- IT 용어에서 바이러스는 컴퓨터 바이러스를 의미한다
- 바이러스 대책에는 전용 소프트웨어(안티 바이러스)의 이용이 효과적이다
- 매일 새로운 바이러스가 등장하기 때문에 지속적인 대책이 필요하다

해설 웹 사이트, 이메일, USB 등을 통해서 침입하는 컴퓨터 바이러스를 검출·퇴치하는 것을 말한다. 넓은 의미에서는 이메일에 적혀 있는 URL이 의심스러울 때는 열지 않는 등 리스크가 있는 접속을 피하는 것도 바이러스 대책에 포함된다. 바이러스의 검출과 퇴치에는 안티 바이러스라고 부르는 소프트웨어나 바이러스 대책 서비스를 이용하는 것이 효과적이다.

[TOPIC 1]
바이러스의 의미
본래는 다른 프로그램을 수정해 기생한 다음, 기생한 프로그램의 작동을 통해 증식하는 프로그램을 가리킨다. 그러나 공격 방법이 다양해짐에 따라 악의적인 프로그램을 가리키는 맬웨어나 컴퓨터를 원격 조작하는 RAT도 바이러스라고 부르게 되었다.

[TOPIC 2]
숨바꼭질
매일 같이 새로운 바이러스가 만들어지고 있기 때문에, 어떤 바이러스가 공격해 올지 사전에 예측하는 것은 매우 어렵다. 윈도 등이 바이러스 공격을 받아서 그것에 대한 대책을 세우면 더욱 진화한 바이러스가 등장하는 식으로 공격 측과 방어 측의 숨바꼭질이 계속되고 있다.

관련 용어 ▶▶ 보안 구멍 → p.243, 맬웨어 → p.260, URL→ p.221

219

Biometric Authentication

지문을 스캔해서 누구인지 구별해 확인한다
생체 인증

POINT
- ▶ 지문이나 성문(聲紋) 같은 타인에게는 없는 특징적인 정보로 본인을 식별한다
- ▶ 패스워드처럼 잊어버리거나 도난당하지 않는다는 것이 장점이다
- ▶ 병이나 부상 등으로 생체 정보가 변하면 인증할 수 없게 될 우려가 있다

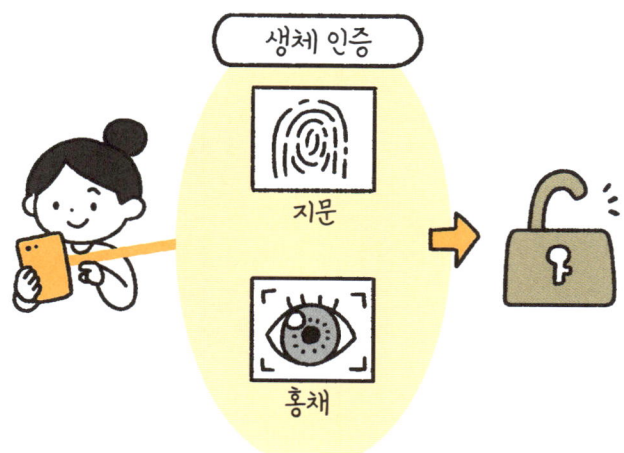

해설 한 사람 한 사람이 전부 다른 신체적 특징을 이용해 개인을 식별하는 방식이다. 생체 인증에 사용되는 신체적 특징으로는 지문, 성문(聲紋), 정맥의 위치, 눈의 홍채 모양 등이 있다. 특히 지문 인증은 스마트폰이나 노트북 컴퓨터의 인증 기능을 비롯해 널리 보급되어 있다. 본인이 살아 있는 한 계속 이용 가능하고, 기억할 필요가 없으며, 패스워드처럼 도난당하기(▶1) 쉽지 않다는 것이 장점이다.

[TOPIC 1]
생체 정보를 훔친다
영화나 드라마에서는 실리콘으로 지문의 본을 떠서 복제하거나 콘택트렌즈에 홍채를 복사하는 등 생체 정보를 훔치는 장면이 종종 나온다. 현재는 기술적으로 쉽지 않아서 허구에 가깝지만, 미래에는 현실이 될 가능성도 있다.

[TOPIC 2]
생체 정보의 리스크
몸의 부위에 따라 병이나 부상, 장기간에 걸친 체형 변화 등으로 정보가 변하면 인증할 수 없게 될 수도 있다. 또한 생체 정보는 변경할 수 없기 때문에 만에 하나 복제되어 도용당할 경우 두 번 다시 그 정보를 이용할 수 없다는 점도 풀어야 할 과제다.

관련 용어 ▶▶ 전자 인증 → p.249

Cybersecurity Assessment Service

사이버 공격에 대비한 방재 훈련
보안 진단 서비스

POINT
- 시스템에 가상적인 사이버 공격을 실시해 안전성을 조사하는 서비스
- 공개 서버나 사내 네트워크 등이 주된 진단 대상
- 진단 대상별로 세밀한 서비스 상품이 준비되어 있다

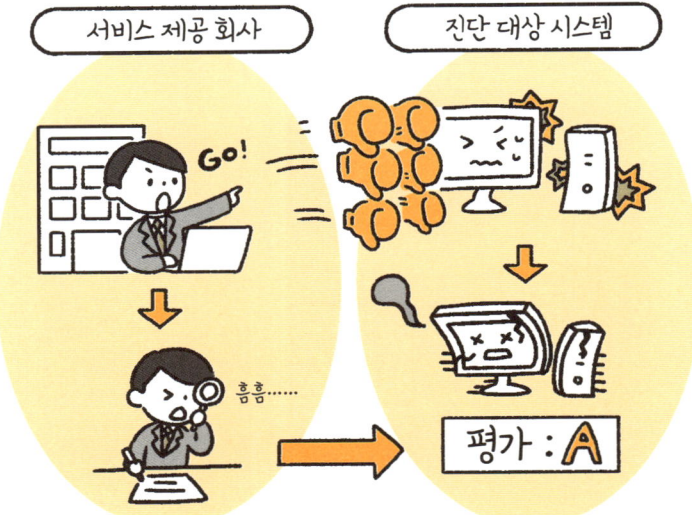

해설

보안 진단이란 진단 대상인 시스템을 공격자의 처지에서 공격해 어느 정도까지 버텨낼 수 있는지 조사하는 것을 말한다. 보안 진단에서 방어하지 못한 공격이 있다면 그 공격에 대한 약점이나 결함이 있다는 뜻이다. 보안에 대해 잘 아는 IT 기업이 상용 서비스로 제공하고 있다. 또한 툴을 사용해 자가 진단(▶❷)을 하는 방법도 있다.

[TOPIC ❶]
취약점 진단

사이버 공격에 대한 시스템의 내구력을 조사한다는 의미에서 취약점 진단이라고도 부른다. 대량의 데이터를 서버나 웹 사이트에 보내는 과부하 시험, 설정·시스템의 불완전한 부분을 파고들어 침입하거나 정보 반출을 시도하는 가상 공격 시험 등을 통해 진단한다.

[TOPIC ❷]
자가 진단

각종 유료 혹은 무료 보안 진단 툴을 사용하면 자력으로도 어느 정도 보안 진단을 할 수 있다. 한국인터넷진흥원은 과학기술정보통신부와 함께 '중소기업 SW 보안약점 진단' 서비스 사업을 운영하고 있다.

관련 용어 ▶▶ 사이버 공격 → p.253, 보안 구멍 → p.243

221

Disaster Recovery

IT 시스템의 방재 계획과 복구 활동

재해 복구

POINT
- ▶ 재해를 입은 IT 시스템의 복구와 회복, 그 예방 조치
- ▶ 재해에 대비한 운용부터 물리적인 대책까지 폭넓은 고려가 필요하다
- ▶ IT 시스템의 중요성부터 업무 연속 계획(BCP)까지 포함한다

해설

재해 복구는 재해를 입은 IT 시스템의 복구와 회복, 그리고 이를 위한 예방 조치를 의미한다. 재해 복구에서 가정하는 재해는 다양하다(▶①). 시스템·데이터 센터·통신 회선의 이중화나 백업 등 운용에 관한 것에서부터 IT 기기 설치 장소의 선정과 비상 전원의 확보, 건물의 내진성이나 소방 설비 같은 물리적인 대책에 이르기까지 폭넓게 생각할 필요가 있다.

[TOPIC 1]
IT에 영향을 끼치는 모든 것이 재해

재해 복구에서는 자연재해뿐만 아니라 화재, 사고, 정전, 테러, 사이버 공격 등 IT 시스템에 피해를 줄 수 있는 모든 사태를 재해로 가정한다.

[TOPIC 2]
복구의 목표

복구 계획에서는 재해를 복구하는 데 소요되는 복구 시간과 재해 발생 전의 어느 시점으로 되돌릴 것인지를 정하는 복구 시점(=백업 간격)의 목표를 설정하는 것이 추천되고 있다. 복구 시간과 백업 간격이 짧을수록 복구 능력이 우수하다고 할 수 있다.

관련 용어 ▶▶ 장애 허용(결함 감내) → p.139, 사이버 복원력 → p.258

222

전자 파일에 인감도장을 찍는 방법
전자 서명

Electronic Signature

POINT
- ▶ 전자 파일의 작성자를 증명하고 문서의 수정 여부를 검출하는 방법
- ▶ 종이 서류에 인감도장을 찍거나 자필 서명을 하는 것에 해당한다
- ▶ 행정 절차에 도입이 추진되고 있다

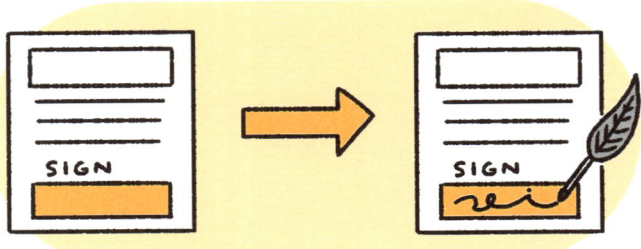

해설

전자 서명은 종이 서류에 인감도장을 찍거나 자필 서명을 하는 것과 같은 기능을 전자 파일에서도 하는 것을 말한다. 발신자의 본인 확인과 송부된 전자 파일의 수정 여부 검출을 할 수 있다. 원본 파일에서 생성된 해시값(▶1)을 공개 열쇠로 암호화한 전자 서명을 원본 파일과 함께 송신한다. 수신자는 서명을 복호화함으로써 발신자 본인이 맞는지 확인하고, 해시값을 사용해 수정 여부를 검출한다.

[TOPIC 1]
해시값과 수정 여부의 검출
해시값은 워드의 문서 파일 같은 커다란 데이터에서 구해지는 짧은 데이터(요약값)다. 문서를 변경하면 해시값도 변한다. 전자 서명으로 수신한 해시값과 수신 파일에서 구한 해시값이 일치한다면 파일은 수정되지 않은 것이다.

[TOPIC 2]
법 정비
한국의 전자서명법은 전자문서의 안전성과 신뢰성을 확보하고 그 이용을 활성화하기 위하여 전자서명에 관한 기본적인 사항을 정함으로써 국가와 사회의 정보화를 촉진하고 국민생활의 편익을 증진함을 목적으로 한다.

관련 용어 ▶▶ 전자 인증 → p.249, 대칭 열쇠 암호 방식과 공개 열쇠 암호 방식 → p.241

Electronic Authentication

컴퓨터가 인정하는 본인 증명

전자 인증

POINT
- ▶ 전자적인 본인 확인 수단 전반을 의미하는 말
- ▶ 1) ID와 패스워드로 사용자 본인이 맞는지 시스템에서 확인하는 것
- ▶ 2) 전자 서명 등으로 상대방이 본인이 맞는지 확인하는 것

해설 전자적으로 본인 확인을 하는 방법 또는 제도의 총칭이다. 사용자 ID와 패스워드를 통한 본인 확인이나 지문 확인 등 시스템이 전자적으로 사용자를 식별하는 것을 가리키기도 하고, 전자 서명 또는 인증국이 발행한 전자 증명서를 통해 상대방이 본인임을 확실하게 확인하는 것을 가리키는 경우도 있다. 이처럼 전자 인증은 전자적인 본인 확인 수단 전반을 의미한다.

[TOPIC 1]
전자 인증의 필요성
사용자가 한 명뿐인 시스템에서는 인증할 필요가 없다. 또한 신뢰할 수 있는 소규모 공동체라면 상호 감시가 발동하기 때문에 이름 등의 간단한 인증만으로도 충분하다. 그러나 인터넷의 급속한 성장으로 익명의 사용자가 증가하면서 고도의 전자 인증 제도가 필요해졌다.

[TOPIC 2]
전자서명법 시행령 개정
2020년 12월부터 공인인증서가 폐지되면서, 복잡한 설치 없이 생체정보나 간편 비밀번호(PIN) 등으로 신원을 인증할 수 있게 되었다. 이로써 PASS, 카카오페이, 네이버, 토스 등 다양한 민간 전자서명 인증이 사용되고 있다. 이들 전자서명 사업자의 신뢰성과 안전성을 위해 전자서명인증업무 평가 및 인정제도가 도입되었다.

관련 용어 ▶▶ 생체 인증 → p.245, 전자 서명 → p.248, 인증국과 전자 증명서 → p.242

224

Privileged Identity Management

무엇이든지 할 수 있는 ID이기에 더더욱 엄격히 관리한다

특권 ID 관리

POINT
- ▶ 온갖 시스템이나 정보에 접근할 수 있는 권한을 가진 ID를 관리하는 것
- ▶ 특권 ID를 이용할 때 매번 확인 절차를 요구하는 형태로 관리한다
- ▶ 특권 ID를 가진 사원이 이동·퇴직하면 ID를 파기하는 것도 중요하다

IT 시스템 이용자에게 ID를 부여할 때, '영업 시스템만 이용 가능', '파일 열람은 가능하지만 편집은 불가능' 등 ID별로 접근 권한을 설정한다. 한편 시스템 관리자에게는 온갖 조작이 가능한 '특권 ID'가 부여된다. 시스템을 자유롭게 이용할 수 있는 이 특권 ID가 부정한 일에 이용될 경우 기업에 막대한 영향을 끼치는데, 이런 위험을 회피하기 위한 운용 규칙을 특권 ID 관리라고 부른다.

[TOPIC 1]
특권 ID의 관리 방법
업무에 필요할 때만 특권 ID를 지급하거나, 일회용 패스워드 등을 도입해 이용할 때 매번 확인 절차를 요구하는 형태로 관리되고 있다. 또한 시스템 관리 업무에 필요한 범위로 접근 권한을 한정하거나 특권 ID를 부여하는 사원 수를 줄이는 방법으로도 관리된다.

[TOPIC 2]
특권 ID의 부정 이용
특권 ID를 가진 사원이 이동·퇴직했음에도 그때까지 사용하고 있었던 특권 ID를 방치하거나 아무런 조치 없이 다른 사원에게 다시 부여한다면 생각지도 못한 정보 유출이 발생할 수 있다. ID를 파기하는 등의 적절한 특권 ID 관리를 실시할 필요가 있다.

관련 용어 ▶▶ 부정 접속 → p.255

225

Hacker / White Hacker

타인의 컴퓨터에 침입하는 중립적인 마니아와 나쁜 마니아

해커와 화이트 해커

POINT
- ▶ 해커는 본래 열광적인 컴퓨터 마니아를 의미한다
- ▶ 반사회적인 활동을 벌이는 해커는 크래커라고 부른다
- ▶ 진단을 목적으로 컴퓨터에 침입을 시도하는 해커는 화이트 해커라고 부른다

해설

해커는 외부에서 타인의 컴퓨터에 침입해 조작하는 사람들이다. 본래 해커는 범죄자라는 의미가 아니었지만, 악의적인 부정 침입 사례가 언론에서 해킹으로 보도되면서 점차 시스템에 부정 침입하는 못된 엔지니어라는 의미로 변질되었다. 시스템의 취약점을 조사하기 위해 일부러 해킹을 하는 해커는 좋은 해커라는 의미에서 화이트 해커로 불린다.

[TOPIC 1]
크래커(Cracker)
중립적인 의미의 해커와 구별하기 위해, 명백히 반사회적인 부정 침입을 하는 해커를 크래커(크래킹을 하는 자)라고 부른다. 호두까기 도구를 너트크래커라고 부르는데, 크래킹은 보안의 껍질을 부수는 것을 의미한다.

[TOPIC 2]
모자의 색
해커에게 모자를 씌우고 그 모자의 색으로 해커의 유형을 구별해서 부르기도 한다. 세 유형으로 구분할 경우에는 검은 모자(블랙햇)·흰 모자(화이트햇)·회색 모자(그레이햇)를 사용하는데, 각각 악인, 선인, 자신의 지식을 사용할 수 있다면 선한 행위든 악한 행위든 개의치 않고 하는 해커를 의미한다.

관련 용어 ▶▶ 크래킹과 소셜 엔지니어링 → p.259

Security

정보와 시스템의 안전을 지킨다
보안

POINT
- ▶ 보안이란 IT 시스템의 정상적인 운용을 확보하고 그 안전을 지키는 것이다
- ▶ 오늘날에는 정보의 안전을 지키는 정보 보안도 포함된다
- ▶ 보안의 기본은 기밀성·무결성·가용성을 유지하는 것이다

해설   IT 용어에서의 보안은 컴퓨터 시스템을 물리적인 장애나 재해로부터 보호해 기능시키는 것뿐만 아니라 정보 보안까지 포함하는 의미에서 사용되고 있다. 정보 보안에서는 ① 기밀 정보를 보전하는 '기밀성', ② 정보의 정합성을 담보하는 '무결성', ③ 언제든 필요할 때 사용할 수 있는 '가용성'을 유지하는 것이 중요하며, 이를 보안의 3요소라고 부른다.

[TOPIC 1]
확대되고 있는 보안 대상
IT 기기가 진화할수록 보안의 대상도 늘어난다. 컴퓨터 본체뿐만 아니라 하드웨어 등의 주변 장치, 통신 기기와 회선, 무선 전파 등 보안의 대상은 점점 더 다양해지고 있다.

[TOPIC 2]
고전적인 보안
보안이라고 하면 고도의 기술이 필요할 것 같은 인식이 있지만, 고전적인 수법도 여전히 효과적이다. 도난 방지를 위해 컴퓨터를 와이어로 책상에 연결하는 방법이나 어깨 너머로 컴퓨터 화면을 훔쳐보지 못하게 하는 보안 필름 등은 간단하면서도 효과가 있는 대책이다.

관련 용어 ▶▶ 보안 관리 → p.234, 가용성 → p.140

227 사이버 공격

Cyber Attack

인터넷 세계에서의 범죄 행위

POINT
- ▶ 네트워크 공간에서 벌어지는 범죄 행위를 말한다
- ▶ 금전 목적·사회 불안을 부추기기·개인의 쾌감 등 광범위한 목적을 포함한다
- ▶ 맬웨어를 필두로 다양한 공격 방법이 있다

해설 컴퓨터 시스템이나 네트워크 시스템에 대한 공격을 의미한다. 정부·기업·조직·개인 등 인터넷에 연결되어 있는 모든 것이 사이버 공격의 대상이다. 공격의 목적도 정치 불안이나 사회 불안을 노린 것부터 금전 이익을 노린 것, 타인의 고통을 보고 쾌감을 느끼기 위한 것까지 다양하다. 같은 의미를 가진 말로 사이버 테러리즘(▶1)이 있다.

[TOPIC 1]

사이버 테러리즘(사이버 테러)

정치적·사회적 이유에서 사회에 혼란을 일으켜 국가의 안전 보장을 위협하는 파괴 활동을 말한다. 특정 개인을 노린 인터넷상의 사기는 사이버 공격이지만, 사회 불안을 일으킬 목적으로 동시다발적이고 계획적으로 인터넷상에서 사기 행위를 한다면 그것은 사이버 테러다.

[TOPIC 2]

사이버 보안

기업이나 행정 시스템에 대한 사이버 공격이 확대됨에 따라, 사이버 보안은 이제 국가적 차원의 방위 영역으로 인식되고 있다. 컴퓨터 시스템을 향한 공격에 대비해 피해 방지책을 마련하고 적절히 운용할 것이 요구된다.

관련 용어 ▶▶ 사이버 복원력 → p.258, 보안 → p.252

228

Vulnerability

컴퓨터 시스템의 보안상의 약점

취약점

POINT
- ▶ 시스템의 설계나 운용에 관한 보안상의 약점
- ▶ 새로운 공격이 취약점을 '발견'하는 경우도 있기 때문에 완전히 없애기는 어렵다
- ▶ 소프트웨어뿐만 아니라 하드웨어에도 취약점이 있다

해설

사이버 공격을 받을 우려가 있는, 설계 실수나 누락에서 기인하는 시스템의 약점이다. 또한 새로운 공격 방법이 등장하면서 약점이 새로 '발견'되는 경우도 있다. 공격자가 의도를 갖고 공격 방법을 계속 찾아내려 하는 한 취약점을 완전히 없애기는 어렵지만, 안티 바이러스 소프트웨어를 이용하고 OS와 애플리케이션을 항상 최신 버전으로 유지하는 등 기본을 지키면서 대응하는 것이 중요하다.

[TOPIC 1]
취약점 대책

취약점을 근절하기는 무리지만, 지금 가능한 대책을 실천해 효과적으로 대처할 수는 있다. 안티 바이러스 소프트웨어를 이용하거나 OS와 애플리케이션을 항상 최신 버전으로 업데이트하는 등의 기본적인 대책과 함께, 국내외의 기관이 제공하는 취약점에 관한 정보를 수시로 확인하는 등 지속적으로 대응하는 것이 중요하다.

[TOPIC 2]
하드웨어의 취약점

CPU·메모리·USB 등의 하드웨어에도 설계에서 기인하는 취약점이 존재한다. 하드웨어의 취약점은 기본적인 대처가 어렵다. 보통은 대처용 소프트웨어를 통해 문제를 회피하지만, 그것이 어려울 경우에는 하드웨어를 교체할 수밖에 없다.

관련 용어 ▶▶ 사이버 공격 → p.253, 보안 구멍 → p.243, 바이러스 대책 → p.244, CPU → p.080, USB → p.102

229

Illegal Access

권한이 없는 사람이 IT 시스템에 접속하는 것
부정 접속

POINT
- ▶ 정당한 권한이 없는 사람이 컴퓨터 시스템에 접속하는 것
- ▶ 공격을 하지 않더라도 접속한 사실만으로 부정 접속으로 간주된다
- ▶ 부정 접속 금지법에 따라 법적으로도 처벌을 받는다

해설

정당한 권한이 없는 제삼자가 컴퓨터 시스템에 접속하는 것을 말한다. 실제 피해가 없더라도 권한이 없는 사람이 접속하면 그 시점부터 부정 접속으로 간주된다(▶1). 지하 거래 사이트 등에서 거래되고 있는 타인의 ID와 패스워드를 사용하는 수법이나 맬웨어 또는 부정하게 입수한 관리자 권한 등으로 훔쳐낸 ID와 패스워드를 사용하는 수법이 있다.

[TOPIC 1]
정보통신망법
한국의 정보통신망법 제48조 제1항은 "누구든지 정당한 접근권한 없이 또는 허용된 접근권한을 넘어 정보통신망에 침입하여서는 아니 된다"라고 규정하고 있다. 통상 이를 무권한 접속 또는 해킹이라고 부르고 있다.

[TOPIC 2]
ID의 거래
온라인 게임 등에서 사용되는 계정의 거래도 부정 접속의 한 원인이다. 먼저 타인의 계정을 사고파는 것은 부정 접속 금지법의 처벌 대상이다. 또한 자신의 계정이라도 그것을 사고파는 것은 서비스 이용 규약 위반이기 때문에 인정되지 않는다.

관련 용어 ▶▶ 사이버 공격 → p.253

Incident

정보 보안의 사건·사고
인시던트

POINT
- IT 시스템의 보안상 위협이 되는 사건이나 사고
- 맬웨어 등 외부에서의 공격은 물론 사원의 부정 같은 내부의 불상사도 포함한다
- 컴퓨터 보안 사고 대응팀(CSIRT)이라고 부르는 조직이 인시던트 대응을 실시한다

해설

보안상의 사건·사고를 의미한다. 인시던트에는 맬웨어 등을 통한 사이버 공격 같은 외부적인 요인과 사내에 출입하는 사람의 데이터 반출 또는 정보 유출 등의 내부적인 요인이 포함된다. 인시던트가 발생했을 때는 피해를 파악하고 원인을 특정한 다음 시스템을 복구하고, 관계 부문에 연락하는 등의 대응을 실시하는데, 이를 인시던트 대응(Incident Response)이라고 부른다.

[TOPIC 1]
인시던트 대응의 흐름
인시던트를 감지·발견했을 때는 발생한 부분이나 내용을 파악하고 공격을 당한 컴퓨터를 격리시키거나 고장이 난 부분을 분리하는 등의 초기 대응을 실시한다. 본래 상태로 복구한 뒤에는 인시던트의 원인을 규명하고 경위를 검증해 이후에 발생하는 사고 대책에 활용한다.

[TOPIC 2]
AI 기반 보안기업 지원 사업
과학기술정보통신부에서는 고도화되고 있는 보안 위협에 대응하기 위해 인공지능(AI) 기술을 활용한 AI보안 기업을 발굴 육성하기 위한 지원 계획을 발표했다. 2025년까지 AI기반 글로벌 일류 보안기업 60개사 육성을 목표로 하고 있으며, 선정된 업체는 시제품 개발 비용과 기술 컨설팅 지원은 물론 사업화, 글로벌 판로 개척, 해외 진출 지원 등을 받을 수 있다.

관련 용어 ▶▶ 사이버 공격 → p.253, 맬웨어 → p.260, 사이버 복원력 → p.258, 보안 → p.252

Intrusion Detection System / Intrusion Prevention System

수상한 움직임을 감시한다
IDS(침입 탐지 시스템), IPS(침입 차단 시스템)

POINT
- ▶ IDS는 외부에서의 부정 접속을 검출하는 시스템
- ▶ IPS는 IDS가 검출한 부정 접속을 차단하는 시스템
- ▶ 과거의 부정 접속 패턴이나 비정상적인 통신을 감시한다

해설 IDS는 외부에서의 부정 접속을 검출하는 시스템이고, IPS는 IDS가 검출한 부정 접속을 차단하는 시스템이다. IDS에서는 ① 기존의 부정 접속 패턴 검출과 함께, ② 동일한 접속원(元)이 계속 통신을 시도하는 비정상적인 통신 패턴을 감시해 부정 접속을 검출한다. ①을 시그니처형(▶**1**), ②를 어노말리형(▶**2**)이라고 부른다.

[TOPIC **1**]

시그니처(Signature)형
서명·특징·흔적 등으로 번역되는데, 이 경우에는 부정 접속의 '특징'이라는 뜻으로 사용된다. 지금까지 있었던 다양한 부정 접속 동작의 특징을 기록한 목록과 외부에서의 접속 동작을 대조함으로써 부정 접속을 검출한다.

[TOPIC **2**]

어노말리(Anomaly)형
변칙이라는 의미다. '보통은 이런 요구나 응답이 있을 것이다'라는 관점에서 통신을 감시하면, 정상일 경우 다소간의 편차가 있더라도 일정 범위에 수렴한다. 어노말리형은 이 범위를 벗어난 변칙적인 통신의 경우를 부정 접속으로 간주한다.

관련 용어 ▶▶ 부정 접속 → p.255, 방화벽 → p.238

Cyber Resilience

사이버 공격으로부터의 복구 계획

사이버 복원력

POINT
- ▶ 사이버 공격이 발생했을 때의 복원력
- ▶ 공격을 받은 뒤의 복구 계획과 그 계획을 실행에 옮길 수 있는 팀을 준비한다
- ▶ 사이버 복원력에는 IT 부문뿐만 아니라 경영자의 관여가 필요하다

해설

사이버 공격이 발생했을 때의 복원력을 의미하며, 사이버 공격을 받는 것을 전제로 장애로부터의 복구 계획을 구상한다. 보안 대책이 사이버 공격의 예방에 중점을 두는 데 비해 사이버 복원력은 공격받은 뒤의 대응에 중점을 둔다는 차이가 있다. 공격을 받은 데이터의 복구 방법과 업무를 계속할 수단 등을 계획하는 동시에, 그 계획을 실행에 옮길 수 있는 기업 내 보안팀의 육성도 실시한다.

[TOPIC 1]
경영자의 관여

사이버 복원력은 IT 부문만의 문제가 아니며, 업무 연속의 관점에서 경영층의 관여가 필요하다. 부정 접속이나 정보 유출 등의 인시던트가 발생했을 때의 빠르고 적절한 대응과 결단에는 경영층의 관여가 요구된다.

[TOPIC 2]
미국 국립표준기술연구소

미국 상무부의 국립표준기술연구소(NIST)는 사이버 복원력 시스템에 관한 권고를 발행했다. 여기에서 NIST는 사이버 복원력 시스템이 지향해야 할 목표로 '예지', '대항 혹은 회피', '복구', '적응'의 실현을 제시했다.

관련 용어 ▶▶ 사이버 공격 → p.253, 부정 접속 → p.255, 재해 복구 → p.247, 인시던트 → p.256

Cracking / Social Engineering

233

컴퓨터나 인간의 약점을 노린 시스템 공격
크래킹과 소셜 엔지니어링

POINT
- ▶ 양쪽 모두 시스템에 대한 부정 접속 수단이다
- ▶ 크래킹은 컴퓨터 보안을 파괴하는 행위
- ▶ 소셜 엔지니어링은 인간의 빈틈을 파고드는 사기 행위

해설 양쪽 모두 시스템에 대한 부정 접속 수단이다. 크래킹은 컴퓨터 시스템의 약점을 파고들어 직접적으로 부정 접속을 시도한다. 한편 소셜 엔지니어링은 '밖에서 패스워드를 말했다', '컴퓨터에 패스워드를 적은 종이를 붙여 놓았다' 등과 같은 인간의 실수나 빈틈, 부적절한 행위를 파고들어서 입수한 정보를 사용해 부정 접속을 시도한다.

[TOPIC 1]
크래킹과 해킹
크래킹은 컴퓨터를 부정하게 이용하기 위해 보안을 파괴하는 행위다. 그에 비해 본래의 해킹은 컴퓨터에 정통한 해커가 난공불락의 서버에 장난을 치는 등 자신의 실력을 시험해 본다는 의미가 강했다.

[TOPIC 2]
소셜 엔지니어링
본래는 사회 공학이라는 의미지만, 컴퓨터 시스템의 부정 침입자가 인간의 본능을 역이용한 방법으로 시스템을 공격한 사례 때문에 이렇게 불리게 되었다. 세계적으로 유명한 해커인 케빈 미트닉이 즐겨 사용했던 수법으로 널리 알려지게 되었다.

관련 용어 ▶▶ 해커와 하이트 해커 → p.251, 피싱 → p.262, 표적형 공격(비즈니스 이메일 사기) → p.269, 원클릭 사기 → p.271

Malware

나쁜 짓을 하는 소프트웨어
맬웨어

POINT
- ▶ 부정한 혹은 유해한 동작을 하는 프로그램의 총칭
- ▶ 맬웨어가 저지르는 나쁜 짓에는 눈에 보이는 것과 눈에 보이지 않는 것이 있다
- ▶ 안티 바이러스 소프트웨어를 항상 최신 버전으로 유지하는 등의 방법으로 방어한다

해설 부정한 행위 또는 유해한 행위를 하는 프로그램, 이용자의 의도에 반하는 행위를 하는 프로그램을 의미한다. 프리 소프트웨어와 함께 설치하도록 유도하는 등 사용자가 쉽게 눈치채지 못하는 수단으로 컴퓨터에 설치되어 피해를 입힌다. 안티 바이러스 소프트웨어를 항상 최신 버전으로 유지하고, 프리 소프트웨어를 설치할 때는 어디에서 배포한 것인지 확인하며, 설치할 때 무작정 승낙 버튼을 누르지 않는 것 등의 대책이 있다.

[TOPIC 1]
맬웨어에 감염되면
금전을 목적으로 하는 협박 계열의 맬웨어는 "성인 사이트 이용료를 내시오" 등의 화면을 표시하기 때문에 감염 사실을 금방 알 수 있다. 반대로 정보를 몰래 훔치거나 작업을 감시하는 유형은 실제 피해가 발생하기 전까지 감염 사실을 깨닫지 못하는 경우도 있다.

[TOPIC 2]
실제 피해 사례
맬웨어가 수집한 각종 로그인 정보나 웹 사이트에 접속할 때 사용된 신용카드 정보가 부정하게 이용될 경우 금전적인 피해가 발생한다. 또한 컴퓨터의 파일을 덧쓰거나 데이터를 지우는 등의 행위도 큰 피해를 가져온다.

관련 용어 ▶▶ 바이러스 대책 → p.244, 랜섬웨어 → p.273, 징검다리 공격과 트로이 목마 → p.267, RAT(원격 조작 도구) → p.261, 제로 데이 공격 → p.268

Remote Administration Tool / Remote Access Tool

타인의 컴퓨터를 멋대로 원격 조작한다
RAT(원격 조작 도구)

POINT
- ▶ 원격 조작 바이러스라고 불리는 맬웨어의 일종
- ▶ 컴퓨터의 관리자로 위장해 데이터를 훔친다
- ▶ 인간이 직접 공격하기 때문에 피해가 심각해지기 쉬워 매우 위험하다

해설 컴퓨터의 관리자 권한을 차지한 다음 컴퓨터에 상주하면서 공격자가 원격으로 조작할 수 있게 만드는 소프트웨어다. 침입한 컴퓨터는 물론이고 접속한 서버의 데이터도 훔치거나 수정할 수 있으며, 키 입력을 도청하거나 화면을 도촬하기도 한다. 또한 본격적인 공격을 준비하기 위해 네트워크 구성 정보나 로그인 정보 등을 훔치는 공격도 감행한다.

[TOPIC 1]
감염 경로와 방어
RAT도 다른 맬웨어와 마찬가지로 사기 이메일이나 웹사이트의 링크 클릭 등을 통해 감염된다. 방어가 탄탄한 컴퓨터에 침입하기 위해 그 컴퓨터와 연결되어 있는 보안이 취약한 컴퓨터를 노린 다음 그것을 발판 삼아 침입하는 경우도 있다.

[TOPIC 2]
맬웨어와 RAT의 차이
맬웨어가 부정하게 침입한 컴퓨터 속에서 사전에 프로그래밍된 내용을 실행하는 데 비해, RAT는 RAT가 설치된 컴퓨터에 사람이 원격으로 침입해 컴퓨터의 파일을 분석하면서 공격하기 때문에 피해가 더 심각하고 장기화되기 쉬워 매우 위험하다.

관련 용어 ▶▶ 맬웨어 → p.260, 원격 접속 → p.181, 취약점 → p.254

Phishing

236

사기꾼이 목표물을 낚기 위해서 만드는 사기 웹 사이트
피싱

POINT
- 실존하는 기업으로 위장한 사기 이메일을 보내 가짜 사이트에 접속하도록 유도한다
- 유도한 사이트에 입력한 개인정보를 사용해 피해를 입힌다
- 최고의 방어법은 사기 이메일을 무시하는 것이다

해설

인터넷 사기 수법의 명칭이다. 먼저 실존하는 금융 기관이나 기업(▶1)을 사칭하는 이메일을 보내, URL의 링크를 통해 가짜 웹 페이지에 접속하도록 유도한다. 유도된 피해자가 그 페이지를 열면 주소와 이름, ID·패스워드 등을 입력하게 한다. 그렇게 입수한 개인정보를 사용해 예금을 인출하거나 환전 가능한 상품을 구입해 피해자에게 금전적인 피해를 입힌다.

[TOPIC 1]
사기에 이용되는 기업

은행 등의 금융 기관이나 유명 기업을 사칭한다. 그리고 "패스워드의 등록이 완료되었습니다", "요금 청구 알림", "패스워드가 유출되었습니다", "계정이 잠겼습니다" 같은 긴급한 느낌을 주는 문장을 사용해 가짜 웹 사이트로 유도한다.

[TOPIC 2]
피싱의 방어

최고의 방어법은 무시다. 이메일에 있는 링크로 접속하지 않고, 등록해 놓은 즐겨찾기만 사용하며, 기업의 공식 창구에 확인하는 등의 방법으로 방어한다. 또한 URL을 보면 사기임을 알 수 있는 경우도 있다. 만약 신용카드 정보를 입력했다면 즉시 카드를 정지시킨다.

관련 용어 ▶▶ 표적형 공격(비즈니스 이메일 사기) → p.269, 크래킹과 소셜 엔지니어링 → p.259, URL→ p.221

237 스팸 메일

수없이 날아오는 성가신 이메일

POINT
- 집요하게 날아오는 성가신 이메일
- 단순한 광고부터 가공의 요금 청구나 개인정보 수집까지 다양하다
- 스팸 메일에 답장을 보내면 먹잇감 목록에 등록될 위험이 있다

SPAM

해설

집요하게 날아오는 정체를 알 수 없는 상품 광고 이메일은 전형적인 스팸 메일이다. 스팸 메일이 오는 것은 이메일 주소가 유출되었거나 실수로 주소 수집 목적의 사이트에 등록했기 때문이다. 스팸 메일이 오기 시작한 이메일 주소는 주소 정보가 판매되었을 가능성이 높기 때문에 계속 새로운 스팸 메일이 오게 된다.

[TOPIC 1]
스팸 메일의 목적

스팸 메일은 단순한 광고 목적인 경우와 사기 목적인 경우가 있다. 사기일 경우는 가짜 쇼핑몰 사이트로 유도해 신용카드 정보를 훔치거나, 성인 사이트 또는 조건 만남 사이트의 이용 요금을 청구하거나, 큰 수익을 내게 해 주겠다며 금전 이체를 요구하는 등의 패턴이 있다.

[TOPIC 2]
스팸 메일에 답장을 보내면

스팸 메일 중에는 지인을 사칭하며 여러 가지로 해석이 가능한 그럴 듯한 내용의 이메일을 보내 이메일 소유자가 잘 속아 넘어가는 유형인지 시험하는 것도 있다. 그런 이메일에 답장을 보내면 '속이기 쉬운 사람'으로 인식되어 더 많은 스팸 메일이 오게 된다.

관련 용어 ▶▶ 원클릭 사기 → p.271

Denial of Service Attack / Distributed DoS Attack

238

질문 공세를 펼쳐 움직이지 못하게 만드는 공격
DoS 공격과 DDoS 공격

POINT
- ▶ 웹 사이트 등에 과도한 부하를 줘서 다운시키는 공격
- ▶ 복수의 공격자가 서버 1대를 노리고 일제히 공격하는 것이 DDoS 공격
- ▶ 제삼자의 컴퓨터를 맬웨어에 감염시켜서 DoS 공격에 이용하는 경우가 많다

해설   DoS 공격은 웹 사이트에 집중적으로 접속하거나 대량의 이메일을 보내는 등의 방법으로 과도한 부하를 줘서 서버를 정지시키는 공격이다. denial(거절)이란 서버의 처리 한계를 초월하는 요구를 함으로써 서버가 모든 서비스를 거부하는 상태로 만든다는 의미다. DDoS는 분산 DoS 공격이라는 의미로, 복수의 공격자가 서버 1대를 노리고 일제히 DoS 공격을 실시하는 것을 말한다.

[TOPIC 1]
DoS 공격에 대한 대응
DoS 공격이 시작된 초기에 의심스러운 주소나 수상한 사이트에서의 접속을 검출해 차단한다. 또 DoS 공격은 타인의 컴퓨터를 징검다리로 이용하는 경우가 많기 때문에 자신의 컴퓨터가 징검다리로 이용되지 않도록 평소에 바이러스 대책을 철저히 실행하는 것이 중요하다.

[TOPIC 2]
IoT 기기를 이용한 DDoS 공격
대량으로 존재하는 IoT 기기도 DDoS 공격에 사용될 가능성이 있기 때문에 IoT 기기의 보안 대책도 매우 중요하다. 특히 공장에서 설정된 ID나 패스워드는 표적이 되기 쉽다. 그대로 사용하면 쉽게 침입을 당할 위험이 높아지니 구입 즉시 변경하는 것이 좋다.

관련 용어 ▶▶ 징검다리 공격과 트로이 목마 → p.267, IDS(침입 탐지 시스템), IPS(침입 차단 시스템) → p.257, 사물 인터넷(IoT) → p.158

Cross-site Scripting (XSS)

정규 웹 사이트를 악용한 은밀한 공격

크로스 사이트 스크립팅

POINT
- ▶ 안전하다고 생각되는 정규 웹 사이트를 경유한 공격
- ▶ 정규 웹 사이트에 삽입한 공격용 스크립트를 사용자가 실행하게 만든다
- ▶ 정규 웹 사이트로 가장한 가짜 사이트로 사용자를 유도해, 입력한 정보를 훔친다

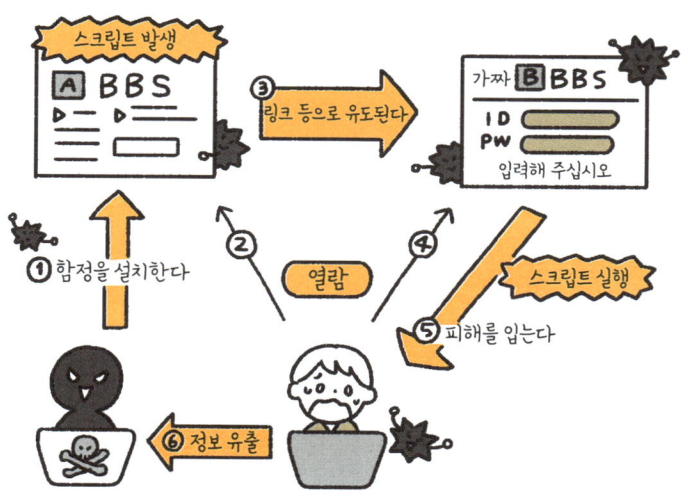

해설

사용자가 알지 못하도록 안전하다고 생각되는 정규 웹 사이트를 경유해 악의적인 스크립트를 실행시키는 공격이다. 먼저 프로그램의 일종인 스크립트를 정규 웹 사이트의 입력란 등에 적어 넣는다. 공격용 스크립트에는 개인정보를 수집하거나 피싱 사기 사이트에 접속하는 내용이 적혀 있기 때문에 자신도 모르는 사이에 실행하다가 정보 유출이나 사기 피해를 당할 수 있다.

[TOPIC 1]
크로스 사이트의 예

먼저 스크립트에 취약한 게시판 사이트 A에 정규 사이트 B로 연결되는 링크로 가장한 버튼과 스크립트를 장치한다. 사용자가 사이트 B에 접속하려는 생각으로 버튼을 누르면 사용자의 컴퓨터에서 스크립트가 실행되어 가짜 사이트 B로 전송된다.

[TOPIC 2]
방어책

사이트 운영자의 대책으로 게시판에 입력할 수 있는 문자나 값을 제한하는 방법과 프로그램의 명령어에 사용할 수 있는 문자를 다른 문자로 치환하는 방법이 있다. 사용자 입장에서는 의심스러운 링크를 부주의하게 클릭하지 않는 것이 가장 중요한 방어책이다.

관련 용어 ▶▶ 인젝션 공격 → p.266, 스크립트 → p.121, 취약점 → p.254

Injection Attack

240

프로그램을 주입해서 사이트를 탈취하는 공격

인젝션 공격

POINT
- ▶ 문자열로 가장한 악의적인 프로그램을 집어넣는 공격
- ▶ 프로그램을 '주입'하기 때문에 코드 인젝션이라고도 부른다
- ▶ 문자의 치환 등을 통해 부정한 코드를 무효화해 방어한다

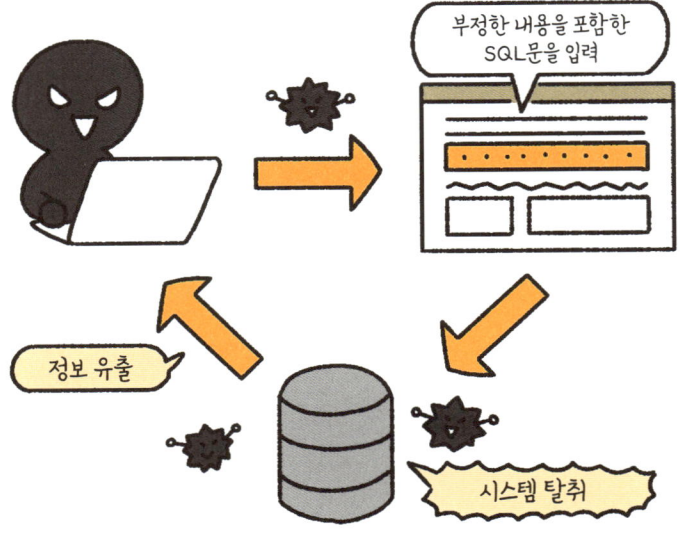

 악의적인 프로그램 코드를 표적 사이트에 '주입'하는 공격이다. 예를 들어 웹 사이트의 입력란에 문자열로 가장한 프로그램을 집어넣는다. 프로그램을 집어넣은 서버가 취약하다면 악의적인 프로그램이 실행되면서 정보 유출이나 시스템 탈취 등의 피해가 발생한다. SQL 인젝션이나 스크립트 인젝션(▶1) 등이 알려져 있다.

[TOPIC 1]
인젝션 공격의 예
SQL 인젝션은 데이터베이스 언어인 SQL을 사용한 공격이다. 스크립트 인젝션은 자바스크립트를 사용한 공격이며 부정한 코드를 서버에 실행시키는 수법으로 크로스 사이트 스크립팅에 사용되고 있다.

[TOPIC 2]
인젝션 공격의 대책
기본적인 대책은 부정한 코드의 검출과 무효화다. 문자열로 전송된 스크립트가 일정한 규칙과 일치하면 서버는 그것을 프로그램으로 인식한다. 그런 문자를 검출해서 삭제하거나 강제로 치환하는 등의 처리를 실시한다.

관련 용어 ▶▶ 스크립트 → p.121, 크로스 사이트 스크립팅 → p.265, 취약점 → p.254

241

Stepping-stone Attack / Trojan Horse Attack

타인의 컴퓨터를 탈취해서 공격한다
징검다리 공격과 트로이 목마

POINT
- ▶ 직접 공격하지 않고 다른 컴퓨터를 탈취해 공격한다
- ▶ 징검다리를 사용하면 공격자는 자신의 존재를 숨길 수 있어서 공격하기가 수월하다
- ▶ 트로이 목마는 오래 전부터 사용되어 온 징검다리 공격의 명칭이다

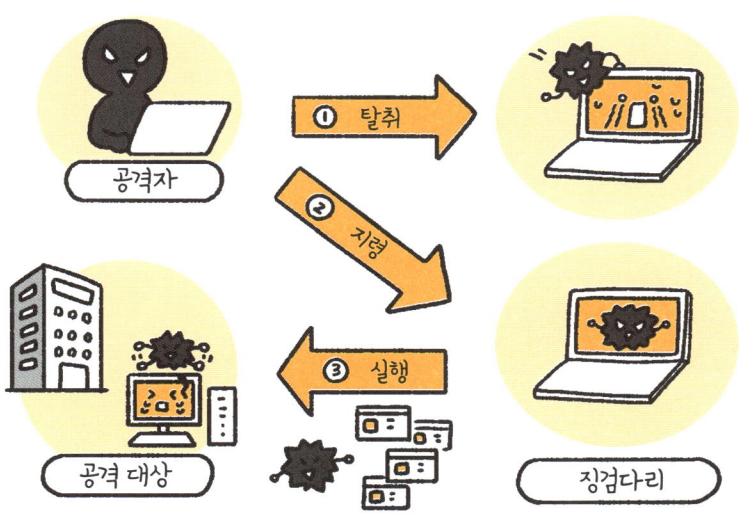

해설 다른 컴퓨터를 탈취해 그 컴퓨터로 공격 대상인 시스템에 사이버 공격을 하는 것으로, 탈취한 컴퓨터를 징검다리라고 부른다. 현재도 다른 공격 수단과 조합해 널리 사용되고 있는 수법이다. 공격받은 컴퓨터가 피해를 입을 뿐만 아니라, 징검다리로 사용된 컴퓨터도 가해자가 되어 손해 배상을 청구당할 위험이 있다.

[TOPIC 1]
징검다리의 효과
징검다리를 사용하면 공격자가 자신의 존재를 숨긴 상태에서 공격할 수 있다. 신뢰받는 시스템 내에 있는 취약한 컴퓨터를 징검다리로 사용하면 공격이 매우 쉬워진다. DDoS 공격처럼 징검다리를 늘려서 공격의 위력을 높이는 효과도 있다.

[TOPIC 2]
트로이 목마
정상적인 프리웨어로 가장한 프로그램에 맬웨어를 심어서 동시 설치하는 방법으로 컴퓨터를 탈취해 징검다리로 사용한다. 트로이 전쟁에서 그리스 군이 병사를 숨긴 거대한 목마를 사용해 트로이 성을 함락한 데 빗대어 트로이 목마라고 부르게 되었다.

관련 용어 ▶▶ 사이버 공격 → p.253, 맬웨어 → p.260, Dos 공격과 DDoS 공격 → p.264, 취약점 → p.254

Zero-day Attack

보안 구멍이 막히기 전에 공격한다
제로 데이 공격

POINT
- ▶ 모르고 있거나 대응하지 못하는 취약점에 대한 사이버 공격
- ▶ 취약점 대처법에 관한 정보가 공개되는 첫날보다 먼저 실행되는 공격
- ▶ 의심스러운 접속 감지 등으로 대응하면서 수정 프로그램을 기다린다

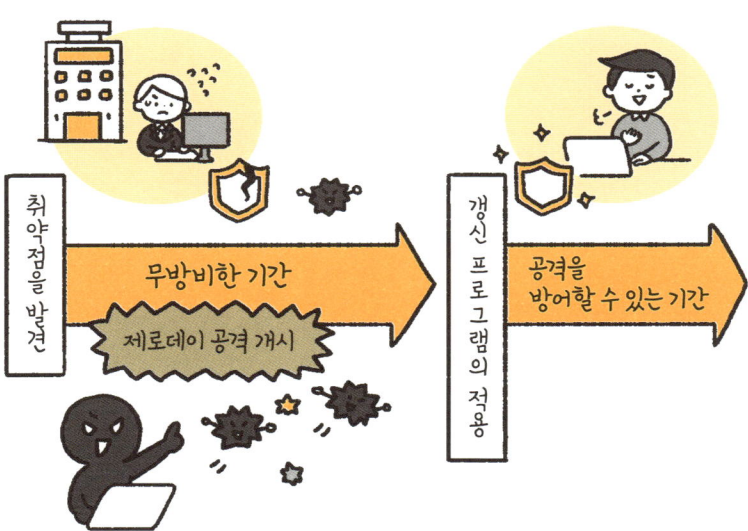

해설 취약점 대처법에 관한 정보가 공개된 시점을 데이 원(Day 1)이라고 했을 때 그 이전에 실행되는 공격이라는 의미에서 제로 데이(0 Day) 공격이라고 부른다. 또한 이미 알고는 있지만 아직 수정 프로그램이 배포되지 않은 취약점을 노린 공격도 제로 데이 공격이라고 부른다. 어느 쪽이든 취약점 대처가 미흡한 상태이기 때문에 피해를 입기 쉬운 상황이라고 할 수 있다.

[TOPIC 1]
제로 데이 공격의 피해 경감책
제로 데이 공격에 대한 직접적인 대처법은 없다. 다만 보안 소프트웨어를 도입하고, 의심스러운 접속을 감지하며, 이용하고 있는 OS와 소프트웨어를 항상 최신 버전으로 유지한다면 최소한의 방어가 가능해 피해를 줄일 수 있다.

[TOPIC 2]
제로 데이 공격의 순서
제로 데이 공격은 취약점의 조사와 공격이라는 2단계로 진행된다. 표적을 좁힌 공격의 경우, 가령 A사 컴퓨터의 취약점을 노리고 침입한 다음 OS나 소프트웨어를 조사해 약점을 분석한다. 그런 다음 약점을 공략하는 맬웨어를 개발해 공격을 실행하는 방식이다.

관련 용어 ▶▶ 맬웨어 → p.260, 보안 구멍 → p.243, 바이러스 대책 → p.244

243

Targeted Attack (Business E-mail Compromise)

그럴듯한 업무 이야기를 꾸며대서 사람을 속이는 사기 이메일

표적형 공격(비즈니스 이메일 사기)

POINT
- ▶ 비즈니스에 관한 이메일을 가장한 사기
- ▶ 사전에 거래처나 비즈니스 안건을 조사한 다음 함정을 판다
- ▶ 직접적인 금전뿐만 아니라 입찰 금액 등의 정보를 노리는 사기도 있다

해설

거래처 담당자나 자사의 간부, 관계 있는 변호사나 회계사 등으로 가장해 입금을 요구한다. 기본적으로 피싱과 같은 수법을 사용하지만, 매우 교묘하게 함정을 판다(▶❶). 비즈니스 이메일 사기의 경우 입금처로 해외 은행의 계좌를 지정한다는 특징이 있다. 해외 계좌에 송금한 자금은 회수가 거의 불가능하기 때문에 입금하기 전에 대응(▶❷)하는 것이 중요하다.

[TOPIC ❶]
교묘해지고 있는 수법
닥치는 대로 미끼를 던지는 유형의 사기와 달리, 사전에 표적으로 삼은 기업의 담당자나 거래처, 구체적인 비즈니스 안건 등을 조사한다. 그런 다음 냉정한 판단을 못하도록 그럴듯한 스토리를 꾸며내 교묘하게 함정을 판다.

[TOPIC ❷]
정보 공유를 통한 피해 방지
기업을 노리는 특성상 사내 다른 부문들에도 똑같은 사기 이메일을 보냈을 가능성이 있다. 피해를 방지하기 위해서는 사기로 의심되는 이메일을 받은 경우 IT 부문을 포함한 사내 전체에 정보를 공유하고 입금을 실행하기 전에 관계자에게 직접 확인하는 등의 행동이 필요하다.

관련 용어 ▶▶ 피싱 → p.262, 크래킹과 소셜 엔지니어링 → p.259

List Based Attack

지하 시장에서 손에 넣은 패스워드를 차례차례 시험해 보는 공격

리스트형 공격

POINT
- ▶ 훔친 ID와 패스워드를 차례차례 시험해 보며 부정 접속을 시도하는 것
- ▶ 패스워드 리스트 공격이나 계정 리스트 공격으로도 불린다
- ▶ 여러 사이트에서 같은 ID와 패스워드를 사용하는 것이 피해를 확대시키는 원인이 된다

해설

취약점이 있는 웹 시스템 등에서 유출된 ID와 패스워드 목록을 차례차례 시험해 보며 부정 접속을 시도하는 것을 말한다. 부정하게 입수한 정보가 은행 계좌나 신용카드 등에도 사용되고 있다면 실제 피해를 동반한 범죄로 발전할 수 있다. 유출된 정보를 사용한 리스트형 공격은 나름 성공률이 높은 것으로 알려져 있으며, 복수의 서비스에서 같은 정보를 사용하는 경우에는 그 피해가 커질 가능성이 높다.

[TOPIC 1]

무차별 대입 공격(Brute-force Attack)

부정 접속의 일종으로 무차별 대입 공격이 있다. ID는 입수했지만 패스워드는 모르는 경우에 많이 사용되는 패스워드 목록을 이용해 가능한 패스워드 입력을 전부 시도해 본다. 프로그램을 이용한 자동화가 가능하기 때문에 지금도 사용되고 있다.

[TOPIC 2]

패스워드를 설정하는 요령

일반적으로 영문과 숫자 혼합, 대문자와 소문자 혼합, 특수 문자 넣기, 최소 10문자 이상 등의 조건을 충족하는 것이 좋은 패스워드의 특징으로 알려져 있다. 반대로 생년월일이나 전화번호 등 개인과 연관 지어서 추측할 수 있는 정보를 사용한 패스워드는 간파당할 위험이 높다.

관련 용어 ▶▶ 부정 접속 → p.255, 취약점 → p.254

One-Click Billing Fraud

클릭만 했을 뿐인데 날아오는 기억에 없는 청구서

원클릭 사기

POINT
- ▶ 클릭만 했을 뿐인데 기억에 없는 이용 요금 등을 요구하는 사기
- ▶ 피해자를 몰아붙이기 위해 청구 화면을 계속 표시한다
- ▶ 완전한 위법 행위이므로 무시하는 것이 최선의 대처법이다

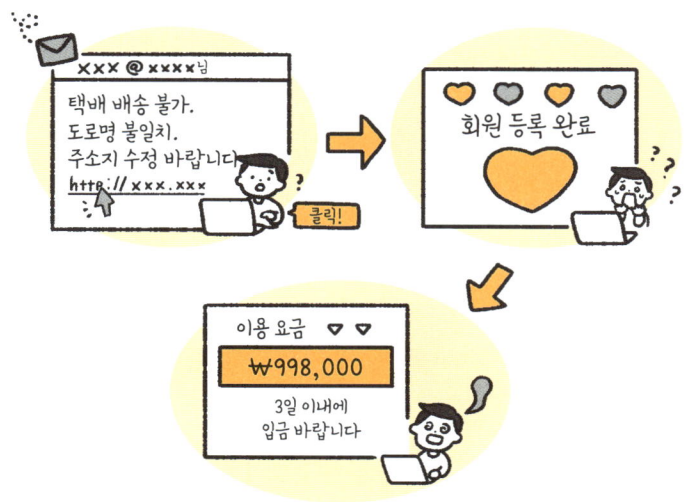

해설

웹 사이트나 이메일, SMS에 포함된 URL이나 버튼 등을 클릭하면 금전을 요구하는 화면을 표시하는 사기다. 사기 사이트에는 피해자가 다른 사람들에게 말하기 어려운 성인 사이트나 조건 만남 사이트 등이 많다. "회원 등록이 완료되었습니다" 같은 화면을 표시해 입회비나 회비를 청구하는 경우가 많다. 등록을 취소하려고 연락하면 잘 속아 넘어가는 사람으로 기록되어 계속 표적이 되기 때문에 절대 연락하지 말아야 한다.

[TOPIC 1]

대처법

원클릭 사기는 계약이 성립되었다고 생각하게 만든 뒤 금전을 요구하지만, 법적으로는 완전히 무효이기 때문에 무시하는 것이 최선이다. 절대 답장을 보내거나 연락해서는 안 되며, 불안할 경우에는 경찰청 등의 기관과 상담한다.

[TOPIC 2]

제로클릭 사기

더욱 악질적인 원클릭 사기다. 가령 웹 사이트에 접속하기만 해도 요금 청구 화면이 표시되고, 이후에는 원클릭 사기와 똑같은 전개가 기다리고 있다. 이것 역시 원클릭 사기와 마찬가지로 무시하는 것이 최선이다.

관련 용어 ▶▶ URL→ p.221

246

Site Blocking

부정 사이트 접속을 강제로 막는다
사이트 블로킹

POINT
- ▶ 통신 사업자가 위법 사이트에 대한 접속을 차단한다
- ▶ 재판을 통해 위법 사이트를 폐쇄시키는 것보다 효과적이다
- ▶ 헌법이 정한 통신의 비밀 보호와 알 권리를 둘러싼 논란은 미해결 상태

해설 통신 사업자가 범죄 행위 조장·해적판·마약 거래·성인물 등 유해·위법한 웹 사이트에 대한 접속을 차단해 사용자가 열람하지 못하게 하는 것을 말한다. 기존에는 개별적인 재판을 통해 그런 사이트를 폐쇄시키는 방법밖에 없었다. 위법 사이트에 대한 접속 자체를 차단하는 사이트 블로킹은 효과가 높기 때문에 해외에서도 도입이 진행되고 있으며, 일본도 이를 주목하고 있다.

[TOPIC 1]
헌법과의 정합성
사이트 블로킹에 관해서는 ① 대상이 되는 웹 사이트의 감시가 헌법이 규정한 검열 금지와 통신 비밀 침해에 해당하지는 않는가? ② 수상한 사이트로 규정되어 저작권 침해 청구가 남용된다면 표현의 자유(알 권리)를 제약하게 되는 것은 아닌가? 라는 두 가지 논란이 있다.

[TOPIC 2]
사이트 블로킹의 현재 상황
일본에서는 만화나 음악 등 불법 복제에 따른 막대한 경제 손실이 문제가 되면서 2018년 NTT가 해적판 만화 사이트 등에 사이트 블로킹을 실시하겠다는 방침을 밝혔지만, 해당 사이트가 자진 폐쇄하면서 지금까지 실제로 사이트 블로킹을 실시한 사례는 아직 없다. 또한 법적인 문제도 해결되지 않은 상태다.

관련 용어 ▶▶ 없음

247

Ransomware

컴퓨터의 데이터를 납치하는 공갈범
랜섬웨어

POINT
- 랜섬은 인질이라는 의미로, 데이터 등을 인질로 삼아 몸값을 요구한다
- 데이터를 암호화하거나 애플리케이션을 사용하지 못하게 해서 피해자를 위협한다
- 맬웨어의 일종이므로 안티 바이러스 소프트웨어 등으로 대처한다

해설 맬웨어의 일종으로, 컴퓨터 시스템이나 그 속에 있는 데이터를 '인질'로 잡고 이용자에게 금전 등을 요구한다. 컴퓨터의 디스크를 잠가서 애플리케이션을 실행하지 못하게 하거나 컴퓨터 속의 데이터를 암호화하는 등의 방법으로 위협한다. 표적으로 정한 컴퓨터를 지배한 다음 잠금을 풀거나 암호화를 해제하기 위한 대금을 지급하도록 협박한다.

[TOPIC 1]
감염 경로
맬웨어 감염과 마찬가지로 대부분 웹 사이트나 이메일에 기재된 링크 또는 첨부 파일을 열어 볼 때 감염된다. 일반적인 웹 사이트에 부정 접속해서 사이트를 수정하고 그곳을 징검다리로 삼아 랜섬웨어를 뿌리는 경우도 있다.

[TOPIC 2]
랜섬웨어 대책
성과를 내고 있는 감염 시스템 복원 도구로는 유로폴(유럽 형사 경찰 기구)이 지원하는 No More Ransom이 있다. 그러나 OS나 애플리케이션의 보안 업데이트를 수시로 실시하고 수상한 링크는 열어 보지 않는 등 보안의 기본을 지키는 것이 중요하다.

제 8 장 보안

관련 용어 ▶▶ 맬웨어 → p.260, 징검다리 공격과 트로이 목마 → p.267

248

Reverse Engineering

분해해서 구조를 조사한다

리버스 엔지니어링

POINT
- ▶ 제품을 분해·해석해 그 구조나 재료 등을 밝혀내는 것
- ▶ 해석 자체는 합법이지만, 복제 상품을 만들어서 판매하는 것은 위법이다
- ▶ 해석 결과는 새로운 제품 개발에 활용한다

해설 제품을 분석·해석해 그 구조나 재료·회로·설계 등을 밝혀내는 것을 말한다. 리버스 엔지니어링은 시스템과 시스템 사이를 접속하는 통신 절차의 해석, 사용 부품의 제조 중지에 따른 대체, 제품의 안전성 검사, 타사 제품의 분석 등 다양한 이유에서 실시되고 있다. 해석 자체는 합법이지만, 해석 결과를 바탕으로 복제 상품을 만들어 판매하는 것은 지적 재산권 침해다.

[TOPIC 1]
해석의 의의
인류의 진보는 모방에서 비롯되었다는 말이 있다. 또한 거장들이 그린 명화는 어떤 기교가 사용되었는지 끊임없이 재해석되어 왔다. 이와 마찬가지로, 리버스 엔지니어링의 의의도 기존의 제품을 해석해 더 나은 제품을 만들어내는 데 활용한다는 긍정적인 측면에 있다.

[TOPIC 2]
소프트웨어의 해석과 특징
소프트웨어의 리버스 엔지니어링에서는 특수한 소프트웨어를 사용해 0과 1의 코드를 인간이 읽을 수 있는 프로그램으로 되돌린다. 그렇기 때문에 처리를 통해 복원한 프로그램이 반드시 원래 프로그램과 같지는 않다는 특징이 있다.

관련 용어 ▶▶ 없음

제 9 장
기업과 인물

IT를 뒷받침해 온
기업과 인물

Google LLC

249

만인이 사용하는 세계 최대의 검색엔진
구글

POINT
- ▶ 검색 사이트로 유명한 거대 정보 비즈니스 기업
- ▶ 페이지랭크로 사이트를 평가
- ▶ 현재는 지주사 알파벳 산하의 자회사

해설 인터넷 검색으로 성장한 거대 정보 비즈니스 기업으로, 검색 사이트의 이름이기도 하다. 구글은 사이트의 중요도를 바탕으로 관련성이 높은 사이트를 검색하는 페이지랭크(PageRank)라는 방법으로 주목받았다. 그전까지는 분야별로 사이트를 일괄해서 표시하는 디렉터리 서비스나 단순한 키워드 검색이 주류였기 때문에 사이트의 중요도를 평가하는 구글의 검색 방법은 획기적이었다.

[TOPIC 1]
구글 선생님에게 구글링
구글이 너무나도 대중적인 검색엔진이 된 나머지, 검색하는 것을 '구글링'이라고 부르게 되었다. 또한 어떤 정보든 물어보면 가르쳐 준다고 해서 '구글 선생님'이라는 호칭도 생겼다.

[TOPIC 2]
알파벳(Alphabet)
구글의 모회사로 탄생한 지주사로, 사업을 직접 하지는 않지만, 구글을 포함해 산하에 있는 기업의 경영 전략에 관여한다. 구글의 경영 조직을 재편하고, 구글의 사업 책임을 명확히 하는 동시에 관련성이 낮은 사업의 독립성을 높인다는 목적으로 2015년에 탄생했다.

관련 용어 ▶▶ GAFA → p.041, 세르게이 브린 → p.294, 래리 페이지 → p.295

250

Amazon.com, Inc.

무한대의 창고를 보유한 잡화점

아마존

POINT
- ▶ 세계 최대의 인터넷 쇼핑몰 사이트
- ▶ 고객 리뷰 도입으로 차별화
- ▶ 회사명은 세계 최대의 유역 면적을 자랑하는 브라질의 아마존 강에서 유래했다

해설

미국에서 탄생해 전 세계에 유통망을 보유하고 있는 인터넷 쇼핑몰의 거인이다. 아마존은 창업 당시 인터넷 판매의 이점을 최대한으로 살릴 수 있는 상품으로 서적(▶1)을 선택했고, 그 후 상품을 점점 확충해 나갔다. 또한 단순히 상품을 사이트에 나열하는 것이 아니라 인터넷상에서 입소문 역할을 하는 고객 리뷰를 도입하고 시스템을 충실히 정비해 나감으로써 많은 사용자를 끌어 모은 것도 커다란 성공 요인이 되었다.

[TOPIC 1]
롱테일
조금씩이지만 꾸준히 팔리는 상품을 동물의 꼬리에 비유한 말이다. 출판된 서적의 수는 방대하지만, 서점에 진열되는 것은 극히 일부에 불과하다. 그래서 다수의 서적을 멀리 떨어져 있는 대형 창고에 모아 놓음으로써 장기 재고라는 단점을 무엇이든 갖추고 있는 거대 상점이라는 장점으로 바꿔 버렸다.

[TOPIC 2]
거대 적자 기업
아마존은 설비 투자형 산업으로, 창고 등의 물류망 정비와 상품 매입에 거액의 금액을 적극적으로 계속 투자해 왔다. 이에 따라 장기간에 걸친 대형 적자 상태로 경영을 계속하면서 최대 10조 원의 누적 적자를 기록하기도 했지만, 창업 6년차에 흑자로 전환한 뒤에는 고수익을 올리는 기업이 되었다.

관련 용어 ▶▶ GAFA → p.041, 아마존 고 → p.060, AWS → p.153, 제프 베조스 → p.292

Apple Inc.

독자적인 길을 걷는 하이테크 기업
애플

POINT
- ▶ 아이폰의 대히트로 모르는 사람이 없는 세계적인 IT 기업이 되었다
- ▶ 맥(Mac)이라고 부르는 컴퓨터를 판매해 열광적인 팬을 모았다
- ▶ 차고에서 개인용 컴퓨터 키트를 제조하는 회사로 창업했다

해설 아이폰의 폭발적인 히트로 지금은 모르는 사람이 없는 IT 기업이 되었다. 맥(Mac)이라고 불리는 개인용 컴퓨터는 당시 라이벌이었던 IBM의 개인용 컴퓨터가 따라올 수 없는 그래픽 기능을 탑재해 열광적인 팬을 만들었다. 한때 실적 부진에 빠지기도 했지만, 아이팟, 아이튠즈, 아이폰, 아이패드(▶1) 등 참신한 히트 상품을 연속적으로 내놓으면서 현재는 세계 최대의 매출액을 자랑하고 있다.

[TOPIC 1]
아이튠즈(iTunes)
아이팟과 아이팟용 음악 배포 소프트웨어인 아이튠즈는 애플이 컴퓨터 제조사에서 벗어나는 요인이 되었다. 아이튠즈를 통한 디지털 음원 구입과 관리는 단순한 재생 장치에 불과했던 기존의 휴대용 음악 플레이어와는 선을 긋는 새로운 발상이었다.

[TOPIC 2]
iOS
애플이 개발한 모바일 단말기용 OS의 명칭이다. 애플은 개인용 컴퓨터 회사였던 시절부터 독자적인 OS를 개발하는 등 제품의 독자성을 유지하는 전략을 채택해 왔다. 그리고 모바일 단말기에 대해서도 이 방침을 채용해, 안드로이드와는 다른 독자적인 시장을 유지하고 있다.

관련 용어 ▶▶ GAFA → p.041, 스티브 잡스 → p.291, 안드로이드와 iOS → p.093

Meta Platforms Inc.

세계 최대의 소셜 네트워크 서비스
페이스북(Meta)

POINT
- ▶ 28억 사용자가 참가하는 세계 최대의 SNS
- ▶ 실명으로 회원 등록을 해야 하기 때문에 악플이 덜 달린다
- ▶ 방대한 수의 사용자를 대상으로 한 광고가 수입원이다

해설

세계 최대의 소셜 네트워크 서비스로 2021년 봄 현재 약 28억 명이 가입해 있다. 페이스북은 실명으로 회원 등록을 하기 때문에 공유 정보의 신뢰도가 높다고 알려져 있고, 이 때문에 기업의 홍보와 광고에도 이용되고 있다. 하버드대학교 온라인 학생 명부로 시작되었지만 서서히 회원 자격의 폭을 넓혀 누구라도 참가할 수 있게 되었고, 현재도 성장을 지속하고 있다.

[TOPIC 1]

비즈니스 모델

28억 명이라는 방대한 수의 사용자를 보유한 페이스북의 수입원은 광고다. 과금 방법으로는 사용자가 광고를 클릭한 횟수에 따라 광고주에게 과금하는 PPC(Pay Per Click) 방식과, 사용자가 광고를 본 횟수에 따라 광고주에게 과금하는 임프레션(광고 노출) 방식이 있다.

[TOPIC 2]

기업 인수를 통한 확대

페이스북은 지금까지 약 80개의 기업을 인수하며 사업을 확대해 왔다. 지금까지 인수한 대표적인 기업으로는 영상 공유형 SNS인 인스타그램, 메신저 앱인 왓츠앱, VR 벤처인 오큘러스 VR 등이 있다. 2021년 10월, 메타버스 사업을 강화하는 차원에서 회사명을 Facebook에서 Meta로 변경하였다.

관련 용어 ▶▶ GAFA → p.041, SNS → p.163, 마크 저커버그 → p.293

Tesla, Inc.

253

세계 1위의 양산 전기 자동차 기업
테슬라

POINT
- ▶ 세계 최대의 순수 전기 자동차(EV) 제조 판매 회사
- ▶ 충전 네트워크와 자율주행 기술에도 적극적으로 투자
- ▶ 현재는 모델3, 모델S, 모델X, 모델Y를 제조·판매한다

부담이 가는 부분을 보조!

미래에는…

완전 자율주행(FSD)을 지원할 계획

해설 순수한 전기 자동차만을 제조 판매하는 기업이다. 2003년에 창업해 2008년에 첫 번째 양산차로 스포츠카를 판매하기 시작했으며, 그 참신함과 높은 성능 덕분에 미래형 기업으로 주목받았다. 2020년에는 전 세계를 상대로 50만 대가 넘는 전기 자동차를 판매했다. 테슬라라는 사명은 19세기~20세기 초중반에 수많은 전기 기술을 발명한 니콜라 테슬라의 이름에서 유래했다.

[TOPIC 1]
충전 네트워크
전기 자동차의 과제 중 하나는 여행지에서의 배터리 충전인데, 테슬라는 2012년부터 슈퍼 차저 네트워크를, 2014년부터 데스티네이션 차징 네트워크라고 부르는 충전소를 준비해 충전 문제에 대응하고 있다.

[TOPIC 2]
자율주행
자율주행을 제품 가치의 한 축으로 삼고 있는 테슬라는 현재 오토파일럿, 가까운 미래에는 완전 자율주행(FSD: Full Self-Driving)의 지원을 계획하고 있다. 테슬라의 자율주행 기술은 높은 평가를 받고 있는 반면, 시스템에 대한 운전자의 과신이 원인이 된 사고도 발생하고 있다.

관련 용어 ▶▶ 자율주행 → p.036, 일론 머스크 → p.302

254

Microsoft Corporation

개인용 컴퓨터 OS의 거인
마이크로소프트

POINT
- ▶ 전 세계 10억 대가 넘는 개인용 컴퓨터에서 사용되는 윈도를 개발했다
- ▶ 비즈니스 소프트웨어인 워드·엑셀·파워포인트도 세계적으로 보급했다
- ▶ 빌 게이츠와 폴 앨런이 창업한 벤처가 시초다

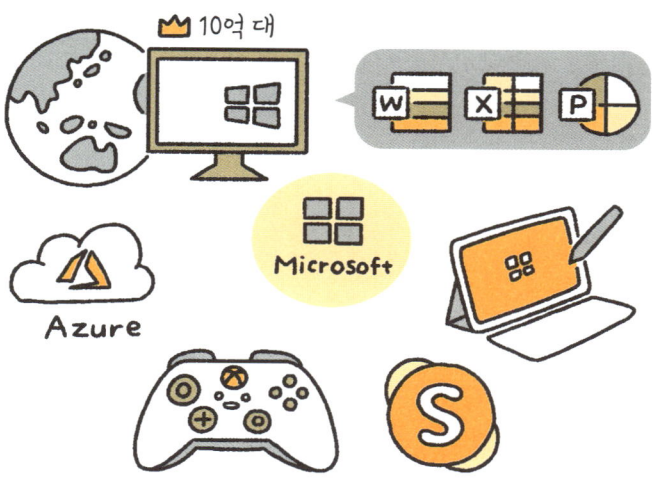

해설

소프트웨어를 개발·판매하는 거대 IT 기업이다. 주력 제품인 윈도는 압도적인 점유율을 자랑하는 개인용 컴퓨터 OS로, 전 세계 10억 대가 넘는 개인용 컴퓨터에서 사용되고 있다. 또한 워드·엑셀·파워포인트로 유명한 업무용 소프트웨어인 오피스도 전 세계에서 사용되고 있다. IBM이 최초로 발매한 개인용 컴퓨터(IBM PC)의 OS 개발을 맡음으로써 지금의 기반을 쌓았다.

[TOPIC 1]
소프트웨어 이외의 사업

마이크로소프트는 소프트웨어 이외의 사업도 폭넓게 펼치고 있다. 클라우드 사업인 마이크로소프트 애저, 영상 통화 소프트웨어인 스카이프, 가정용 게임기인 엑스박스, 서피스 시리즈로 불리는 노트북 컴퓨터 등이 있다.

[TOPIC 2]
마이크로소프트 대 애플

두 회사는 과거에 개인용 컴퓨터 시장의 패권을 다퉜다. 윈도의 화면이 Mac OS를 모방했다고 해서 애플이 마이크로소프트에 소송을 제기한 이야기는 유명하다. 7년에 걸친 재판의 결과는 애플의 패소로 끝났지만, 빌 게이츠와 스티브 잡스는 좋은 관계를 유지했다.

관련 용어 ▶▶ OS와 애플리케이션 소프트웨어 → p.092, 애플 → p.278, IBM → p.287, 스티브 잡스 → p.291, 빌 게이츠 → p.290

255  Uber Technologies, Inc.

택시 대신 자가용 차량을 배차하는 서비스
우버

POINT
- ▶ 자가용 차량을 택시 대신 배차하는 승차 공유 서비스
- ▶ 한국에서는 자가용 차량 영업이 위법이기 때문에 법률의 장벽이 있다
- ▶ 코로나 팬데믹으로 외식 배달 서비스인 우버 이츠의 이용이 확대되고 있다

해설 일반 자가용 차량을 택시로 이용할 수 있는 승차 공유 서비스를 제공하는 기업이다. 놀리고 있는 자가용 차량을 활용해 수입을 올리고 싶은 운전자와 택시보다 저렴한 가격으로 편하게 이동하고 싶은 사용자를 연결시켜 준다. 야외의 인터넷 환경이 충실해져 어디에서나 승차 예약 또는 승차 장소 지정을 할 수 있게 되면서 보급이 확대되었다. 또한 사람의 이동뿐만 아니라 요리의 배달(▶**1**)도 하고 있다.

[TOPIC **1**]
우버 이츠(Uber Eats)
우버가 운영하는 음식 배달 서비스로, 일본에서는 이쪽이 더 유명하다. 음식점의 주문 배달에서 배달 부분을 맡는 행태로, 음식점으로부터 배달 의뢰가 들어오면 의뢰를 수락한 배달원이 음식점으로 요리를 가지러 가서 주문자에게 배달한다.

[TOPIC **2**]
한국에서의 승차 공유 서비스
한국에서는 개인의 여객 운송이 법률로 금지되어 있다. 그래서 서비스 내용을 변경해 렌터카 차량으로 승객들을 운송하는 '타다', '파파' 등의 승차 공유 서비스가 영업하고 있다.

관련 용어 ▶▶ 공유경제 → p.031

Alibaba Group Holding Limited

전자상거래 사이트에서 출발한 중국 최대의 정보 기업

알리바바(阿里巴巴集团)

POINT
- ▶ 중국 최대의 전자상거래 기업
- ▶ 전자상거래 이외에도 자사의 기술을 서비스로 제공한다
- ▶ 누구나 알고 있는 천일야화의 알리바바를 회사명으로 사용했다

해설

1999년에 중국에서 창업한 전자상거래 사이트 Alibaba.com을 운영하는 기업 그룹이다. 알리바바는 기업 간 거래(도매)·벼룩시장에 해당하는 개인 간 거래·온라인 소매 시장에 해당하는 상업몰이라는 3종류의 전자상거래 사업을 전개하고 있다. 그리고 이와 동시에 전자상거래와 관련된 전자결제·물류·클라우드 서비스와 동영상 서비스 등도 제공하고 있다.

[TOPIC 1]

거래 규모

알리바바가 매년 11월 11일에 실시하는 '광군제(독신자의 날)' 할인 행사에서는 수많은 사용자가 활발하게 쇼핑한다. 2020년에는 하루 매출액이 약 80조 원에 달했으며, 이는 약 5조 원으로 알려진 아마존의 '블랙 프라이데이' 매출액을 크게 웃도는 규모다.

[TOPIC 2]

회사명의 유래

창업자인 마윈이 샌프란시스코의 카페에서 알리바바를 떠올리고 웨이트리스에게 "알리바바를 아세요?"라고 물어보자 그 자리에서 "열려라 참깨 말이죠?"라는 대답이 돌아왔다고 한다. 이 대답을 듣고 누구나 알고 있는 알리바바를 회사명으로 사용하기로 결정했다는 일화가 있다.

관련 용어 ▶▶ BAT → p.042

Baidu, Inc.

257

중국의 구글로 불리는 중국 최대의 검색엔진

바이두(百度)

POINT
- ▶ 중국에서 가장 많이 이용되고 있는 검색엔진
- ▶ 동영상 서비스도 제공한다
- ▶ 자율주행이나 AI에 대한 연구 개발에도 활발히 투자하고 있다

해설   중국 최대의 검색엔진과 동영상 서비스 등을 제공하는 IT 기업이다. 중국어 검색을 세일즈 포인트로 이용자를 확대했고, 2010년에 구글이 중국에서 철수하면서 독보적인 1위가 되었다. 음악과 동영상에 특화한 검색으로 중국 전역에 침투했다. 검색 이외에 자회사인 iQIYI(아이치이/爱奇艺)를 통한 동영상 제공과 자율주행·AI에 대한 거액의 연구 투자도 실시하고 있다.

[TOPIC 1]
독점적 지배자의 문제
구글은 중국 정부의 인터넷 규제에 반발해 철수했지만, 바이두는 정부의 검열을 받아들이는 형태로 사업을 유지하고 있다. 또한 중국의 검색 시장을 사실상 독점함에 따라 검색 결과 조작이나 광고 유도 등의 의혹과 비판도 나오고 있다.

[TOPIC 2]
광고권 경매
바이두는 검색 키워드와 관련해 표시되는 광고의 권리를 경매 형식으로 판매해 커다란 이익을 올리고 있다. 기업 사용자가 웹상의 경매에서 광고권을 낙찰받고, 실제 표시 위치는 경매가 등을 바탕으로 바이두가 할당한다.

관련 용어 ▶▶ BAT → p.042

258 텐센트(腾讯)

Tencent Holdings Limited

중국 인터넷 엔터테인먼트의 거인

POINT
- 온라인 게임과 SNS 등의 인터넷 서비스를 제공하는 중국 최대 기업
- SNS인 위챗(WeChat)은 12억 사용자가 이용한다
- 광고 수입에 의존하지 않고 유료 서비스와 금융으로 수익을 올린다

해설

1998년에 중국에서 창업한 온라인 게임·SNS·음악 배포 등 인터넷 관련 서비스를 제공하는 기업이다. 텐센트가 운영하는 위챗이라는 SNS는 2020년 현재 12억 명이 이용하고 있다. 많은 SNS 기업이 광고를 주된 수입원으로 삼는 데 비해, 텐센트는 유료 서비스와 금융·투자 사업 등으로 수익을 내는 경영 전략을 채택하고 있다(▶ 1).

[TOPIC 1]
수익 전략
텐센트는 온라인 게임의 유료화로 수익을 크게 늘렸으며, 현재도 이 수입이 매출의 큰 부분을 차지하고 있다. 또한 모바일 결제인 위챗 페이(WeChat Pay)나 온라인 은행인 위뱅크(WeBank) 같은 금융 사업과 투자 사업 등으로 수익원을 확대하고 있다.

[TOPIC 2]
서비스의 변천
텐센트는 서비스의 종류를 늘리면서 성장했는데, 창업 이래 2010년경까지는 다른 회사의 성공한 서비스를 모방한다는 비판을 받았다. 현재는 B2C와 B2B에서 자사의 서비스 인프라를 성장시키며 모방 노선에서 탈피를 꾀하고 있다.

관련 용어 ▶▶ BAT → p.042

Nvidia Corporation

259

딥 러닝으로 주목받는 GPU를 개발하는 기업
엔비디아

POINT
- ▶ AI의 두뇌로 주목받고 있는 GPU를 개발하는 기업
- ▶ 본래는 영상 처리용 칩을 개발·판매하면서 성장했다
- ▶ 세계적인 자동차 제조사들과 함께 자율주행용 칩을 공동 개발하고 있다

해설 영상 처리용 연산 장치(GPU)를 개발·판매하는 회사다. 영상 처리의 경우 수만~수백만이라는 매우 많은 수의 화소를 한 번에 같이 처리해야 하는데, GPU는 이를 효율적으로 실행한다. 원래 컴퓨터용 영상 처리 보드를 만드는 회사였지만, 대량의 데이터를 동시에 처리할 수 있는 GPU가 딥 러닝에 적합하다는 사실이 알려지면서 AI와 자율주행 분야에서 주목받고 있다.

[TOPIC 1]
GPGPU(General Purpose GPU)
본래 영상 처리용으로 설계된 GPU를 딥 러닝 등의 고속 연산 처리에 적합하게 기능을 확장한 것을 GPGPU(범용 목적 GPU)라고 부른다. 현재 GPGPU에 대한 연구 개발이 진행되고 있다.

[TOPIC 2]
자율주행 칩
도요타 자동차와 테슬라, 폭스바겐 그룹 등 세계의 자동차 제조사들과 손을 잡고 자율주행 자동차의 컴퓨터에 사용할 GPU의 제품화를 진행하고 있다. 그러나 테슬라가 자력으로 전용 칩을 개발하는 등 치열한 주도권 쟁탈전이 벌어지고 있다.

관련 용어 ▶▶ 인공지능(AI) → p.016, 딥 러닝(심층 학습) → p.018, 자율주행 → p.036, 테슬라 → p.280

260

International Business Machines Corporation

컴퓨터의 거인에서 IT의 거인으로
IBM

POINT
- ▶ 기업용 IT 시스템과 IT 서비스를 제공하는 다국적 기업
- ▶ 타자기의 제조 판매를 위해 1911년에 창업한 전통 있는 기업이다
- ▶ 현재 개인용 컴퓨터의 조상인 IBM PC를 1981년에 발매했다

해설　기업과 관공서를 대상으로 한 정보(IT) 시스템과 IT 서비스를 제공하는 다국적 기업이다. 사무실용 컴퓨터로 대성공을 거두면서 세계적인 테크놀로지 기업으로 발전했다. 현재는 'Think'를 슬로건으로 클라우드·AI·IoT 등의 IT 시스템 제공과 이들의 시스템 통합(SI) 및 아웃소싱 등을 주된 사업으로 삼고 있다.

[TOPIC 1]
블루
회사의 로고가 파란색이기 때문에, 세계 최대의 컴퓨터 기업이라는 의미에서 빅 블루라고 불리기도 한다. 1997년에 세계 체스 챔피언에게 승리를 거둔 IBM의 체스 전용 슈퍼컴퓨터도 딥 블루라는 이름이었다.

[TOPIC 2]
왓슨(Watson)
인간의 질문을 이해하고 대답하는 AI의 이름으로 IBM이 개발했다. 2011년에는 텔레비전 퀴즈 방송에 출연해 퀴즈 챔피언을 물리치고 우승하기도 했다. 이때 개발한 AI와 관련된 기술은 이후 제품에도 활용되었다.

관련 용어 ▶▶ 인공지능(AI) → p.016, 사물 인터넷(IoT) → p.158, 아웃소싱 → p.130

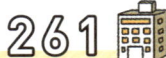

Oracle Corporation

261

데이터베이스 소프트웨어의 최강자
오라클

POINT
- ▶ 데이터베이스용 소프트웨어 분야 세계 점유율 1위 기업
- ▶ 소프트웨어 기업으로서도 마이크로소프트에 이어 세계 2위 규모
- ▶ 최근에는 유력 고객의 탈(脫) 오라클 움직임도 나타나고 있다

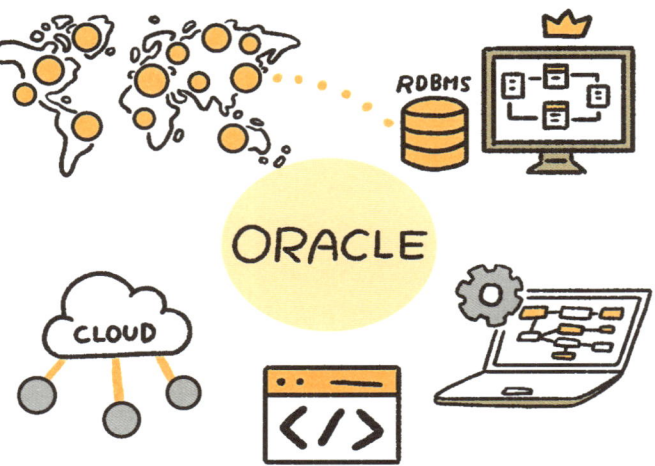

해설 관계형 데이터베이스 관리 시스템(RDBMS) 분야에서 압도적인 세계 점유율을 자랑하는 소프트웨어 회사. 1977년에 창업한 뒤 수차례의 회사명 변경을 거쳐 1995년에 오라클이 되었다. 현재는 클라우드나 비즈니스 프로세스 관리 소프트웨어 등을 취급하고 있다. 2020년의 소프트웨어 기업 순위에서는 마이크로소프트에 이은 세계 2위였다.

[TOPIC 1]
탈(脫) 오라클
대형 고객이었던 아마존은 2019년에 사내 시스템에서 사용되고 있던 약 7,500개에 이르는 오라클의 데이터베이스를 전부 제거하고 자사의 데이터베이스 서비스인 AWS로 전환했다. 오라클과 클라우드 비즈니스 경쟁을 벌이게 된 것과 고액의 유지 보수비가 드는 것이 그 배경으로 알려졌다.

[TOPIC 2]
자바(Java)
자바는 오라클이 인수한 컴퓨터 제조사인 선 마이크로시스템(Sun Microsystem)이 개발해 무상으로 공개했던 프로그래밍 언어다. 그러나 2019년부터 오라클이 지원을 유료화했기 때문에 향후 기업의 상업적 이용에 영향이 있을지도 모른다.

관련 용어 ▶▶ 데이터베이스 → p.127, 아마존 → p.277, AWS → p.153, 마이크로소프트 → p.281

262

Intel Corporation

전 세계 컴퓨터에서 작동하는 CPU를 개발한 기업
인텔

POINT
- ▶ 1968년에 실리콘밸리에서 창업한 거대 CPU 제조사
- ▶ 윈도와 함께 '윈텔'로 불리며, 한때 시장을 독점했다
- ▶ 현재는 AMD의 CPU와 치열한 점유율 경쟁을 벌이고 있다

해설 마이크로프로세서(CPU)를 개발·제조하는 회사다. 처음에는 DRAM 등의 반도체 메모리를 제조했는데, 1970년대에 프로세서 사업으로 전환했다. 현재 주력 상품은 코어 i 시리즈라고 불리는 CPU 제품으로, 전 세계 컴퓨터 제조사에 공급하고 있다. 1991년에 공개한 '인텔 인사이드(인텔이 들어 있다)' 광고를 통해 일반 컴퓨터 사용자에게도 널리 알려지게 되었다.

[TOPIC 1]
윈텔(Wintel)
인텔은 IBM PC와 그 호환 기종의 제조사에 독점적으로 CPU를 공급하며 급성장했다. 한때는 애플 이외의 모든 개인용 컴퓨터가 마이크로소프트의 윈도와 인텔의 CPU를 표준으로 채용했기 때문에 시장을 독점하는 두 회사를 합쳐서 '윈텔(Wintel)'이라 부르기도 했다.

[TOPIC 2]
격렬해지는 CPU 시장 경쟁
인텔이 독주하는 시대가 계속되었지만, 최근 인텔 호환 CPU를 개발·제조해 온 AMD(Advanced Micro Devices)의 시장 점유율이 크게 상승했다. 2020년에는 AMD가 데스크탑용 CPU 시장 점유율을 60퍼센트로 끌어 올리면서 경쟁이 치열해지고 있다.

관련 용어 ▶▶ CPU → p.080, 마이크로소프트 → p.281, 애플 → p.278, 고든 무어 → p.298

Bill Gates

263

마이크로소프트를 낳은 하버드 중퇴 프로그래머

빌 게이츠

POINT
- ▶ 윈도를 만든 마이크로소프트의 창업자
- ▶ 하버드대학교를 중퇴하고 소프트웨어 벤처를 창업했다
- ▶ IBM으로부터 PC용 OS 개발을 의뢰받은 것이 성공의 첫걸음

마이크로소프트의 창업자

해설

마이크로소프트의 창업자다. 하버드대학교 재학 중에 개발한 프로그램이 성공을 거두자 1974년에 대학교를 휴학하고 친구인 폴 앨런과 함께 마이크로소프트를 창업했다. 회사는 윈도 OS의 성공으로 부동의 지위를 구축했다. 천성적인 기술자인 게이츠는 경영자이자 프로그래머로서 1989년까지 현장에서 제품용 프로그램을 만들었다고 한다.

[TOPIC 1]

매니징 스타일

게이츠는 사원의 의견에 귀를 기울이는 스타일로 알려져 있지만, 반면에 매우 성격이 급했다고도 한다. 임원이나 프로그램 매니저의 제안에 대해 본인이 수긍할 때까지 공격적인 말투로 인정사정없이 몰아붙였다는 일화가 남아 있다.

[TOPIC 2]

마이크로소프트를 떠난 후의 활동

2000년에 CEO의 자리를 스티브 발머에게 넘긴 뒤, 사재를 들여 빌&멀린다 게이츠 재단을 만들어 세계의 빈곤과 의료 문제 해결을 지원하는 사회 공헌 활동에 힘을 쏟고 있다. 이와 관련해 게이츠는 록펠러 재단의 영향을 받았다고 이야기했다.

관련 용어 ▶▶ 마이크로소프트 → p.281

Steve Jobs

시대를 앞선 발상으로 세계를 바꾼 애플의 창업자
스티브 잡스

POINT
- ▶ 아이폰을 세상에 내놓은 애플의 창업자
- ▶ 엔지니어는 아니었지만, 기술의 가치를 꿰뚫어봤던 천재
- ▶ '만족하지 마라. 타인의 상식에 얽매이지 마라'를 일관되게 지키며 살았다

애플의 창업자

해설 애플의 창업자다. 그가 흥미를 가졌던 것은 컴퓨터 기술 자체가 아니라 사람들의 생활을 바꿔 놓을 수 있는 컴퓨터의 잠재력이었다. 개인용 컴퓨터인 매킨토시(Macintosh)·아이맥(iMac)과 Mac OS, 휴대용 음악 플레이어 아이팟, 스마트폰 아이폰, 태블릿 아이패드 등 수많은 히트 상품을 세상에 내놓은 잡스는 2011년 10월 암으로 세상을 떠났다.

[TOPIC 1]
전화를 다시 한번 발명하겠다
잡스가 전화를 다시 발명하겠다고 선언하고 만든 것이 바로 아이폰이다. 잡스는 소형 컴퓨터(아이팟), 휴대전화, 인터넷 접속 기기 등 기존에 있었던 기술을 아이폰에 통합시킴으로써 사람들이 그전까지 상상하지 못했던 편리한 도구를 '발명'했다.

[TOPIC 2]
명연설
2005년에 잡스가 스탠퍼드대학교 졸업식에서 한 연설의 마지막 부분인 "Stay Hungry, Stay Foolish(늘 배고파하십시오. 늘 지식을 갈망하십시오)"라는 말은 인생에 대한 그의 생각을 단적으로 나타낸 말로 평가받는다.

관련 용어 ▶▶ 애플 → p.278

Jeff Bezos

265
냉정한 분석을 바탕으로 인터넷 서점을 선택했던 아마존의 창업자
제프 베조스

POINT
- ▶ 전 세계의 물건을 판매하는 아마존의 창업자
- ▶ 책이 인터넷 판매에 가장 적합한 상품임을 꿰뚫어보고 인터넷 서점을 시작했다
- ▶ 매일 첫날이라는 마음가짐으로 의사결정을 하는 것이 베조스의 철학이다

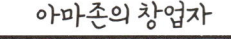
아마존의 창업자

해설 세계적인 전자상거래 기업 아마존의 창업자다. 아마존을 처음 시작할 당시, 전자상거래용 상품으로 유망한 20가지 품목의 목록을 작성한 뒤 최종적으로 책을 선택했다고 한다.
영문 서적만 150만 권에 이르는 전 세계의 책을 취급하는 실제 상점은 존재하지 않을 뿐만 아니라, 옷처럼 색이나 사이즈별로 나뉘어 있지 않고 장기 보관이 가능하다는 특징이 지방에 대형 창고를 세워 재고를 판매하는 전자상거래에 적합하다고 판단했던 것이다.

[TOPIC 1]
금융 업계에서 EC 업계로
베조스는 1986년에 프린스턴대학교의 컴퓨터과학 학부를 졸업한 뒤 금융 업계에 취직했다. 그러나 1994년에 아마존을 창업하기 위해 뉴욕의 금융 기업을 퇴직하고 시애틀로 이주했고, 같은 해 7월에 아마존을 창업했다.

[TOPIC 2]
리더십 스타일
'Day 1 philosophy(첫날의 철학)'이 베조스의 신조다. 비즈니스에서 첫날(Day 1)에 중요한 것은 과정(방식)보다 결과이며, 과정이 발생하는 Day 2가 오는 것을 피하기 위해 항상 Day 1의 마음가짐으로 의사결정을 하는 것이 중요하다는 이야기다.

관련 용어 ▶▶ 아마존 → p.277

Mark Zuckerberg

대학교에서 시작한 페이스북이 대히트
마크 저커버그

POINT
- ▶ 하버드대학교 재학 중에 페이스북을 만들었다
- ▶ 페이스북에 전념하기 위해 대학교를 중퇴했다
- ▶ 프로그래밍의 천재일 뿐만 아니라 다재다능한 인재다

페이스북의 창업자

해설
페이스북의 창업자로, 현재도 CEO다. 하버드대학교에 재학 중이던 2004년 룸메이트와 함께 대학생들의 교류 사이트를 만들면서 프로그래밍을 담당했는데, 이것이 페이스북의 시작이다. 페이스북을 설립한 뒤 대학교를 휴학했고, 1년 후에는 페이스북에 전념하기 위해 중퇴를 선택했다.

[TOPIC 1]
페이스매시(FaceMash)
저커버그가 하버드대학교 학생이었을 때 만든, 온라인 여학생 미인 대회 웹 사이트다. 공개한 지 4시간 만에 2만이 넘는 페이지뷰를 기록했지만, 여학생들의 사진을 무단으로 사용했기 때문에 대학교 당국에 의해 즉시 폐쇄당했다.

[TOPIC 2]
소년 시절
중학생 시절에 프로그래밍을 시작했으며, 친구들이 그가 만든 비디오게임을 즐겼다고 한다. 그러나 컴퓨터에만 몰두하는 너드는 아니었으며, 그리스 고전을 좋아하고 펜싱부 부장으로도 활약하는 등 여러 방면에 다재다능했다고 한다.

관련 용어 ▶▶ 페이스북 → p.279

Sergey Brin

267 구글을 만든 소련 출생의 수학 천재
세르게이 브린

POINT
- 구글의 공동 창업자로, 검색 이론을 수학적으로 해석해 검색엔진에 도입했다
- 스탠퍼드대학교 박사 과정에서 구글의 아이디어를 떠올렸다
- 아버지는 대학교 수학과 교수, 어머니는 나사(NASA)의 연구원인 가정에서 자랐다

구글의 공동 창업자이자 수학의 천재

해설

래리 페이지와 함께 구글을 공동 창업했다. 1973년에 소비에트 연방(현 러시아)에서 태어나, 유소년기에 부모와 함께 미국으로 이주했다. 메릴랜드대학교에서 수학을 배운 뒤 19세에 스탠퍼드대학교 계산기과학과 박사 과정에 진학했으며, 이때 페이지와 만났다. 브린은 수학의 천재로, 페이지의 그래프 이론을 수학적으로 해석해 검색엔진에 도입했다.

[TOPIC 1]
신조
브린은 '지식이 있다는 것은 좋은 일이며, 분명 무지한 것보다는 언제나 좋다'라는 생각에서 '전 세계의 정보를 정리해 세계인이 접속하고 쉽게 사용할 수 있게 만든다'를 구글의 사시(社是)로 삼았다.

[TOPIC 2]
부모의 영향
미국으로 이주한 뒤, 아버지는 메릴랜드대학교의 수학과 교수로, 어머니는 나사의 고다드 우주비행센터에서 연구원으로 일했다. 아버지는 브린이 초등학생일 때부터 수학 공부를 권했으며, 가정에서도 고도의 수학 교육을 실시했다고 알려져 있다.

관련 용어 ▶▶ 구글 → p.276, 래리 페이지 → p.295

Larry Page

미시건에서 자란 구글 검색엔진의 발명자
래리 페이지

POINT
- ▶ 구글의 공동 창업자로, 검색을 위한 그래프 이론을 제시했다
- ▶ 1998년에 세르게이 브린과 함께 발표한 검색에 관한 논문으로 일약 주목받았다
- ▶ 아버지는 계산기과학과 교수, 어머니는 프로그래밍 교수인 이과 가정에서 자랐다

구글의 공동 창업자이자 검색엔진의 아버지

해설

세르게이 브린과 함께 구글을 공동 창업했다. 1973년에 미국의 미시건 주에서 태어났으며, 미시건대학교에서 계산기 공학을 공부한 뒤 스탠퍼드대학교 계산기과학과 박사 과정에 진학해 그곳에서 브린과 만났다. 재학 중에 WWW(World Wide Web)의 연결을 거대한 그래프로 생각하는 해석법을 떠올리고 브린도 참가한 연구 프로젝트를 통해 검색엔진의 알고리즘을 만들어냈다.

[TOPIC 1]
검색엔진 논문

페이지와 브린은 1998년에 〈대규모 하이퍼텍스트형 웹 검색엔진의 분석〉이라는 제목의 연구 논문을 공동으로 발표했다. 이 논문은 발표 당시 인터넷 관련 분야에서 가장 많이 다운로드된 과학 논문이었다고 한다.

[TOPIC 2]
부모의 영향

아버지는 미시건 주립대학교의 계산기과학과 교수였고, 어머니도 미시건 주립대학교의 라이먼 브릭스 칼리지에서 프로그래밍을 가르쳤다. 그래서 집안 여기저기에 〈파퓰러 사이언스〉 같은 과학 기술 잡지가 어지럽게 놓여 있었다고 한다.

관련 용어 ▶▶ 구글 → p.276, 세르게이 브린 → p.294, HTML과 XML과 CSS → p.227

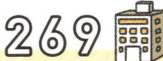

269

John von Neumann

현대 컴퓨터의 아버지로 불리는 천재 수학자

존 폰 노이만

POINT
- ▶ 노이만형으로 불리는 현대 컴퓨터의 기초 이론을 만들었다
- ▶ 세계 최초의 실용형 컴퓨터인 에니악(ENIAC)의 개발에도 관여했다
- ▶ 원자폭탄 개발에는 핵폭발 효과의 연구자로 참가했다

현대 컴퓨터의 아버지

해설
오늘날의 계산기 이론을 확립한 헝가리 출신의 수학자·물리학자다. 어렸을 때부터 재능을 인정받아, 1933년에 프린스턴 고등 연구소에 입소했다. 2차 세계대전 중에 참가한 실용 컴퓨터 개발 최초의 성과는 노이만형 컴퓨터(▶1)로서 오늘날의 컴퓨터에 계승되었다. 원자 폭탄(▶2), 게임 이론 등 수많은 업적을 남겼다.

[TOPIC 1]

노이만형 컴퓨터

노이만형 컴퓨터의 특징은 컴퓨터 속 메모리에 프로그램(소프트웨어)과 데이터를 저장하는 프로그램 축적 방식과 프로그램의 내용을 순서대로 처리하는 순차 처리 방식이다. 현대의 컴퓨터도 이 두 가지 특징을 계승하고 있다.

[TOPIC 2]

맨해튼 계획

미국의 원자폭탄 개발 계획이다. 노이만은 이 계획의 핵폭발 효과 연구에 참가해 지대한 공헌을 했다. 또한 원자폭탄의 비인도성에 대해 "과학자의 임무는 과학을 추구하는 것"이며, "우리가 지금 살고 있는 세계에 책임을 느낄 필요는 없다"라고 말했다.

관련 용어 ▶▶ 없음

Alan Turing

세계대전의 종결을 앞당긴 천재 과학자
앨런 튜링

POINT
- ▶ 계산 메커니즘을 연구한 천재 수학자
- ▶ 독일군의 암호를 해독하는 계산기를 만들어 1,400만 명을 구했다
- ▶ 튜링은 인공지능 연구도 했다

컴퓨터와 인공지능의 아버지

해설 2차 세계대전 중에 불가능하다고 알려졌던 독일군의 '에니그마(Enigma)' 암호를 해독하는 데 성공한 영국의 수학자다. 케임브리지대학교에서 수학을 공부했고, 미국에서 수학 박사 학위를 취득한 뒤 귀국해 극비리에 암호 해독 임무를 맡았다. 그리고 봄브(Bombe)라고 부르는 암호 해독기의 개발에 성공함으로써 2차 세계대전의 종결을 2년 앞당겨 1,400만 명을 구했다고 평가받는다.

[TOPIC 1]
튜링 완전
튜링은 '계산 가능성'이라는 주제로 계산 메커니즘을 연구했다. 이때 고안한 것이 '튜링 완전'이라고 부르는 계산 모델로, 컴퓨터가 등장하기 10년 전에 이미 노이만형과 같은 계산기 이론을 생각해냈었다.

[TOPIC 2]
튜링 테스트
튜링은 인공지능 연구도 했다. 기계가 인간처럼 행동할 수 있는지 없는지를 조사하는 테스트를 튜링 테스트라고 부른다. 질문에 대한 답변이 인간의 답변과 구별이 불가능하다면 그 기계에는 지성이 있다고 판단하는 방법이다.

관련 용어 ▶▶ 존 폰 노이만 → p.296, 인공지능(AI) → p.016

271

Gordon Moore

무어의 법칙으로 유명한 인텔의 공동 창업자
고든 무어

POINT
- ▶ CPU로 유명한 인텔의 공동 창업자
- ▶ 반도체와 집적 회로의 산업화에 공헌했다
- ▶ '반도체의 집적도는 2년마다 2배가 된다'라는 무어의 법칙으로 유명하다

인텔의 공동 창업자

해설

개인용 컴퓨터의 CPU로 유명한 인텔의 공동 창업자다. 1950년에 캘리포니아 공과대학교를 졸업한 뒤 트랜지스터를 발명한 윌리엄 쇼클리 연구소에 들어간 무어는 그곳에서 만난 동료 8명과 페어차일드(Fairchild)라는 반도체 제조사를 창업했으며, 이후에 로버트 노튼 노이스(▶❶)와 인텔을 창업했다. 그의 이름은 집적 회로의 집적도가 2년마다 2배가 된다는 무어의 법칙으로 더 유명하다.

[TOPIC 1]
로버트 노튼 노이스

노이스는 페어차일드에 재직할 때 오늘날 LSI의 기초가 되는 집적 회로(IC) 특허를 취득했다. 실리콘밸리를 반도체 산업의 메카로 만든 공적 덕분에 '실리콘밸리의 시장(The mayor of Silicon Valley)'이라는 별명을 얻었다.

[TOPIC 2]
무어의 법칙

집적도란 같은 면적에 들어가는 반도체의 수를 의미한다. 무어는 자신의 경험을 바탕으로 집적 회로의 집적도는 2년마다 2배가 된다는 법칙을 주장하며 성능의 향상과 비용의 저하를 예측했다. 다만 집적도가 지나치게 높아진 현재는 한계에 가까워진 것이 아니냐는 이야기도 있다.

관련 용어 ▶▶ 인텔 → p.289, 무어의 법칙 → p.083

272 개인용 컴퓨터의 아버지
앨런 케이

Alan Curtis Kay

POINT
- 현재 우리가 사용하는 개인용 컴퓨터의 기본을 만든 컴퓨터 과학자
- 지금은 당연하게 여기는, 화면의 아이콘이나 그림을 마우스로 조작하는 GUI를 개발했다
- 애플의 스티브 잡스와 그가 만든 제품에 큰 영향을 끼쳤다

개인용 컴퓨터의 아버지

해설

개인용 컴퓨터의 아이디어나 현재의 개인용 컴퓨터 조작의 기본을 만든 공적으로 유명한 컴퓨터 과학자다. 오늘날에는 당연해진 그래픽 사용자 인터페이스(GUI)나 객체 지향 프로그래밍은 그가 제록스의 팔로알토 연구소에서 개발한 것이다. 케이의 성과는 애플의 스티브 잡스에게도 지대한 영향을 끼쳤다.

[TOPIC 1]
다이나북
팔로알토 연구소에 재직하던 시절, 케이는 현재 노트북 컴퓨터의 개념을 가진 교육용 컴퓨터를 개발해 다이나북(Dynabook)이라고 명명했다. 일본에서는 도시바가 다이나북의 일본 상표권을 획득해서 만들었던 노트북 컴퓨터의 이름으로도 유명하다.

[TOPIC 2]
미래는 발명하는 것
케이는 "미래를 예측하는 가장 좋은 방법은 그것을 발명하는 것이다"라는 유명한 말을 했다. 우리는 찾아올 미래를 그저 기다리기만 하는 것이 아니라, 자연의 법칙을 거스르지 않는 범위에서 원하는 기술을 실현해 미래를 결정할 수 있다는 의미가 담겨 있다.

관련 용어 ▶▶ 스티브 잡스 → p.291, 애플 → p.278, 객체 지향 → p.125

Tim Berners-Lee

273

세계 최초의 웹 사이트를 만든 웹의 아버지

팀 버너스리

POINT
- ▶ WWW(World Wide Web)를 발명한 기술자
- ▶ 세계 최초의 웹 사이트를 개설해 현재의 초석을 쌓았다
- ▶ WWW 탄생 30주년에는 현재 인터넷의 모습에 우려를 표명하기도 했다

웹의 아버지

WWW (월드 와이드 웹)

해설 월드 와이드 웹(WWW: World Wide Web)을 발명한 업적으로 유명한 컴퓨터 과학자다. 옥스퍼드대학교에서 공부한 뒤 전화 회사를 거쳐 유럽 입자 물리학 연구소(CERN)에서 근무했다. 연구기관의 과학자들의 정보 공유를 위해 인터넷상에 흩어져 있는 연구 자료를 거미줄처럼 연결하는 WWW를 개발해 현재 인터넷 발전의 초석을 쌓았다.

[TOPIC 1]
세계 최초의 웹 사이트
CERN에 재직 중이던 버너스리는 다수의 논문과 연구 문서를 하나의 거대한 가상적인 서류의 일부로 다루는 방식을 생각해내고 하이퍼텍스트와 URL 같은 오늘날의 웹의 기본을 발명했다. 이때 개설한 info.cern.ch는 세계 최초의 웹 사이트다.

[TOPIC 2]
WWW 탄생 30주년
WWW 탄생 30주년인 2019년에 최근 인터넷에서 범죄·가짜 뉴스·광고 비즈니스가 횡행하는 등 인터넷이 제 기능을 하지 못하는 데 따른 우려를 표명하면서, 정부·기업·사용자가 웹을 '공평, 기회, 창조성'의 장으로 만들기를 바란다는 서한을 공표했다.

관련 용어 ▶▶ WWW와 HTTP와 HTTPS→p.226, HTML과 XML과 CSS→p.227, URL→p.221

Vinton Gray Cerf

274

구글의 전도사가 된 TCP/IP의 아버지
빈톤 서프

POINT
- ▶ 인터넷 통신 제어에 필수인 TCP/IP를 개발한 기술자
- ▶ 구글에 입사해 에반젤리스트(전도사)라는 명칭의 고문이 되었다
- ▶ 인터넷의 아버지라는 닉네임으로 불리기도 한다

인터넷의 아버지

해설 인터넷의 통신 제어에 없어서는 안 될 TCP/IP를 개발한 미국의 기술자이며, '인터넷의 아버지'로 불리기도 한다. 서프는 미국 국방고등연구계획국에 재직했을 때 '열린 네트워크'를 실현하는 통신 규약으로 TCP/IP 사양을 설계했다. TCP/IP 덕분에 컴퓨터의 하드웨어나 단말기에 의존하지 않고 인터넷상에서 통신을 할 수 있게 되었다.

[TOPIC 1]
ISOC(인터넷 협회)
서프는 '인터넷을 모두에게'라는 비전 아래 열린 인터넷의 실현을 지향하는 NPO 조직인 ISOC을 설립했다. 인터넷의 규격을 결정하는 국제 인터넷 표준화 기구(IETF)는 ISOC의 활동 중 하나다.

[TOPIC 2]
구글의 전도사
2005년에 서프는 부사장 겸 수석 인터넷 에반젤리스트(전도사)로 구글에 입사해 업계를 깜짝 놀라게 했다. 기술 고문으로서 구글의 기술 개발 방향성에 조언을 하고 있다.

관련 용어 ▶▶ 인터넷과 인트라넷 → p.210, TCP와 UDP → p.217, IP → p.218, 프로토콜 → p.216, 구글 → p.276

Elon Reeve Musk

275 창업을 계속하는 테슬라와 스페이스X의 경영자
일론 머스크

POINT
- ▶ 전기 자동차 제조사인 테슬라와 로켓 제조사인 스페이스X의 경영자로 유명하다
- ▶ 온라인 금융 서비스인 페이팔도 머스크가 창업해 이베이에 매각했다
- ▶ 스탠퍼드대학교 대학원에 입학한 지 이틀 만에 창업을 위해 자퇴할 만큼 천성적인 창업가

천성적인 창업가

해설 우주선 개발과 우주여행 서비스를 하는 스페이스X(▶1)와 전기 자동차 제조사인 테슬라의 CEO를 맡고 있는 실업가다. 남아프리카에서 태어나 캐나다로 이주한 뒤 미국의 펜실베이니아대학교에서 경제학과 물리학을 공부했다(▶2). 천성적인 창업가인 머스크는 온라인 금융 서비스 페이팔(PayPal)과 스페이스X 등을 차례차례 창업했고, 2004년에는 테슬라에 참여했다.

[TOPIC 1]
스페이스X(SpaceX)
2019년 스페이스X의 우주선이 국제 우주 정거장에 자동 도킹하는 데 성공했다. 또한 2020년에는 스페이스X의 유인 우주선 '크루 드래곤'이 일본인 우주 비행사 노구치 소이치를 태우고 국제 우주 정거장에 도착했으며, 임무를 완료한 후 무사히 귀환했다.

[TOPIC 2]
대학원을 이틀 만에 자퇴
펜실베이니아대학교를 졸업한 머스크는 고에너지 물리학을 공부하기 위해 스탠퍼드대학교 대학원에 진학했는데, 동생인 킴발과 소프트웨어를 개발 판매하는 Zip2라는 회사를 설립하기 위해 입학 이틀 만에 자퇴하기도 했다.

관련 용어 ▶▶ 테슬라 → p.280

Jack Patrick Dorsey

276 인스턴트 메신저에서 아이디어를 얻은 트위터의 창업자
잭 도시

POINT
- ▶ 실시간 메시징 서비스에 대한 니즈를 깨닫고 트위터를 개발한 창업가
- ▶ 온라인으로 구급차를 수배하는 서비스를 시작한 것이 개발의 계기였다
- ▶ AOL의 인스턴트 메신저에서 트위터의 아이디어를 얻었다

트위터의 공동 개발자 겸 CEO

해설 트위터의 공동 개발자이자 CEO다. 뉴욕대학교 재학 중에 트위터 개발 아이디어를 떠올렸다. 대학교를 중퇴하고 웹에서 택시나 구급차를 호출하는 사업을 시작한 그는 실시간 메시징 서비스에 대한 니즈를 깨닫고, 텍스트 메시지에 관심이 있었던 Odeo사의 비즈 스톤과 공동으로 트위터의 원형을 개발했다(▶1). 그리고 2006년에 투자가로부터 자금 원조를 받아 트위터를 창업했다.

[TOPIC 1]
트위터의 원형
실시간 메시징의 실현 방법을 궁리하던 잭 도시가 메시지와 파일 전송 기능을 갖춘 AOL(America Online)의 인스턴트 메신저라는 통신 애플리케이션을 보고 아이디어를 떠올렸다는 이야기가 있다.

[TOPIC 2]
스퀘어
2009년에 잭 도시는 스마트폰과 태블릿 단말기를 이용한 카드 결제 플랫폼을 제공하는 스퀘어(Square)를 공동 창업하고 CEO를 맡았다. 스퀘어의 전용 리더기로 카드 정보를 읽어 들여 결제하는 방식으로, 일본에서도 서비스가 제공되고 있다.

관련 용어 ▶▶ SNS → p.163

Linus Benedict Torvalds

277

오픈소스 OS인 리눅스의 개발자
리누스 토발스

POINT
- ▶ 누구나 사용할 수 있는 오픈소스 OS인 리눅스를 개발한 엔지니어
- ▶ 가전제품이나 개인용 컴퓨터는 물론, 서버와 슈퍼컴퓨터에도 보급되었다
- ▶ 리눅스는 안드로이드와 크롬 OS 등의 기반으로도 널리 사용되고 있다

리눅스의 개발자

해설
전 세계에서 사용되고 있는 오픈 소스 OS인 리눅스(Linux)를 개발한 핀란드 출신의 소프트웨어 엔지니어다. 헬싱키대학교 재학 시절 기능이 간소화된 교육용 유닉스(UNIX: OS의 일종)인 미닉스(MINIX)를 사용하던 토발스는 OS에 흥미를 느끼고 자신이 사용할 목적으로 MINIX를 수정해 리눅스를 개발했다.

[TOPIC 1]
리눅스의 폭넓은 용도
리눅스는 그 자체가 윈도나 macOS처럼 OS로서 이용되는 동시에, 안드로이드나 크롬 OS의 기반으로도 사용되고 있다. 게임기나 가전제품에 리눅스가 들어 있는 경우도 많아서 실제로는 우리와 매우 친근한 존재다.

[TOPIC 2]
리눅스 재단
전 세계의 자원 봉사자들이 리눅스의 기능을 추가하거나 개선하고 있는데, 리눅스 재단은 그런 활동의 중심이 되는 단체다. 토발스가 새로운 리눅스 코드의 최종 결정권자를 맡고 있으며, 리눅스의 중립성 유지를 위해 운영되고 있다.

관련 용어 ▶▶ 안드로이드의 iOS → p.093, 오픈 시스템 → p.179, OS와 애플리케이션 소프트웨어 → p.092

맺음말

앞으로 우리가 살아갈 사회에서 컴퓨터나 소프트웨어, 인터넷 등 IT/ICT 기술과 무관한 생활을 하기란 사실상 불가능하다고 해도 과언이 아니다.

21세기 들어 IT 기술이 비약적으로 발전하는 것과 더불어, IT 용어도 문자 그대로 10년이면 강산이 변하는 식으로 발생과 소멸을 거듭하고 있으며 그 의미도 계속 변화하고 있다. 그만큼 세계의 역동적인 변화를 과학 기술의 측면에서 민감하게 반영하고 있다는 의미이리라. 이 책에 수록된 용어를 비롯해 다양한 종류의 IT 용어를 아는 것은 단 1초도 쉬지 않고 발전하는 기술과 그 기술이 만들어내는 사회의 변화에 휘둘리거나 뒤처지지 않는 데 틀림없이 큰 도움이 될 것이다.

여담이지만, 이 책을 쓰면서 가장 고생한 부분은 글자 수를 맞추는 것이었다. 고도로 정제된 기술 용어와 상황에 따라 어감이 달라지는 마케팅 용어들을 400자 정도로 간략하게 정리해 설명하는 것은 상상 이상으로 어려운 작업이었다. 다만 그런 어려움이 있었기에 좀 더 용어의 본질적인 부분에 가까이 다가가는 설명을 할 수 있었지 않았나 싶다.

독자 여러분이 IT의 정수를 응축한 입문서로서 이 책을 활용해 준다면 저자에게 그보다 기쁜 일은 없을 것이다.

마지막으로, 이 책을 담당하고 조언을 아끼지 않은 SB크리에이티브의 도모야스 겐타 님, 구니토모 노하라 님, 디렉션 담당인 사카모토 지히로 님, 일러스트를 담당해 주신 멘타라코 님, 그리고 많은 도움을 주신 오카모토 신고 편집장님 외 많은 분께 진심으로 감사의 인사를 전한다.

구사노 도시히코

색인

숫자

10진수	112
16진수	112
2단계 인증	236
2요소 인증	236
2진수	111
3D 프린터	143
5G	027

A

A/B 테스트	191
AI 어시스턴트	161
API	124
AR(증강현실)	049
AWS	153

B

B2B, B2C, C2B, C2C	073
BA	184
BAT	042
BI 툴	184
BI	184
BIOS	091
BLE	145
BPM	077
BPR	077
BTO(Build To Order)	177
BYOD(Bring Your Own Device)	186

C

CAN	211
CCO	196
CDN 서버	212
CDN	212
CDO	029

CIO	075
CMS	188
CMY	105
CPRM	103
CPU	080,081,085,098
CSS	227
CTR	190
CVR	192

D

DaaS	155
DDoS 공격	264
DLP	235
DMZ	239
DNS	220
DoS 공격	264
DRAM	098
DX	028

E

EC	187
EdTech	067
eSIM	168
e스포츠	038

G

GAFA	041
GDPR	176
GPGPU	286
GPS	056
GPU	080

H

HDD	099

HDMI	106
HDTV	104
HR 테크	065
HTML	227
HTTP 세션 관리	200
HTTP 쿠키	228
HTTP	226
HTTPS	226

I

IaaS	155
IBM	287
ICT	51
IDS(침입 탐지 시스템)	257
IMAP	224
iMessage	164
iOS	093, 278
IP 전화	223
IP 주소	218, 219
IP	218
IPS(침입 차단 시스템)	257
IPv4	222
IPv6	222
ISMS	234
ISO 27001	234
ISO 41001	172

L

LAN	211
LCD	107
LiDAR	054
LPO	192

M

M2M	159
MaaS	035
MAC 주소	219
MAN	211
MMS	164
MOOCs	032
MR(혼합현실)	050
MVNO	169

N

NAS	101
NFT	022
NFV(네트워크 가상화)	214

O

O2O 마케팅	198
OGP	229
OLED	107
OS	092

P

P2P	230
PaaS	155
PDCA	174
PoC(개념 증명)	141
POP	224
PoV(가치 증명)	141
PV(페이지뷰)	192

Q

QR 결제	057
QR 코드	057

R

RAID	100
RAM	098
RAS	181
RAT(원격 조작 도구)	261
RFID	144
RGB	105
ROM	098
RPA	030
RSS 리더	166
RSS	166

S

SaaS	155
SCM	076

307

SD 카드	103
SEO 대책	231
SEO	189
SIM 록	168
SIM 카드	168
SIM 프리 의무화	168
SIM 프리	168
SMS	164
SMTP	224
SNS	163
SPAM	263
SQL	127
SRAM	098
SSD	099
SSID	209
SSL	240
STEM 교육(STEAM 교육)	033

T

TCP	217
TLS	240

U

UDP	217
UEFI	091
UI	193
URL	221
USB(범용 직렬 버스)	102
UX 디자인	194
UX 측정	193
UX	193

V

VDI(가상 데스크톱 인프라)	182
VLAN	215
VoIP	223
VPN	181
VR(가상현실)	048
VXLAN	215

W

WAN	211
Web API	124
WEP	207
WPA, WPA2, WPA3	207
WPS	208
WWW	226

X

XML	227

ㄱ

가동률	140
가상 통신망 사업자	169
가상 화폐	023
가용성	140
개방형 와이파이	207
객체 지향	125
검색 알고리즘	189
게이트웨이	205
게임화	062
고든 무어	298
고밀도 집적 회로(LSI)	083
공개 열쇠 암호 방식	241
공개 열쇠	241
공유 폴더	101
공유경제	031
관계형 데이터베이스	127
구글	276
국제 표준	216
그룹웨어	165
그린 IT	052
글로벌 IP	218
기계 학습	017
기밀성	234
기술적 특이점	019
기억장치	097
기업 지배 구조	175
기업 통치	175
깃(Git)	132
깃허브(GitHub)	132

ㄴ

내부 감사	175
네트워크 가상화	214
네트워크 카메라	162

논리 연산	113
논코어 비즈니스	172

ㄷ

다이얼업 접속	181
대칭 열쇠 암호 방식	241
대칭 열쇠	241
데브옵스(DevOps)	137
데스크톱 가상화	182
데이터 과학자	020
데이터 레이크(Data Lake)	183
데이터 마이닝	185
데이터 센터	152
데이터 웨어하우스	183
데이터베이스 관리 소프트웨어(DBMS)	127
데이터베이스	127
도메인명	220
독립행정법인 정보처리추진기구(IPA)	246
드라이브 레코더	055
드론	064
디렉터리	094
디렉터리명	221
디버그	126
디스플레이 포트(DisplayPort)	106
디자인 사고	173
디폴트 게이트웨이	205
딥 러닝(심층 학습)	018

ㄹ

라우터	204
라이브 방송	167
라이브러리	115
라이선스	196
래리 페이지	295
랜섬웨어	273
레지스트리	095
로그	138
로버트 노튼 노이스	298
로컬 IP	218
롱테일	277
리누스 토발즈	304
리라이트	134
리버스 엔지니어링	274
리소스	088
리스트형 공격	270
리팩토링	134

리포지터리	133

ㅁ

마스터 데이터	128
마이콤	118
마이크로소프트	281
마이크로소프트 디펜더	238
마이크로소프트 애저	154
마크 저커버그	293
매크로	122
맬웨어	260
멀티채널	198
멀티코어	081
멀티태스킹	090
메모리	085,089
명령 프롬프트	117
모바일 데이터 통신	170
모바일 라우터	203
목적 특화형 컴퓨터	202
무결성	234
무선 LAN	206
무어의 법칙	083
무차별 대입 공격(Brute-force Attack)	270
미국 국립표준기술연구소(NIST)	258
미러링	100

ㅂ

바이두(百度)	284
바이러스 대책	244
바이트	110
받는사람(To)	225
방화벽	238
백업	096
버그	126
버퍼	087
베스트 에포트	201
변동 좌석제	172
보안	252
보안 관리	234
보안 구멍	243
보안 진단 서비스	246
보이스 채팅	223
복리 계산	083
봇	232
부정 접속 금지법	255
부정 접속	255

분산처리	082
블록체인	021
블루투스(Bluetooth)	145
비무장지대	239
비밀 열쇠	241
비즈니스 애널리틱스	184
비즈니스 이메일 사기	269
비즈니스 인텔리전스	184
비즈니스 프로세스 아웃소싱(BPO)	130
빅 데이터	157
빈톤 서프	301
빌 게이츠	290

ㅅ

사물 인터넷(IoT)	158
사이버 공격	253
사이버 보안 경영	256
사이버 보안	253
사이버 복원력	258
사이버 테러리즘	253
사이트 블로킹	272
생체 인증	245
생체 정보	245
섀도 IT	186
서버	178
서버의 가상화	149
서브 브랜드	169
서브스크립션(구독)	040
선입선출(FIFO)	086
세르게이 브린	294
세션 수	192
세션	200
세팅	177
소셜 렌딩	061
소셜 엔지니어링	259
속도 보증 서비스	201
숨은참조(Bcc)	225
스레드	089
스루풋	213
스마트 스피커	161
스마트 시티	160
스마트워치	142
스위치	204
스크래핑	231
스크럼	136
스크립트 언어	121
스크립트	121
스택	086

스테이크홀더	175
스토리보드	194
스트라이핑	100
스트리밍	167
스티브 잡스	291
스팸 메일	263
스풀	087
스프린트	136
승차 공유	053
시그니처형	257
신 클라이언트	180

ㅇ

아마존 고	060
아마존	277
아웃소싱	130
아이튠즈(iTunes)	278
안드로이드	093
알고리즘	114
알리바바(阿里巴巴集団)	283
알파벳	276
애그리테크(스마트 농업)	063
애드온	123
애드인	123
애자일(애자일 개발)	135
애플	278
애플리케이션 소프트웨어	092
액세스 포인트	209
앨런 케이	299
앨런 튜링	297
양자 컴퓨터	043
어노말리형	257
어댑티브 러닝(적응 학습)	068
어플라이언스	202
언드 미디어(Earned Media)	197
에듀테크(EdTech)	067
에지 컴퓨팅	156
엔비디아	286
역외 적용	176
오라클	288
오프쇼어	129
오픈 그래프 프로토콜	229
오픈 시스템	179
오픈 에듀케이션	069
오픈 이노베이션	074
오픈소스 소프트웨어	119
온드 미디어	197
온디맨드	072

온라인 살롱	039	자율주행	036
온라인 수업	034	잡(Jop)	090
온라인 저장소	151	장애 허용(결함 감내)	139
온프레미스	150	재해 복구	247
옴니채널	198	잭 도시	303
와이파이 얼라이언스(Wi-Fi Alliance)	206	저가 SIM	169
와이파이(Wi-Fi)	206	전자 서명	248
왓슨	287	전자 인증 등기소	249
우버	282	전자 인증	249
워드프레스	188	전자 증명서	242
원격 접속	181	전자결제	025
원클릭 사기	271	전자상거래(EC)	187
웨어러블 디바이스	142	전자정부	045
웹 접근성	195	전환율	192
웹 카메라	162	정보 격차	070
웹 클라이언트	180	정보 보안 / 정보 보안 관리 시스템	234
윈텔	289	제로 데이 공격	268
유니버설 디자인	195	제로클릭 사기	271
유닉스(UNIX) OS	179	제프 베조스	292
유럽 경제 지역(EEA)	176	존 폰 노이만	296
유럽 전기통신표준협회(ETSI)	214	중앙집중처리	082
유튜버와 버추얼 유튜버	037	지속가능 발전 목표(SDGs)	026
음성 채팅	223	집중을 위한 공간	172
이더넷	211	집합	113
이메일	224	징검다리 공격	267
이산값	111		
이지 커넥트(Easy Connect)	208	**ㅊ**	
이터레이션	135		
인공지능(AI)	016		
인스턴스	125	참조(Cc)	225
인시던트	256	채팅플러스	164
인젝션 공격	266	챗봇	232
인증 쿠키	228	출력	084
인증국	242	취약점	243,254
인터넷 공유 기능	170	취약점 진단	246
인터넷 뱅킹	059		
인터넷	210	**ㅋ**	
인터프리터	116		
인텔	289		
인트라넷	210	카피라이트(Copyright)	196
일론 머스크	302	카피레프트(Copyleft)	196
일회용 패스워드	237	캐시 서버	212
입력	084	캐시	085
입출력 인터페이스	084	커넥션	200
입출력 장치	084	컴파일러	116
		코어	081
ㅈ		코어 비즈니스	172
		코퍼레이트 거버넌스	175
자바(Java)	288	쿠키(cookie)	228
		큐	086

311

크라우드펀딩	058
크래커	251
크래킹	259
크로스 사이트 스크립팅	265
크로스채널	198
크롤러	231
크롤링	231
크리에이티브 커먼즈(CC)	196
클라우드	148
클라이언트	178
클라이언트/서버 시스템(C/S 시스템)	178
클래스	125
클릭	081
키팅	177
키팅 서비스	177

ㅌ

태그	227
태스크 매니저(작업 관리자)	090
태스크	090
테더링	170
테스트 자동화	131
테슬라	280
텍스트 마이닝	185
텐센트(腾讯)	285
텔레워크	044
통신 프로토콜	216
통합 인증(SSO)	237
트래픽	213
트랜잭션 데이터	128
트로이 목마	267
트리플 미디어 전략	197
특권 ID 관리	250
팀 버너스리	300

ㅍ

파일 공유 소프트웨어	230
파일 서버	101
파일	094
파일명	221
패치	123
퍼실리티 매니지먼트	172
펌웨어	118
페이드 미디어(Paid Media)	197
페이스북	279
페일 세이프	139

페일 소프트	139
포트 번호	219
폴더	094
표적형 공격	269
프로그래밍 언어	120
프로세스	089,090
프로젝션 맵핑	071
프로토콜	216
프로토타입	141
프리웨어	119
플러그인	123
피싱	262
픽셀	104
핀 코드	208
핀테크	024

ㅎ

하이브리드 암호 방식	241
하이브리드	150
하이퍼텍스트	226
핫스팟	170
해상도	104
해시값	248
해커	251
해킹	259
허브	204
헨리 포드	173
헬스 테크(의료 테크)	066
호스트명	221
홈 라우터	203
화상 회의	162
화소 수	104
화이트 해커	251
확장자	094
회귀 테스트	131
후입선출(LIFO)	086